認識新儒家

——以價值觀為核心的文化哲學

余秉頤 著

臺灣 學生書局 印行

序　言

成中英

　　1997 年余秉頤教授在他訪問哈佛大學燕京學社期間曾致函並打電話給我，詢及有關現代新儒學的意義與價值問題，我回應了他的問題，指出現代新儒家思想所代表的正是文化價值與精神意義。若從哲學層面來說，現代新儒家的思想內涵也可說是一套以中國哲學與中國文化為主題的文化哲學與價值哲學。余教授於第二年回國後，我們有機會在數次國際會議中見面，非常高興得知余教授在新儒家的研究上繼續努力並有所創見。最近余教授告我他寫好了一本書稿，希望我為他寫序。我立即欣然表示同意，基於我多年的了解，除了要對余教授的研究做出高度評價之外，還想表明我對當代儒學的發展的一些新的理解。

　　首先我要指出余秉頤教授的這本書，不同於過去二十年討論現代新儒學的其他書，具有幾個非常突出的特點：⑴一是余教授突出了現代新儒家的文化哲學，並視之為文化價值學。這是一個非常深刻與重要的哲學課題，重點在立足於人的精神層面建立對中國文化的價值反思，肯定中國文化所包含的崇高精神境界與統合天地的人文道德精神。在此一話題下，我們可以展開中西比較價值哲學，以及民族文化的價值基礎等問題；⑵二是余教授十分重視思想概念的清晰性以及命題主張的邏輯論證性，在論述重要的現代新儒家的行文中，理路分明，重點突出，評論公允，處處還原到一個觀點的完整面上來。如對張君勱與賀麟的有關民族文化的評論，都極為精到；對方東美與唐君毅的文化哲學也都展現了哲學的智見；⑶三是余教授把方東美先生明確的列入在現代新儒家之列，而且在一定程度上視他為現代新儒家的核心人物。這是一個非常有意義的見解。理由是：方東美先生雖有瀟灑的道家風範，是一個宇宙生命哲學家，但他仍然極端重視人的發展與人對文化的參與，以及人的生

命精神價值的建立。他把中國文化放在世界舞臺上來理解與呈現，可說更加突出了中國文化的精神價值。中國文化與西方文化相較，雖有極為精彩的生命價值，並具有深層次的宗教性，但卻不必妨礙西方文化有其精神價值，尤其不必妨礙西方宗教有其精神價值。深刻的突出了方先生此點洞見是具有前瞻性的。(4)相對於對方東美等人哲學的突出論述，余教授對一般學者重視的牟宗三卻較少發揮。我認為是有他的一定的理由的。他的理由應該是牟先生是更為思辨型的哲學家，對文化價值的關注遠比唐君毅要淡薄得多，但如果文化的重心在形上學與哲學，則牟宗三的道德形上學正凸顯了中國文化的核心精神或其重要的一部分。(5)五是余教授對 1958 年元旦四先生發表的〈為中國文化敬告世界人士宣言〉提出較為詳細的表述與分析，可說深入的掌握了四君子的思想面貌，把〈宣言〉中對西方文化人士對中國文化的錯誤態度與錯誤認識的批評進行了認真的說明。經過余教授的疏解，我相信一般讀者也會對當時提出〈宣言〉的四先生產生更深入的同情的理解。這可說是本書極有價值的一部分，不僅有史料的價值，也具有說明現代新儒家哲學心態與終極關懷的價值。

　　以下我想對余教授提出的一些看法進行我的理解。誠如余教授所說，現代新儒家思想的重心在文化哲學，而文化哲學的重心則在文化的價值哲學或價值學，這是非常正確的觀點。本來人類的發展就是基於生活的實踐與對生活方式的自然適應與選擇，逐漸提煉出來成為自覺的價值，成為生活的目標並開展成為具有豐富內涵的文化理想。一個文化能達到一種自覺性，成為理想的價值，甚至形成生活與行為的規範，這也就代表了它有一定人性的基礎，並具有普及性的本體論的含義。哲學家必須站在這一個認識上來談文化及其價值。而一個哲學的對文化的理解也就是對文化所包含的價值的理解。由此理解，我們問中國文化的價值何在，它具有何等價值上的含義，以及如何與西方比照與評價，也就是一項不可不面對的有關中國文化今後如何發展的課題。

　　余教授指出現代新儒家對此一問題特別關切，有其客觀的原因。客觀的原因是什麼呢？回答是，當時新儒學的深刻發展是正當中國文化面對生死存亡的關頭，因而表現出一種油然而生的迫切與深厚的憂患意識，所擔憂者是中國文化的衰亡，中國文化所彰顯的價值的失落，中國文化價值包含的人的智慧與真理的迷失。明顯的

是，中國文化的喪失也就是中國人喪失了他的身分認同，喪失了他安身立命的根本，必將流離失落，淪為其他文化或強權的附庸。如果西方文化是唯一選擇，中國人也將淪落為西方人的附庸。

全盤西化論者預設了西方文化在價值上高於中國文化。但事實上卻不盡然，我們有良知與理性辨別是非善惡，絕對無法把西方文化看成完美，因其「完美」而取代中國文化。現代新儒家的第一智慧就在認識了中國文化在許多方面優於西方文化，雖然西方文化在另外一些方面優於中國文化。現代新儒家的深刻憂患是中國文化的瀕臨滅亡，他們認識到中國文化瀕臨滅亡的危機是由於西方軍事強權主宰了世界潮流，導致西方文化顯示出強烈的吸引力，而非先驗的發自中國文化的本身。因之，要救中國就必須要救中國人心，使其重新認識與發揚中國文化的優質與智慧，恢復中國人對自己文化的信心。但現代新儒家的困境則在於如何說明中國文化在現代社會呈現的散漫與諸多弱點，又如何說明西方文明如北歐英美除發展了近代科學，更建立了嚴謹的法律秩序與民主政治制度，使社會具有較大的穩定度。他們深刻的強調了中國文化的人文精神，並認為可以從人文精神開展出科學精神。牟宗三先生就是持此一態度。但他們卻未能說明何以西方發展了科學，並未喪失一定的人文關懷，產業革命之後資本主義興起，西方的知識分子也就提出了社會主義革命。因之，一個持衡的看法應該是：基於生態的環境，中西文化有不同的出發點。西方走天人分離二元主義之路，雖然發展了客觀的科學，也成就了主體的創造與規範自由，但卻有利用科技以逐私利之偏失。最後統一於一個超越的上帝，也難免利用上帝來征服世界之嫌。中國文化走天人合一的一元主義之路，雖然發展了隨時警惕、修養自我的道德精神，也呈現了人生和樂融洽境界、天地一片生機的廣大和諧的美善景象，卻未能改善物質生活，也無法保證聖王之持續治理。中國歷史上的朝代更替往往陷社會於混亂失落之中，雖有法令，卻難免法令滋張，盜賊多有。

基於此一分析，我們顯然可以看到中西文化各有所長，各有特色，但一個民族為了改善物質生活與社會立法，不能不重視科學與法治；為了提升個人精神品質與社會的生命愉悅與和樂，則不能不重視個人的德性培育以及社會的情誼發展。若放大到全人類，顯然中西文化的精神都是人類所需要的，兩者各自必須平衡的發展，兩者也必須相互平衡的發展。這兩點應是二十一世紀人類共同的自覺，也應是經濟

全球化導向文化全球化的精義，對此一自覺的推廣與全球化的深入認識仍是當前人類的責任。反思現代新儒家中對中西哲學與文化的觀點，基本上著眼於中國文化與哲學的獨特的精神價值，要求自我肯定與高度自覺，同時也強調西方文化在這方面的缺如，形成了中西哲學與文化之間成為形上學與形下學的對比。在中國形上學這一塊，又特別偏向於強調道德形上學的意識與實踐精神。因之中西的對比形成了科學主義與道德主義的對比，兩者的相互激勵以獲得進一步的發展也成為必要。

余秉頤教授對現代新儒家強調道德形上學與道德的實踐精神此一特色的敘述與分析可說細緻入微，鞭辟入裏，視之為泛道德主義的價值取向，並稱之為文化保守主義，這無疑是一針見血之論。在他研究的數位新儒家中，唐君毅、牟宗三與賀麟是最強調道德意識的，而且從此角度來肯定中國文化的精神價值，甚至以此作為建立現代化中國文化的基礎與起點。牟宗三論說內聖開出新外王最為典型。但他的坎陷說或進退說卻很難積極開展科學，也未必能如實的面對科學與人文如何融合平衡發展問題。也許此一問題也正是所有現代新儒家的問題。但我們卻不能不指出方東美先生並不必然採取同樣的看法，他的精神文化現象學側重呈現世界重大文化體系的不同豐富內涵，表明了各大文化的各擅己長，各具相對獨立的價值。既可以各自體驗，也可以相互欣賞。但為了人類更高層次的價值理想的實現，各大文化應相互交往，走向和而不同、不同而合的和睦境地。這是一種截長補短、美善相與的開放態度與博大訴求，自然不同於上述泛道德的文化保守主義。我們可以從中清楚的體會到中西文化相互包含與相互學習的理想原則，以及中國文化在中西相互理解中如何充實茁壯起來的努力方向。當然，我們也可以同時體會到現代新儒家「為天地立心，為生民立命，為往聖繼絕學，為萬世開太平」的氣概與精神。

中西文化在今天必須要進行深刻與廣大的理解，而且要積極的去追求相互的理解，從相互的詮釋中建立共識與共信。我們更要進一步參與多元思考與學術的交往，在西方哲學的語境中彰顯與重建中國哲學，也在中國哲學的語境中說明西方概念，學習在客觀的分析中既要相互承認又要相互評述。如此，方得以拓深理解，進入對方的思緒之中，達到觀點的比照與會通，以見到彼此的差異何在、源於何因、導向何處。如此才能更有效的自我發展，並得以尋求共同發展。必須認清有些差異是絕對需要的，不但反映時空的具體性與適域性，也表示人之本體本來就可以容納

不同的自由選擇，因之都應該受到尊重，也應該得到鼓勵，但又不能不講求文化傳統之間的相互理解與相互和諧之道。

　　1958 新儒家的〈宣言〉顯示了當時新儒家學者對中西文化與哲學的差異高度重視，並因此提出西方學界應向中國文化及哲學學習五種被認為西方所缺如的智慧與精神。這五種中國具有、西方缺如的智慧與精神乃是：⑴「當下精神」（一切放下），⑵「圓而神精神」，⑶「深度同情精神」，⑷「悠久精神」與⑸「世界大同精神」。在這五十年後的後〈宣言〉今天，我可以從與西方直接交往已至少一個世代的經驗角度來評價這五個期盼與要求的當前合理性與可行性，也就是問西方是否可以學習到中國文化及哲學的基本精神，藉以說明中西哲學與中西文化應如何繼續建立理解與契合的重要態度：

　　⑴要西方人做到「當下即是」、「一切放下」的實踐是非常困難的事。這一要求可說是基於中國禪學中的「無執的存有」境界而提出的。但「當下即是」卻與西方基督教的外在超越精神有所衝突，而「一切放下」則與西方事實求是的科學精神有所衝突。中國哲學的超越是一種內在超越，心性的「反身而誠」帶來道德的安頓，更重要的是對太極變化與宇宙的認識與體驗：所謂時時是好時。此是一太極，彼亦一太極。但基督教上帝的概念並非太極的概念。至於「一切放下」則必須不涉及實際利益，但西方為了生存怎能放棄既得利益的考量呢？因此此一態度的要求只有在自身的超越有用，而難以涉及他者與外界。要西方理解此意，只能說明修持的目的與挾持的階段與過程，在西方學者的自願投入下，為之引導方可。

　　⑵張、唐、牟、徐四人在〈宣言〉又要求西方學者要有「圓而神」的智慧，要跳出「方以智」的思維方法。這體現了唐君毅所說的「天德流行」的境界。在易傳繫辭中，「方以智」指的是易卦的明確表露，而「圓而神」指的是著法的易無體、神無方的圓融含蓄。如果「方以智」指的是實證的知識，「圓而神」則必然指的是無往而不利的圓融明覺，這也是西方傳統中極為困難實現的事，除非我們能夠證明「圓而神」的智慧就能帶來「方以智」的知識（而這正是易卜的作用）。西方現代的知識傳統顯然無法認同這樣的智慧，除非把它看成神性的智慧或知識（divine knowledge）。

　　⑶要求西方具有基於愛與敬的同情心，其目的在希望西方人真正做到「己所不

欲，勿施於人」，也許更希望西方人做到「己欲立而立人，己欲達而達人」。這應是中國哲學與文化中最高理想的道德精神。對於此，我們不能說西方宗教中完全沒有此一忠恕精神。但如要依循中國儒家的「克己復禮」的方式進行，卻是涉及具體實踐形式的問題。西方人有其表達生命關懷的方式，不管是理智形式，或情感形式，都有其特殊的形式。我們無法在此形式上要求一致。

(4)要求西方學習中國文化能夠持續悠久的智慧。但中國人又如何使得文化能夠悠久持續呢？中國人重視生生不息，凡事留下餘地，不為己甚，確是美德。但往往又陷入馬虎模糊，不實事求是，卻是缺失。因此中國文化雖然悠久卻顯出掛漏度日，委曲求全的姿態。西方人力求生活精彩活潑，追求英雄氣概，與中國重視兒女情長正成對比。要求西方捨此求彼，恐難如願。因為這涉及到文化與生活價值的選擇與生活世界的安頓問題，只能要求彼此欣賞與彼此尊重，不必求同。

(5)要求西方學習中國天下一家之情懷。對於此，西方人的回應是中國應先成為一個現代國家，才有權利和立場高談世界一家。而這也正是中國人從鴉片戰爭以後所追求的目標。再說，西方並非沒有世界主義與世界公民的思想或理想，如何具體推動與實現方是全球有眼光的政治家與哲學思想家應該關懷的問題。如果只談情懷並不能解決問題，只能顯示新儒家在這點上的務虛而不務實。

總結以上的五點分析，人們應該認識到中國文化所要求西方的，不但西方難以做到，在當代情境中的中國人也難以做到。相反的，為了要使這些理想的價值及相關情懷保存下去，我們反而應該先學習如何講求實際責任與權利，講求方正的知識與技能，講求解決問題、實際幫助他人，講求具體成就進步的但是持續的發展，講究自身的健全化與完善化，然後以身作則來具體推動全球人類的和平與繁榮。而這些也都是最根本的儒學精神與智慧。因之，我們對〈宣言〉的評價是：對西方的理解尚需加深，對自身的信心尚需提升。加深與提升之道在系統的認識對方，更在系統的建立自己。站在人類文化多元發展的立場，任何文化不能強加己於人，甚至也不能強求對方學習自己，而只能顯示自身的美德，使對方自發來學習。孔子說：「修己以敬，修己以安人，修己以安百姓」，是從自身的修持做起。孔子又說：「故遠人不服，則修文德以來之。既來之，則安之。」更是把重點放在自身的完善化上面。孔子可說處處顯出反求諸己，用具體成就以服人之心的態度。

　　總之，我們必須認識到中國文化對西方文化的要求不必陳義過高，西方能否學習以及能否實踐中國文化的特殊精神是一值得思慮的重要問題。提出此一要求西方學習的作用只在彰顯中國文化與西方文化平等交往的權利，其目的在說明中國文化與哲學有其內在特色，雖然難以學習，卻應該受到嚴肅尊重。此一原則自然也應該用在對西方文化與哲學的學習上面，西方文化有其特色，並非中國或其他文化傳統都必須學到做到，但卻可以得到中國或其他文化的認知、理解與尊重。至於中西文化及哲學中有屬於普遍性的部分，則應是中西方人都應該去學習，而且必需要學到。比如在科學技術方面，在經濟管理的基本規則方面，在語言思想的分析與推理方面。為了改進物質生活，實現國家的現代性與全球化的環境倫理，也為了人類族群與文化與宗教傳統的有效溝通與共同發展，我們必須自我要求學習，也必須相互要求學習。

　　基於以上的分析，我們也許可以看出新的一代儒學或第三代儒家的態度可以具有的改變與創新。至少就我來說，中國文化要求西方的是對中國文化及其特點包含生活方式的尊重，以「己所不欲，勿施於人」的平等心對待，以「己欲立而立人，己欲達而達人」的為善心善待。同時我們對自己的要求也要更為謹嚴，要積極自我修持，力求自我完善，也要積極理解自身，建立自身的哲學體系話語，清晰的表述自身的文化價值，以言行一致示範於人，而非強加於人。這就是中國文化與中國哲學發展的新精神與新方向。

　　是為序。

成中英

美國　檀香山

夏威夷大學主校區

2010 年 8 月 8 日

認識新儒家
——以價值觀爲核心的文化哲學

目　次

導論：現代新儒家的文化價值觀
——現代新儒家文化哲學的核心理念

　　文化哲學與文化學的根本區別，有如哲學與科學❶的根本區別：前者以價值評判為中心，後者以結構和功能研究為中心。文化學主要考察各種文化現象的形成、功能、演變規律、傳播途徑等問題，文化哲學則從哲學形上學的層次審視、反思人類文化，著重關注和研究文化的價值問題。在文化哲學的視閾中，「文化是價值系統。」❷從這個意義上說，文化哲學就是文化的價值學，現代新儒家的文化哲學也不例外。

　　本書在對現代新儒家若干代表人物文化哲學思想的考察中，將文化的價值問題作為一個基本的視角。拙著各章所考察的現代新儒家代表人物的文化哲學思想，在著者看來正是在這個問題上比較富於代表性的。梁漱溟在堪稱現代新儒家文化哲學奠基之作的《東西文化及其哲學》中，依據其關於人類文化「居中心而為之主的」是「價值判斷」的觀念，對中國文化、印度文化、西方文化所具有的不同價值取向進行分析、比較，由此開創了現代新儒家文化哲學的一個重要研究方向——東方文化（中國文化）與西方文化的比較研究。張君勱在科學主義與人文主義兩大文化思潮的頡頏中，引發了繼「五四」新文化運動之後給予中國思想界巨大影響的「科玄論戰」，他提出科學與玄學（人生觀）屬於不同的價值領域，以注重內在道德價值的、富於儒家傳統精神的人文主義反對來自西方的科學主義思潮，由此開啟了現代

---

❶　「文化學」在英語中亦被稱為「文化科學」（Science of Culture），歸屬於「科學」領域。
❷　徐復觀：〈徐復觀先生談中國文化〉，載《徐復觀雜文——記所思》（臺北：時報文化出版公司，1980 年版），頁 85。

新儒家文化哲學的一個基本精神方向——拒斥科學主義。賀麟在其被稱為前期現代新儒家思想綱領的〈儒家思想的新開展〉中，第一次提出了現代「新儒家思想」、「新儒學運動」概念，明確地肯定了儒家思想的現代價值。他還對儒家傳統道德觀念的價值作出了深入的分析。方東美關於人類生命精神與文化價值問題的思想，典型地體現了生命哲學對於現代新儒家文化哲學的影響。而他關於精神文化價值結構問題的系統見解，在現代新儒家文化哲學理論中也極具代表性。唐君毅在現代新儒家學者中對道德理性與文化價值的關係問題作出了最為全面的闡釋。他關於文化是人類道德理性之表現的理念，以及植根於這個理念的關於中西文化的特點、中國文化的精神價值等問題的見解，典型地反映了現代新儒家文化哲學的道德理想主義。牟宗三、徐復觀、張君勱、唐君毅四位海外新儒學重鎮聯名發表的〈為中國文化敬告世界人士宣言〉，則通過多角度的論述，闡釋了中國文化的永恆價值和現代意義。這種闡釋不僅是海外新儒家有關思想的集中反映，而且是能夠代表後期現代新儒家思想的綱領性的意見。

當然，本書對現代新儒家代表人物文化哲學思想的考察在凸顯他們關於文化價值問題的見解的同時，力求內容比較全面，而不限於那些直接闡釋文化價值問題的內容。因為在著者看來，那些並非直接闡釋文化價值問題的著述同樣貫穿著現代新儒家關於文化價值問題的思想。他們對於人類文化的本原和性質、生命精神與文化形態、不同民族的文化發展道路、東方文化與西方文化的比較、傳統文化與現代化的關係、中國文化的復興與人類文化的重建等問題的論述，都蘊含和體現著現代新儒家的文化價值觀。

所謂文化價值觀，即關於人類文化的組成及其價值結構的見解。現代新儒家的文化價值觀體現了他們的基本文化立場，反映了他們的文化理想，奠立了他們文化哲學的基本理論框架。現代新儒家對於人類文化的本原和性質的理解，對於中西文化的評價，關於世界未來文化的設想，以及他們在中國文化現代化問題上所持的根本方針，都可以從其文化價值觀中找到根據。

一、文化價值的集中體現：精神文化

現代新儒家一般將文化分為物質文化、制度文化、精神文化三個層面。他們承認這三個層面對於人類生活各有其意義。例如錢穆在其《文化學大義》中就提出，文化包括「三個階層」。第一個階層「是屬於物質經濟方面的」，倘若人類沒有了物質生活條件，自然無文化可言。第二個階層「則為政治法律，社會禮俗，群體結合之種種規定與習慣」，倘若沒有這些制度，就沒有作為「集體」而存在的人類，那同樣無人類文化可言。「循此再發展，乃有最高的，亦即最後的，最終極的第三階層。此一階層，包括宗教、哲學、文學、藝術等項，屬於純精神的部門。我們可以說，文化是物質的，集體的，精神的，三部門之融合體。」❸精神文化的價值，在於讓人們求得內心的「安樂」，這是一種比物質享受「更崇高的安樂」。此處所謂「集體的」，亦即「制度的」。可見這裏談論的就是物質文化、制度文化、精神文化的價值問題。

現代新儒家認為，文化的價值集中體現在精神文化層面。因為所謂文化，本來就是人的精神生命的表現。這是他們考察文化價值問題時的基本出發點。

唐君毅在《中國文化之精神價值·自序》中說：「蓋文化之範圍至大，論文化最重要者，在所持以論文化之中心觀念。如中心觀念不清或錯誤，則全盤皆輸。」這個中心觀念，就是他所說的：「文化即人之精神活動之表現或創造。」❹牟宗三、徐復觀、張君勱、唐君毅聯名發表的〈為中國文化敬告世界人士宣言——我們對中國學術研究及中國文化與世界文化前途之共同認識〉（以下簡稱〈文化宣言〉），則一再申述：「照我們的意思，文化是各民族精神生命之表現。」「客觀上的歷史文化，本來自始即是人類之客觀精神生命之表現。」他們說人的生命精神充實於內而形之於外，當其充實於內，乃是主觀的、內在的精神，亦可稱之為「心」或「性」；當其形之於外，便成了客觀的、外化了的精神，這種精神通過人類的文化

---

❸ 方克立、李錦全主編：《現代新儒家學案》（北京：中國社會科學出版社，1995 年版），中冊，頁 565-566。

❹ 唐君毅：《文化意識與道德理性》（北京：中國社會科學出版社，2005 年版），頁 1。

創造活動而表現出來。所以,「一切人類文化,皆是人心之求真善美等精神的表現,或為人之精神的創造。」❺這表明,現代新儒家從文化的發生學意義上,便肯定了精神文化是人類文化價值的集中體現。

現代新儒家還從文化的精神層面與物質層面、制度層面關係的角度,說明了為什麼他們考察文化的價值時,注重的是其精神層面。他們說,通常人們所談論、所研究的文化,其實指的就是精神文化。余英時在〈文化建設私議〉一文中說:「本文所謂文化是指人生的精神層面而言,它不但有別於衣、食、住、行之類的物質層面,也不同於有形的制度和禮儀,這一精神層面和物質以及制度層面當然是互為影響而不可截然分離的,但它本身仍具有一相對獨立的領域,……它不僅不是物質與制度的基礎所能完全『決定』,並且還能在一定的條件下『決定』物質生活和社會制度所表現的方式。」文化的物質層面和制度層面,都是精神層面的「基礎」。精神層面雖然在一定程度上被物質和制度層面所決定(不能完全決定),但它又是一個相對獨立的領域,而且也能對物質和制度層面發生「決定」作用。現代新儒家肯定了物質和制度層面作為社會文化的的組成部分有其重要性,但認為說到某種民族文化的價值,則集中體現在它的精神層面。

從時代背景看,現代新儒家對精神文化的注重,直接與他們對民族危機的體認有關。在他們看來,近代以來中華民族的危機實質上是文化危機。半個多世紀前,賀麟在〈儒家思想的新開展〉一文中就提出:「中國近百年來的危機,根本上是一個文化的危機。」此後牟宗三也說:「今日中國的問題,……其最內在的本質是一個文化問題。」❻而且現代新儒家還認為,儘管這種危機看上去是由於中國不敵列強的堅船利炮、不及西方的科學技術而造成,但民族危機從根本上說並不在文化的物質方面,而在精神方面。因此要解決此危機,也必須從精神方面入手,首先求得中華民族在精神上的新生。這種認識決定了現代新儒家對文化價值結構的考察採取的是精神主義的進路,決定了他們將精神文化視為文化價值的集中體現者。

---

❺ 唐君毅:《心物與人生》(臺北:臺灣學生書局,1975年版),頁82。

❻ 牟宗三:《道德的理想主義》(臺北:臺灣學生書局,1985年版),頁246。

二、精神文化的價值結構：形下文化與形上文化

精神文化又被現代新儒家進一步區分為「形而下文化」與「形而上文化」。他們認為科學是「形而下的文化」；精神文化的其他領域，主要是藝術、宗教、哲學，則屬於「形而上的文化」。

科學的作用在於認識客觀存在的「事理」，掌握自然界的規律，然後通過技術的手段改造自然界，為人類謀取物質利益。現代新儒家普遍承認科學的這種重要作用。從科玄論戰時期作為「玄學派」主帥的張君勱，直到當今正活躍於海外的現代新儒家，無不肯定科學對於人類的重大作用。他們還提出，科學的落後不僅影響一個民族的物質生活，而且妨礙它的精神生活。馮友蘭就曾指出：「中國落後，在於它沒有科學。這個事實對於中國現實生活狀況的影響，不僅在物質方面，而且在精神方面。」❼牟宗三則從儒家「內聖外王」之教的角度提出，科學技術（以及民主制度）屬於「外王」層面，在民族「文化生命」中不處於最高境界，而只能是「中間架構性的東西」。但為了實現內聖之學所追求的道德理性，「這中間架構性的東西卻是不可少的。而中國文化生命在以往的發展卻正少了這中間一層。」❽這不僅制約了「外王」，而且阻滯了「內聖」，使個人的道德生命和民族的文化生命都不能圓滿。正因為現代新儒家充分肯定科學的作用，他們才會提出「儒學第三期發展」的主要任務之一，就是「學統之開出，此即轉出『知性主體』以融納希臘傳統」，即從傳統儒學的「德性主體」轉出希臘文化的「知性主體」，以發展科學。

儘管現代新儒家充分肯定科學的作用，卻嚴格地將它界定在精神文化的「形而下」層次。他們說由於科學的作用表現在人對自然界的關係方面，表現在人的物質生活領域，而物質生活屬於人生的形而下境界，因此科學是形而下的文化。張君勱在〈科學之評價〉一文中就提出，參悟人生之形而上境界實非科學所能為，科學不能解決人生觀問題。因此任何民族的文化建設，都不可「專恃有益於實用之科學知識，而忘卻形而上方面」。他明確地將科學作為「實用」知識而區別於形而上文

---

❼　馮友蘭：《三松堂學術文集》（北京：北京大學出版社，1984 年版），頁 23。

❽　牟宗三：《歷史哲學》（臺北：臺灣學生書局，1984 年版），頁 193。

化。熊十力借用佛學概念，說科學研究的是形而下的「俗諦」世界，不是形而上的「真諦」世界。牟宗三在〈關於文化與中國文化〉一文中說科學的最大特點在於「只以平鋪事實為對象，這其中並沒有『意義』與『價值』。這就顯出了科學的限度與範圍。是以在科學的『事實世界』以外必有一個『價值世界』、『意義世界』，這不是科學的對象。這就是道德宗教的根源，事實世界以上或以外的真善美之根源。」所謂「事實世界」就是形而下世界，「價值世界」、「意義世界」則是形而上世界。現代新儒家多次提出，科學只有對於宇宙的「秩序的信仰」，而沒有對於人生的「價值的信仰」，它不講形而上的價值，所以是形而下的文化。

藝術、宗教和哲學，則屬於精神文化的「形而上」層次，它們構成了現代新儒家所說的「意義世界」、「價值世界」。它們的作用，不表現在人與自然的關係中，而表現在人與人、人與社會的關係中；不表現在物質生活領域，而表現在精神境界方面，表現在「人生態度」方面。徐復觀提出，動物與人同樣有「生活」，但動物對其生命沒有自覺的態度。人則對自己的生命有自覺的態度，有是非、善惡、美醜方面的標準，這就是形而上的「價值世界」。人的生活儘管離不開「科學世界」，但「人類生活的基本動力和基本形態，畢竟是來自人類的價值世界」，即是說，人的生活的指導原則來自「價值世界」。形上文化的作用，就在於為人們的生活提供正確的價值原則。「所謂文化的最根本意義，乃在形成人們所共同保持的健全地人生態度。」❾張君勱則在《人生觀之論戰·序》中說：「夫人生關鍵，不外心理，舍心理則無所謂人生。」他所謂「心理」，也是指人生態度。

這種認為文化的根本意義在於對「人生態度」起規範作用的觀念，決定了現代新儒家對於形上文化之價值的高度推崇。也正是從這種觀念出發，牟宗三、徐復觀等人的〈文化宣言〉在論中國文化時提出，儒家的心性之學是中國文化的本原和大流，「中國之學術文化，當以心性之學為其本原」，「此心性之學，乃中國文化之神髓之所在。」如所周知，儒家的心性之學，從本質上說是關於人生修養的形而上學。因此，現代新儒家以心性之學為中國文化根本精神的代表，說明他們十分讚賞中國文化注重個人人格修養的傳統。余英時在〈人文與自然科學應如何均衡發展〉

---

❾　徐復觀：《徐復觀文錄選粹》（臺北：臺灣學生書局，1980 年版），頁 163。

一文中提出「中國文化是在非宗教世界中，唯一強調人本身修養的文化」。他們認為這表明了中國文化形上層次的「堅實」，表明了中國文化價值結構的合理性和優越性。

在現代新儒家看來，精神文化之所以會分為形下文化與形上文化，是由人的生命精神不斷追求價值提升決定的。人為了獲取物質生活資料，為了「戡天役物」，要去認識自然界的「事理」，這就產生了科學和技術。但人的生命追求遠不止於此。方東美說：「這個自然界是形而下的境界，我們站在形而下的裏面，各方面的要求都滿足了，……我們還要提升向上，向上去發見形而上的世界的秘密。」❿人的生命精神要「發見」（發現）和追求形而上的價值，因此即使科學十分發達了，「也不能夠滿足我們文化的要求。」用梁漱溟的話來說，就是一個民族的文化建設不僅需要發揚「自然理性」，而且尤其需要發揚「神聖理性」。這個「神聖理性」，就體現在形而上文化之中。錢穆也提出，「講文化」不能只講形而下，而必須「把形上、形下都包在內」。持這種觀點論近現代西方文化，現代新儒家批評其重科技利用而輕人文理想，雖然在征服自然方面非常成功，但漠視了人自身的精神修養，結果導致了社會生活中「價值的危機」、「意義的危機」、「道德的迷失」、「形上的迷失」，導致了「科學與人文之間的不平衡」。他們認為，從文化的價值結構來看，這就是片面地發展了形下文化，忽略了形上文化。

三、形上文化的核心：哲學思想

在現代新儒家中，關於形上文化的價值結構問題，方東美作過較多論述。他說人在形而下的境界中即使「各方面的要求都滿足了」，其生命精神「還要提升向上，向上去發見形而上的世界的秘密」，進入形而上的價值領域。「從歷史上面看，許許多多最好的文化，代表文化的優良精神，第一層是宗教，第二層是哲學，

---

❿ 方東美：《方東美先生演講集》（臺北：黎明文化事業公司，1980 年版），頁 20。以下簡稱《演講集》。

第三層是藝術。這些都是高尚的精神構成的形而上境界。」❶因此在他看來，最能代表人類文化崇高的精神價值的，是形而上文化中的藝術、哲學和宗教。他將這三者的結合——他謂之「合德」——視為精神文化的價值結構。而由於方東美通常所說的「文化」或「人類文化」就是指精神文化而言，因此這種「三者合德」的精神文化的價值機構，也就被方東美視為人類文化的價值結構。他認為，藝術、哲學、宗教都是追求形而上理想的「價值文化」，是人類創進不已、追求理想人格的生命精神的表徵。「宗教、哲學與詩在精神內涵上是一脈相通的：三者同具崇高性，而必藉生命創造的奇跡才能宣洩發揮出來。」❷這裏所說的「詩」，可以廣義地理解為「藝術」。正因為方東美將文化視為人類生命精神的表現，將追求真善美的價值理想視為人生的意義所在，所以他將藝術、哲學、宗教視為「文化的決定因素」，將三者的結合視為人類文化的價值結構。

在這一文化價值結構中，三者的作用又是有區別的。

「藝術領域，這是形而上世界的開始。」❸方東美說藝術是生命精神的體現，「一切藝術都是從體貼生命之偉大處得來的。」❹生命的本性就是不斷創進、直指完美。「美」寄託於生命，通過生命的創進而表現出來。藝術則「透過種種符號」——即各種藝術語言、藝術手段——表現生命創進之美。藝術作為一種文化形態，其功能不在人們的物質生活領域，而在精神生活領域。因此藝術不屬於形而下的文化，而屬於形而上的文化。但是，藝術之美是通過藝術家的主觀感受表現出來的，這種主觀感受又是因人而異、因時而異的，這就使得藝術既可以表現美，也可以表現醜，是「美醜雜居的藝術世界」。特別是有些現代藝術，在不健康的、乃至喪失理性的情緒和意志的支配之下，甚至可以變成「瘋狂的藝術世界」。因此，藝術文化「在價值上面不能代表美滿」。這就要求「在藝術上面的價值再加上道德的精神」。也就是說，在形上文化領域，人的精神追求不能停留於藝術的層次，而必須朝著造就道德人格的方向去繼續提升。

---

❶ 方東美：《演講集》，頁 12。

❷ 方東美：《生生之德》（臺北：黎明文化事業公司，1980 年版），頁 394。

❸ 方東美：《演講集》，頁 20。

❹ 方東美：《中國人的人生觀》（臺北：幼獅文化事業公司，1984 年版），頁 132。

　　生命精神由藝術境界上臻於道德境界，有兩條途徑：宗教的途徑和哲學的途徑。「宗教思想與哲學思想中恒有一種提升的衝力。」❶二者都具有「提升人性」的作用。宗教作為人類的一種「精神生活方式」，可以實現人性與神性的「內在融通」——即人通過不斷提升自己的人性，使之達到神聖完美的境界，從而造就高尚的道德人格。這表明在形上文化中，宗教文化是人的生命精神所達到的比藝術層次更高的文化形態。但是，宗教的重要特徵是「超乎理性」而富於「情感性」。宗教產生於人類文明形成的初期，因而「混雜過量的情感而與理性格格不入」。「宗教生活就是以熾烈凝煉的情感投入玄之又玄的奧秘之中。」❶因此，宗教雖說能夠造就道德人格，但它所造就的「美德」、「善德」，乃是黑格爾所說的「自然靈魂的道德」（Morality of the Natural Soul），而不是「反省的道德」、「理性的道德」。而且，就宗教情感而論，它同樣是基於人們的主觀感受。倘若這種主觀感受偏離了正常的軌道，那麼依靠「虔敬之心」和「強烈的神秘情感」維繫而遠離理性的宗教，便有可能走向迷信、走向蒙昧主義。

　　方東美認為，宗教文化的欠缺，可以由哲學來彌補。因為宗教遠離理性，「這理性卻正好構成哲學的本質」。哲學兼綜人生的「情」與「理」兩個方面。一方面，「生命精神才是哲學」，哲學和藝術一樣，要表現人類不斷創進的生命精神，表現人們追求真善美價值理想的意欲和情感。從這一方面說，哲學以「情的蘊發」與藝術相通。同時，哲學又以其理性主義的反思，克服了宗教依靠自發虔敬和神秘情感來提升人性而導致的缺陷。哲學使人們超越「自然靈魂的道德」，達到反省的、理性的道德境界。簡言之，哲學是以「情理交融」的方式造就崇高的道德人格，使人類的生命精神由藝術境界上升到道德境界。

　　因此，在藝術、宗教、哲學「三者合德」的形上文化價值結構中，哲學思想處於核心地位，從而它在精神文化、乃至整個文化形態的價值結構中，都處於核心地位。某種文化形態的價值，歸根結蒂取決於它的哲學形態。「在文化形成，尤其是

---

❶　方東美：《生生之德》，頁 352。
❶　方東美：《生生之德》，頁 353。

文化價值的形成裏面，主要的決定因素，乃是哲學智慧。」**⑰**方東美說不同民族在文化價值取向上的區別，如希臘文化之「契理」（探尋事物之理），歐洲文化之「尚能」（崇尚科學技能），中國文化之「妙性」（追求盡心盡性），都可以在其哲學形態中找到根據，「哲學實為民族文化生活之中樞。」**⑱**它「決定整個文化之理論結構」，具有「批導文化生態」的功能，對文化形態及其發展具有價值導向的作用。「哲學問題之中心便集中於人類精神工作之意義的探討，文化創作之價值的評判。」**⑲**在對「整個文化的價值結構」進行系統的分析之後，方東美作出如下論斷：「構成文化的基本精神，理當在哲學上去追求。」**⑳**

這種以哲學為文化價值之核心的觀念，是現代新儒家的共識。

熊十力於上個世紀三十年代在〈文化與哲學〉一文中就說過：「夫言一國底文化，則其所包絡者，廣漠無垠，一磚一石，亦莫非其文化的表現。然究其根荄，必於哲學思想方面。」他明確地提出哲學思想是民族文化之「根」。而最有代表性的說法，則見之於五十年代以後被視為現代新儒家思想綱領的牟宗三、徐復觀、張君勱、唐君毅聯合發表的〈文化宣言〉。此文提出中國文化是中華民族精神生命之表現，並進而說道：「這個精神生命之核心在哪裏？我們可說，它在中國人之思想或哲學之中。」所謂「思想或哲學」，還是指哲學思想。文化是民族精神生命的表現，精神生命的核心則存在於哲學思想中。因此〈文化宣言〉又謂「欲了解中國文化，必須透過其哲學核心去了解」，「探究其哲學思想之存在，以此為研究之中心」，「由中國之哲學思想之中心，再一層一層的透出去」。馮友蘭在《三松堂學術文集・自序》中概括他畢生學術研究的基本內容時，也說自己「所討論的問題，籠統一點說，就是以哲學史為中心的東西文化問題。」他同樣把哲學看成一個民族文化價值的核心，看成東西方文化之所以具有不同的價值取向和精神傳統的內在根據。

---

⑰ 方東美：《原始儒家道家哲學》（臺北：黎明文化事業公司，1985 年版），頁 198。

⑱ 方東美：《生生之德》，頁 156。

⑲ 方東美：《科學哲學與人生》（臺北：黎明文化事業公司，1980 年版），頁 9。

⑳ 方東美：《新儒家哲學十八講》（臺北：黎明文化事業公司，1983 年版），頁 42。

四、結語：泛道德主義的價值取向

伴隨著近代以來民族危機的加劇和中國社會所發生的深刻變革，在西方文化的強烈刺激下，人們開始用懷疑的眼光審視數千年來被視為天經地義的中國傳統文化的價值結構。一些人徹底否定中國文化的價值結構，主張完全按照西方文化的價值結構來重建中國文化。這是「全盤西化」派。與之相反，有些人不僅維護中國文化的價值結構，而且維護它在歷史發展中所形成的一切，視現代西方文化的成果為洪水猛獸而一概拒斥。這是「國粹派」。現代新儒家則承認中國文化有其弊病，主要是缺乏「科學之精神」和「近代之民主制度」，「從知識方面說，它缺少了『知性』這一環，……從客觀實踐方面說，它缺少了『政道』之建立這一環。」[21]但他們強調，這是從「全幅人性的表現」來看，中國文化在其歷史發展中所呈現的不足。至於中國文化以德性為宗、注重人生形而上層面的價值結構，則不僅沒有錯，而且優越於西方文化以知性為宗、注重人生形而下層面的價值結構。因此應該在不改變中國文化價值結構的前提下，採納現代西方文化的優良成果為我所用、補我所短，以謀求中國文化和中國社會的現代化。他們通過中西文化的比較研究，懷著「同情、敬意」的心態來論證中國傳統文化價值結構的合理性和優越性。正是在這些論述中，他們表明了自己關於什麼是合理的文化價值結構的見解，表明了自己的文化價值觀。可見，現代新儒家的文化價值觀是產生於現實的需要，產生於他們力圖解救中國文化的危機並使之現代化的努力。它不是一種關於文化哲學原理的純思辨的見解。它實際上反映了現代新儒家對於中西文化的基本態度，和他們在中國文化現代化問題上所持的根本方針。在評價現代新儒家的文化哲學時，我們首先要看到這一點。

唐君毅在《中國文化之精神價值》中說：「在評判中西文化之長短時，吾人之標準，亦不能離中國思想之根本信念。此根本信念，即人確有異於禽獸之心性，人之一切文化道德之活動，皆所以盡心盡性，而完成一人之人格。」[22]評判中西文化

---

[21] 牟宗三：《歷史哲學》，頁 191。

[22] 唐君毅：《中國文化之精神價值》（桂林：廣西師範大學出版社，2005 年版），頁 357。

的「標準」，也就是文化價值觀。唐君毅認為，文化價值觀的根本觀念應該是：文化活動當以人格之完成為最高目的。這就點明了現代新儒家文化價值觀的實質是道德主義、人格主義。它試圖通過道德理性的高揚，民眾精神人格的塑造，來解救民族文化的危機並謀求它的現代發展。

在現代新儒家看來，文化的價值主要不表現在社會生活的物質領域，而表現在人們的精神領域；不在形而下方面，而在形而上方面。他們所理解的「形而上」，不是知識的，而是道德的、人格的。牟宗三、徐復觀等人的〈文化宣言〉在說明心性之學是中國文化的本原和大流時，特別提出：「此心性之學中，自包含一形上學。然此形上學，乃近乎康德所謂的形上學，是為道德實踐之基礎，亦由道德實踐而證實的形上學。而非一般先假定一究竟實在存於客觀宇宙，而據一般的經驗理性去推證之形上學。」即是說，中國心性之學作為一種形上學，不像西方自然哲學之形上學那樣以探究世界本原為目的，而是類似於康德之道德的形上學，以探求「實踐理性」（道德理性）之本質和活動規律為目的，以人格之塑造為目的。這種對形而上的理解，不僅決定了現代新儒家把科學界定在精神文化的形而下層次；而且決定了他們在評價形而上文化的價值結構時，作為依據的，就是在人們道德理性的實現方面，藝術、宗教、哲學所具有的不同功能。他們將哲學視為形上文化的核心、精神文化的核心，乃至全部文化價值的核心，是由於在他們看來，就道德理性的實現而言，哲學比藝術和宗教具有更為重要的作用，唯有哲學能使人的精神達到理性的、反省的道德境界。「文化是道德理性的分殊表現」，各種文化形態都統屬於人的「道德自我」，都自覺或不自覺地表現人的道德價值，而哲學則是最能體現道德理性、使人實現道德價值的文化形態。

值得指出的是，被現代新儒家視為文化價值之核心的，不是西方傳統的自然哲學或認識論哲學，而是「道德的形上學」，即道德哲學。這種哲學以塑造完美的人格為目的。它是「返己之學」，是人類反省自身、涵養心性的學問，熊十力謂其可以「決定人生修養之宜與其歸宿」。它的作用「不是增加關於實際的和積極的知識，而是提高人的精神境界」，「教人以怎樣成為聖人的方法」，「成為聖人就是

達到人作為人的最高成就，這是哲學的崇高任務。」㉓現代新儒家給「哲學」下的定義，和他們的哲學論著的內容，都表明了他們所凸顯的，是哲學的道德、倫理意義。正是富於這種意義的哲學——其典型代表就是儒家心性之學——被他們視為文化價值的核心。他們試圖通過這個核心，在現代中國重建傳統儒學的道德價值系統，並以之塑造我們民族的人格精神，從而給中國社會帶來新的「文化生命」，給中華民族帶來新的生機。

對於中國文化在近代以來急劇的社會變革和西方文化的猛烈衝擊下所面臨的「花果飄零」的局面，現代新儒家深為憂慮。他們試圖重建儒家的價值系統，作為社會生活的指導原則。他們既不像「全盤西化派」那樣否定傳統、拋棄傳統，又不像「國粹派」那樣否定西學、拒斥西學，而是主張以傳統文化為本位，有選擇地接受西方文化，以適應世界潮流，適應中國文化和中國社會現代化的需要。這種文化保守主義思想，植根於現代新儒家的保守主義的文化價值觀。正是這樣的文化價值觀，決定了他們對於中國傳統文化的價值結構的保守主義態度。現代新儒家也是以中國文化為「體」的，他們試圖在不改變中國文化價值結構的前提下，採納現代西方文化的優良成果（基本上就是科學技術和民主制度）為我所「用」。就這一點來說，現代新儒家的「挺立自家傳統，融會西方新潮」觀念與洋務運動時期張之洞的「中學治身心，西學應世事」之說，在「中體西用」這個基本思維框架方面是一致的。而從理論思維方面看，現代新儒家超越洋務派「中體西用」之說的，是他們對於中學之「體」的維護（儘管他們對中國文化亦有批評），能夠依據頗為系統的文化哲學理論，來論證和闡釋他們所理解的中國文化的價值結構的合理性、優越性。

任何理論的創造，最終都必然地歸結為某種現實的追求，現代新儒家的文化哲學——包括關於文化價值問題的理論——也不例外。現代新儒家文化哲學產生於民族危機深重的時代背景下，它的形成和發展過程始終是圍繞著「中國向何處去」、「中國文化向何處去」的現實問題的。這就決定了現代新儒家的文化哲學理論，最終歸結為在中國文化現代化問題上的一種現實的追求：科學價值與人文價值的結合。現代新儒家代表人物在文化哲學理論方面各有創獲，對某些問題的看法也不盡

㉓ 馮友蘭：《中國哲學簡史》（北京：北京大學出版社，1985 年版），頁 389、391。

相同。但他們的文化哲學思想有一個基本的共識，那就是在中國文化現代化的過程中，必須謀求「科學與人文的平衡發展」。

現代新儒家提出，「儒家式人文主義」只要「轉出」科學與民主，就不僅能夠解救中國文化的危機並促成其復興和實現現代化，而且能夠「救西方之自毀」，即解救西方文化的自我毀滅。所謂西方文化的「自毀」，意謂近代以來的西方社會發展了科學技術，在征服自然方面取得了巨大成功，人們的物質生活得到了相當的滿足；但在發展科學技術的同時，卻忽視了人的精神價值，忽視了人對於價值理想的追求，導致了西方社會人文精神的失落，或曰「道德的迷失」、「意義的迷失」、「形上的迷失」。這表明了文化發展中科學技術與人文精神之間的不平衡，表明了現代西方社會對人文價值的漠視。這不僅是現代西方文化的危機之所在，而且已然成為當今世界文化建設之大患。有鑒於此，人類應該「早思如何避免與做好防範措施」，不重蹈西方文化的此種覆轍。劉述先提出，當今人類文化發展要想實現科學技術與人文精神之間的平衡，必須以人文價值統御科技成果。「以人文價值統御科學的成果，始能造福人群，不至於使人流為機器工業或者現代經濟制度的奴隸。」❷❹余英時則在批評現代西方文化科學與人文之間不平衡的「偏蔽」時，說：「忽視倫理，任由技術刺激人的欲望，欲望得到滿足後，又以技術刺激更大的欲望，長此以往，在以利潤為中心的社會，就會構成一種惡性循環。要想遏止這種迴圈，人必須對自己下一番工夫，而不能老是只對外界下工夫。這是人文科學的一大問題，在這一方面，中國傳統確有可貢獻之處。」❷❺「老是只對外界下工夫」，就必然片面地發展科學技術，忽視人文精神。中國傳統的人文精神則重在對「自己」下工夫、對「內」下工夫，它重視倫理，重視人的道德修養。現代新儒家認為，通過傳統儒學的現代轉換，使「儒家式的人文主義」──以道德為本位的人文主義──在現代社會生活中作為價值準則而發揮作用，就能夠避免「科學與人文之間的不平衡」的危機。西方文化具有「方以智」的科學精神，但尚需從中國文化汲取「圓而神」的

---

❷❹ 封祖盛編：《當代新儒家》（北京：三聯書店，1989 年版），頁 243。

❷❺ 辛華、任菁編：《內在超越之路──余英時新儒學論著輯要》（北京：中國廣播電視出版社，1992 年版），頁 101。

人文睿智，並且以這種人文睿智「統御科學的成果」，從而消除危機、健康發展。中國文化的現代化，則應該在努力從儒家的「內聖之學」開出科學、民主之「新外王」的同時，堅持中國歷史文化的精神生命，堅持對於人的關懷、對於人的價值理想的關懷，即堅持「儒家式的人文主義」，實現科學價值與人文價值的結合，在人文價值的「統御」下實現中國文化的現代化。現代新儒家還認為，鑒於科學主義思想在當今世界已經盛行，「科學和技術的重要性已不需要再過分強調，人文學術如何發展，才能救治精神偏枯之病反而是當務之急。」❷

可見現代新儒家既贊成中國文化的現代化，贊成中國發展科學技術、發展現代工業文明，又極為擔心中國文化重蹈西方文化「科學與人文之間的不平衡」的覆轍，極為擔心中國文化因此而改變了固有的人文主義傳統和價值取向。他們提出「以人文價值統御科學的成果」，正是力圖讓中國文化在實現現代化的過程中，始終堅持「儒家式的人文主義」。在二十世紀世界文化的科學主義與人文主義兩大思潮的頡頏中，現代新儒家拒斥科學主義，標舉和闡揚「儒家式的人文主義」，反對片面地發展人類文化中屬於「工具理性」的科學技術，謀求科學價值與人文價值在中國文化中的結合，無疑是有意義、有貢獻於現代中國文化健康發展的。「挖掘並發揚傳統儒學中這方面的思想資源，對於加強現代人文主義思潮的力量和影響，遏制科學主義片面發展『工具理性』所造成的種種現代弊病，可以起到一定的積極作用。」❷我們可以從現代新儒家的有關主張中，汲取有益的思想，正確處理科學技術與人文精神之間的關係（毋庸諱言，這也正是我們在當前的文化建設中亟需正確處理的問題），實現科學與人文的平衡發展。現代人類應如何處理科學技術與人文精神之間的關係，是現代新儒家深深為之憂慮的問題。正確地看待他們的憂患意識並從中獲取啟迪，對我們不無裨益。特別是當前，世界文化發展的一個重要動向是科學主義與人文主義兩大思潮既仍然處於頡頏之中，又逐漸走向協調和融合。在這樣的時代背景之下，現代新儒家文化哲學對於科學理性與人文精神平衡發展的追求，將會更加顯示出它的合理性和價值。

---

❷　辛華、任菁編：《內在超越之路——余英時新儒學論著輯要》，頁87。

❷　方克立：《現代新儒學與中國現代化》（長春：長春出版社，2008年版），頁112。

　　與此同時，我們也應該看到，現代新儒家所強調的人文價值，歸根結蒂乃是道德價值。

　　無論何種人文主義，自然都是「以人為中心」的。但在不同的歷史時期，由不同的民族文化背景所產生的人文主義思想，對於「以人為中心」，在價值取向上是側重於不同內容的。歐洲文藝復興時期的人文主義思想，其價值取向側重於「人權」。它肯定人的生存權利，充分享受世俗生活的權利，愛和被愛的權利，等等。它提倡人性解放，個性自由。它以作為個體而存在的「人」為出發點，關注人應有的權力和利益的獲得。它的「以人為中心」，主要是從人道主義的立場來肯定人的價值。歐洲的人文主義思想之所以具有這種特點，是因為它作為當時資產階級反對封建壓迫和中世紀宗教桎梏的思想武器，必然是以對於「人權」的訴求為其主調的。

　　現代新儒家的人文主義思想，其價值取向卻側重於「人倫」，即人的倫理道德。它固然也肯定人的權益，但更強調人的倫理意義、道德價值。它提倡人對於真善美的價值理想作不懈的追求，使人生的意義不斷提升。它強調人的道德完善、人格完美。它以「人」的個體與群體的關係為出發點，關注人的社會責任和義務的完成。它的「以人為中心」，主要是從道德主義的立場來肯定人的價值的。導致這種價值取向的基本原因，當然是現代新儒家對於儒家傳統的道德本位思想的繼承。但除此之外，現代新儒家對於西方文化「科學與人文之間的不平衡」的見解，也是導致他們特別強調人的道德價值的重要原因。因為他們批評現代西方文化忽視人文價值，並不是說西方文化忽視「人權」（相反，「人權」在現代西方文化中倍受重視），而是說它不重視「人倫」，不重視人的倫理意義、道德價值，使人致力於「戡天役物」而缺乏人生價值理想，在精神上陷入虛無主義。有鑒於此，現代新儒家的人文主義思想突出地表達了對於「人倫」的訴求。現代西方文化對於中國文化和中國社會的衝擊，對於中國人的思想觀念和精神面貌的影響，促使現代新儒家鑒於他們所理解的現代西方文化「科學與人文之間的不平衡」的危機，而大力倡揚以人的道德價值為核心的人文主義思想，即「儒家式的人文主義」思想。就此而論，現代新儒家所提出的「以人文價值統御科學的成果」，歸根結蒂乃是「以道德價值統御科學的成果」。

　　論者一般將現代新儒家的「文化保守主義」歸結為以下兩項：其一是中體西用的思想綱領，其二是泛道德主義的價值取向。著者則認為，現代新儒家「中體西用」的思想綱領——以中國儒家精神為體，以西方文化為用——歸根結蒂仍然體現了他們泛道德主義的價值取向，因為他們所謂「以儒家精神為體」，質言之仍然是以儒的道德精神為體。「思想綱領」實質上即是某種主張，而某種主張之所以產生，則根源於一定的「價值取向」。現代新儒家之所以主張「中學為體，西學為用」，正是根源於他們泛道德主義的價值取向。因此可以認為，泛道德主義的價值取向是現代新儒家學派文化保守主義思想的最深層的根源和最集中的體現。「所謂『泛道德主義』，就是將道德意識越位擴張，侵犯到其他文化領域（如文學、政治、經濟），去做它們的主人，而強迫其他文化領域的本性，降於次要又次要的地位；最終極的目的是要把各種文化的表現，統變為服役於道德，和表達道德的工具。」❷❸這種價值取向反映在現代新儒家的文化價值觀及其全部文化哲學理論中，就是將作為文化活動主體的人視為道德主體，將人生的全部意義道德化，將一切文化活動關聯於道德活動，將人文價值歸結於道德價值。正因為這樣，現代新儒家在抵制和消除科學主義所帶來的現代社會弊病，謀求科學與人文的平衡發展時，也就必然地以這種泛道德主義的價值取向，表現和凸顯出現代新儒家文化哲學乃至整個現代新儒學思潮文化保守主義的精神方向。

---

❷❸　韋政通：《儒家與現代中國》（上海：上海人民出版社，1990 年版），頁 88。

第一章　東西文化的「路向」與價值
──梁漱溟的文化哲學思想

　　梁漱溟，原名煥鼎，字壽銘、蕭名、漱溟，廣西桂林人。1893 年 10 月 17 日生於北京。梁家世代為宦，但是到了梁漱溟的父親梁濟時，已經家道中落。梁濟屢試不第，直到 40 多歲才得以入仕做了幾年不大的京官。

　　梁漱溟 6 歲啟蒙。13 歲那年，他考入順天中學堂。該學堂是北京最早的新式中學之一。在順天中學堂長達 5 年半的學習生活期間，梁漱溟閱讀了梁啟超主編的《新民叢報》和《新小說》月刊，及其編輯、注釋的有關修身的格言彙編《德育鑒》。至此，他開始執著地關注和思考人生問題和社會問題。

　　1910 年中學畢業後，梁漱溟參加了京津同盟會。1912 年 8 月，同盟會改建國民黨，他由同盟會會員轉為國民黨黨員。然而政局的黑暗讓抱著改造社會、救世濟民的理想的梁漱溟希望破滅。在經歷了現實的無奈之後，梁漱溟選擇了佛家思想作為人生的寄託。他熱心於佛法，試圖出家為僧，直到 29 歲思想轉向儒家時才放棄出家念頭。

　　1916 年 5 月，梁漱溟在《東方雜誌》上發表長文〈究元決疑論〉，以佛學闡釋西方的唯意志論和生命哲學，引起學術界關注，並因此文被當時北京大學校長蔡元培聘任為北京大學講師。梁漱溟主講印度哲學，一改當時西歐和日本講印度哲學不包括佛學的慣常做法，他自編講義，以闡述佛法為主。梁的講義後來彙編成《印度哲學概論》一書，與《新唯識義》第一冊於 1920 年初出版。

　　1918 年 11 月，梁濟在北京積水潭投水自殺。他在自殺前寫下〈敬告世人書〉，宣稱自己「係殉清朝而死」，自己在思想上「以幼年所學為本位」，也就是以中國傳統文化為本位。此事使梁漱溟深感自己多年來在人生問題上崇尚佛學，在

社會政治問題上贊慕西學，而「於祖國風教大原、先民德禮之化，顧不知留意，尤大傷公之心」。受到父親自殺殉道精神的震撼，在負罪感的驅使下，梁漱溟「始復有寤於故土文化之微，而有志焉」，思想感情進一步由傾慕佛家的出世主義向儒家的救國濟世理想轉變。

此後，梁漱溟開始對東西文化及其哲學進行比較研究。1921 年 8 月他應邀到山東濟南作「東西文化及其哲學」演講，演講記錄整理為《東西文化及其哲學》一書印行。在該書中，梁漱溟通過對西洋文化、印度文化和中國文化三種文化的考察，認為文化精神是民族生存的決定性因素，中國社會的根本問題是嚴重的文化失調，因此中華民族的復興主要在於作為中國文化之正統和代表的儒家文化的重建。《東西文化及其哲學》是我國最早用比較方法進行文化研究的一部著作。該書出版後，不僅在當時引起強烈反響，而且對後來的現代新儒學思潮的形成和發展，特別是對現代新儒家文化哲學的形成和發展，產生了十分重要的影響。

1923 年，梁漱溟到山東曹州中學演講，提出以農立國主張。次年夏天他辭去北京大學教職，赴山東辦學，從事教育實踐。1927 年梁漱溟提出「鄉村建設運動」設想。在隨後的幾年裏，他為推行這種主張進行了各種嘗試。在此期間，他相繼發表和出版了一系列有關鄉村建設的文章和著作《中國民族自救運動之最後覺悟》（又名《村治論文集》）、《鄉村建設論文集》、《鄉村建設大意》、《鄉村建設理論》（又名《中國民族之前途》）等。

1937 年 7 月，抗日戰爭爆發，梁漱溟被聘任為國防最高會議參議會參議員。1941 年他擔任中國民主政團同盟秘書長，受命在香港負責籌辦同盟機關報《光明報》。年底香港淪陷，《光明報》停刊。1942 年初梁漱溟回到桂林，開始著手寫《中國文化要義》一書。1945 年，日本無條件投降。1946 年 5 月梁漱溟作為民盟的首席代表參與國共和談。和談失敗後，梁漱溟決定退出現實政治活動，繼續致力於《中國文化要義》一書的寫作。

1949 年 11 月，《中國文化要義》一書由成都路明書店出版。梁漱溟把該書看作他繼《東西文化及其哲學》、《鄉村建設理論》之後的第三部重要著作。在該書中梁漱溟提出，西洋文化以基督教為中心，而中國文化的特殊性在於它以非宗教的孔子精神和儒家思想為中心。

　　1949 年後，梁漱溟擔任中國人民政治協商會議委員、常務委員。1953 年他在政協擴大會議上的發言，被毛澤東主席認為是反對「總路線」，破壞工農聯盟，受到嚴厲批評。此後，尤其是在「文革」期間，梁漱溟的思想繼續受到批判。1973 年 10 月，「批林批孔」運動開始。次年 2 月，梁漱溟在政協學習會上作題為〈今天我們應當如何評價孔子〉的長篇發言，明確肯定孔子在中國文化發展中的歷史作用。這次發言又招致為期近一年的批判。當主持批判會的人問他對批判有何感想時，胸懷坦蕩、性情耿介的梁漱溟竟然脫口而出：「三軍可奪帥，匹夫不可奪志。」

　　1975 年，梁漱溟完成了《人心與人生》的寫作，又著手改寫《東方學術概觀》一書，兩書先後於 1984 和 1986 年出版。《人心與人生》重點探討道德與人生問題，認為中國傳統的倫理道德經過改進之後，一定會成為人類社會共同遵循的道德標準。改寫的《東方學術概觀》主要是對《人心與人生》一書第十三章「東西學術分途」的補充和發揮。1985 年，中國文化書院成立，梁漱溟為書院舉辦的中國文化講習班講授《中國文化要義》。

　　1988 年 6 月 23 日，梁漱溟先生在北京逝世，終年 95 歲。

　　梁漱溟是現代新儒學的開山人物，也是現代新儒家文化哲學的開山人物。當初，梁漱溟本人並沒有自覺的「文化哲學」意識，他甚至沒有自覺的「哲學」意識，❶但是他出版於 1921 年被稱為「震古鑠今之著作」（梁啟超語）的《東西文化及其哲學》一書，卻是現代新儒家文化哲學的奠基之作。就這部著作的基本思想原則而論，該書突出強調的文化比較研究中的民族性原則，對現代新儒家文化哲學的形成和發展產生了極為深遠的影響。此後梁漱溟關於中西文化和哲學的其他著述，也表明了他對於現代新儒家文化哲學的開創作用。

---

❶　梁漱溟曾說：「我與哲學無緣。我不懂什麼叫哲學。……當時，別人告訴我，說你所思所談的是哲學。我說這就是哲學啊？你說是哲學，那麼就算是哲學吧。我就是這樣，誤打誤撞地進了哲學之門。」見劉克敵編《梁漱溟的最後 39 年》（北京：中國文史出版社，2005 年版），頁 265。

一、「意欲」是文化的本原

梁漱溟認為，文化是生活的「樣法」，而生活的本質是人的「意欲」，因此文化的根本是「意欲」，它是人類文化形成和發展的本原和動因。

(一)文化是生活的「樣法」，生活是沒盡的「意欲」

「所謂一家文化不過是一個民族生活的種種方面。」❷「文化，就是吾人生活所依靠之一切。」❸梁漱溟認為人類生活包括精神生活、物質生活、社會生活，在這些方面，不同的民族都有自己的生活「樣法」，這便是不同民族的文化。「你且看文化是什麼東西呢？不過是那一民族生活的樣法罷了。」❹所謂「樣法」，指的是生活的準則、方式和基本形態。

因此，為了求得文化中最根本的東西，我們必須從「生活」入手向深處追尋。梁漱溟說：

> 我以為我們去求一家文化的根本或源泉有個方法。……生活又是什麼呢？生活就是沒盡的「意欲」（Will）——此所謂「意欲」與叔本華所謂「意欲」略相近，——和那不斷的滿足與不滿足罷了。通是個民族通是個生活，何以他那表現出來的生活樣法成了兩異的彩色？不過是他那為生活樣法最初本因的意欲分出兩異的方向，所以發揮出來的便兩樣罷了。然則你去求一家文化的根本或源泉，你只要去看文化的根原的意欲，這家的方向如何與他家的不同。你要去尋這方向怎樣不同，你只要他已知的特異彩色推他那原出發點，不難一目了然。❺

生活就是沒盡的「意欲」，「意欲」的不同方向決定了生活的不同「樣法」。

---

❷ 梁漱溟：《東西文化及其哲學》（上海：商務印書館，2005年版），頁19。
❸ 梁漱溟：《中國文化要義》（上海：上海人民出版社，2005年版），頁6。
❹ 梁漱溟：《東西文化及其哲學》，頁32。
❺ 梁漱溟：《東西文化及其哲學》，頁32。

因此「生活的樣法」──亦即「文化」──取決於「意欲」朝者不同方向的發揮。可見作為「生活樣法」最初本因的「意欲」，乃是「一家文化的根本或源泉」。

　　梁漱溟說，他所謂「意欲」略近於唯意志論哲學家叔本華所說的「意志」。叔本華認為世界的本質是「意志」，人作為世界的一部分，其本質是「生存意志」。梁漱溟謂之「意欲」，包含著「欲求」的意思，因此我們可以將他所說的「意欲」理解為意志和欲求。在他看來，這種意志、欲求是人類生活的最初本因和驅動力，因而也是人類文化的最初本因和驅動力。

(二)「意欲」決定人生態度和文化的路向

　　梁漱溟認為，不同民族的文化之所以朝著不同方向發展，形成各自的「特異色彩」，其根源在於「意欲」追求的方向不同。人類的「意欲」從根本上說在於求得生存、發展，這決定了人類面臨著三個基本問題：「人生蓋有性質不相同的三大問題：(1)人對物的問題；(2)人對人的問題；(3)人對自身生命的問題。」❻在解決這三個基本問題時，人的「意欲」表現出不同的追求方向。為著解決人對物的需求問題，「意欲」向外、向前追求，征服自然，獲得物質利益；為著解決人對人的關係問題，「意欲」向內追求，調和持中，與人和諧相處；為著解決人對自身生命的問題，「意欲」向後追求，反思生命意義，尋求終極解脫。這三種不同方向的追求，代表了人生的三種態度，在文化上則表現為三種路向。「所以人類的生活大約不出這三個路徑樣法：(1)向前面要求；(2)對於自己的意思變換、調和、持中；(3)轉身向後去要求，這是三個不同的路向。……生活的根本在意欲而文化不過是生活之樣法，那麼，文化之所以不同由於意欲之所向不同是很明顯的。」❼

　　在解決人生的基本問題時，這三種路向究竟有著怎樣的不同？梁漱溟說：

　　㈠本來的路向：就是奮力取得所要求的東西，設法滿足他的要求；換一句話
　　說就是奮鬥的態度。遇到問題都是對於前面去下手，這種下手的結果就是改

---

❻　梁漱溟：《梁漱溟全集》（濟南：山東人民出版社，1990 年版），第 3 卷，頁 653。
❼　梁漱溟：《東西文化及其哲學》，頁 61-62。

造局面，使其可以滿足我們的要求，這是生活本來的路向。

㈡遇到問題不去要求解決、改造局面，就在這種境地上求我自己的滿足。譬如屋小而漏，假使照本來的路向一定要求另換一間房屋，而持第二種路向的遇到這種問題，他並不要求另換一間房屋，而就在此種境地之下變換自己的意思而滿足，並且一般的有興趣。這時下手的地方並不在前面，眼睛並不望前看而向旁邊看；他並不想奮鬥的改造局面，而是回想的隨遇而安。他所持應付問題的方法，只是自己意欲的調和罷了。

㈢走這條路的人，其解決問題的方法與前面兩條路向都不同。遇到問題他就想根本取消這種問題或要求。這時他既不像第一條路向的改造局面，也不像第二條路向的變更自己的意思。只想根本上將此問題取消。這也是應付困難的一個方法，但是最違背生活本性。因為生活的本性是向前要求的。凡對於種種欲望都持禁欲態度的都歸於這條路。❽

在此，梁漱溟對三種路向的基本特徵作了說明，我們可以將他的說明概括為：

第一種路向是「意欲」的自我奮鬥，其結果是改造環境；

第二種路向是「意欲」的自我調和，其結果是隨遇而安；

第三種路向是「意欲」的自我否定，其結果是歸於寂滅。

這裏值得注意的是，梁漱溟強調「意欲」向前奮鬥的第一路向「是生活本來的路向」，而「意欲」自我否定的第三種路向則是「最違背生活本性」的。梁氏的這種見解，與他對於東西文化的理解和評價有著密切關係，對此我們將在後文論及。

「意欲」的路向所代表的人生態度，被梁漱溟視為人類文化價值的核心內容。面對人生問題，人們所表現出的是非好惡和所做出的取捨選擇——這就是生活的「樣法」——正是基於這種人生態度或曰價值判斷的。不同民族之所以具有不同的生活「樣法」，亦即文化形態，也是基於他們的人生態度的，所以梁漱溟說：「蓋人類文化占最大部分的，誠不外那些為人生而有的工具手段、方法技術、組織制度等。但這些雖極占分量，卻只具從屬地位。居中心而為之主的，是其一種人生態

---

❽ 梁漱溟：《東西文化及其哲學》，頁61。

度，是其所有之價值判斷。此即是說，主要還在其人生何所取捨，何所好惡，何是何非，何去何從。這裏定了，其他一切莫不隨之。不同的文化，要在這裏辨其不同。」❾

　　約而言之，「意欲」是生命的根本和文化的本原，它的路向決定人們的生活態度，決定民族生活的「樣法」亦即文化形態。這就是梁漱溟「意欲本原論」的基本理念。

二、「路向」不同的三種文化及其價值

　　以「意欲本原論」為依據，梁漱溟對西方文化、中國文化、印度文化進行了比較研究。中國文化和印度文化屬於東方文化，因此這種研究也就是他關於東、西方文化的比較研究。梁漱溟於 1921 年出版的《東西文化及其哲學》一書，❿是他從事這種研究的主要著作。在此書中梁漱溟提出，西方文化、中國文化、印度文化分別代表著人類文化的三種路向。西方文化「以意欲向前要求為其根本精神」，中國文化「以意欲自為調和持中為其根本精神」，印度文化「以意欲反身向後要求為其根本精神」。

(一)「意欲向前要求」的西方文化

　　西方文化所要解決的是人類生活的第一個基本問題即人對物的關係問題。人的「意欲」只有向外追求、奮鬥，才能解決物質需求問題，因此西方文化必然「是以意欲向前要求為其根本精神的」，由此也就決定了西方文化的「特異色彩」。梁漱溟不贊成簡單地將「征服自然」視為西方文化的特徵。他在《東西文化及其哲學》一書中，對日本早稻田大學教授金子馬治、美國哲學家杜威等人關於西方文化特徵的說法提出了不同看法。金子馬治認為「西洋文明是勢能（power）之文明」，西方

---

❾　梁漱溟：《中國文化要義》，頁 86。

❿　梁氏的《東西文化及其哲學》原是他 1921 年 8 月在山東濟南教育會演講時的講稿，同年 10月由北平財政局出版，1922 年 1 月由上海商務印書館正式出版。

文化的特徵在於「征服自然」。杜威評說東、西方文化時也提出「西方人是征服自然，東方人是與自然融洽，此即兩方文化不同之所在。」⓫梁漱溟認為他們的說法失之簡單，例如西方社會所提出的「自由」、「平等」就不是「征服自然」所能包括得了的。而且，東方文化也並非不講征服自然。「東西兩方面的征服自然不過是程度之差，這『征服自然』四字，哪裏就能表出西方文化特別的精神呢？」⓬

梁漱溟說自己早年（1918 年）在北京大學研究東西方文化時，就認為西方文化有兩樣特長，「一個便是科學的方法，一個便是人的個性申展，社會性發達。前一個是西方學術上特別的精神，後一個是西方社會上特別的精神。」⓭這就是「賽恩斯」精神（科學精神）和「德謨克拉西」精神（民主精神）。後來他看到《新青年》雜誌上陳獨秀等人主張學習西方的科學和民主的文章，認為「只有近年《新青年》一班人才算主張西方化到家。……然則我們如果問如何是西方化？就答作『西方化即是賽恩斯、德謨克拉西兩精神的文化』對不對呢？這個答法很對，很好，比那『征服自然』說精彩得多，把征服自然說所忽略的都切實表明出來，毫無遺憾了。」⓮儘管在梁漱溟看來這個答法仍然有「重要的不稱心的地方」，即沒有表明西方的科學精神對於物質生活的關係以及科學精神與民主精神之間的關係，但是他明確斷定科學精神和民主精神是西方文化的兩大特徵，「西方文化是由意欲向前要求的精神產生『賽恩斯』與『德謨克拉西』兩大異彩的文化。」⓯「五四」時期，提倡學習西方的科學與民主的言論鋪天蓋地，而首先從文化哲學的角度將西方文化的特徵明確地概括為科學精神和民主精神的當推梁漱溟。

1.西方文化的科學精神

梁漱溟在闡釋西方文化的科學精神時，將西方重「科學」與中國重「手藝」進行對比。他說：「西方卻一切要根據科學──用一種方法把許多零碎的經驗，不全的知識，經營成學問，往前探討，與『手藝』全然分開，而應付一切，解決一切的

⓫　梁漱溟：《東西文化及其哲學》，頁 27。
⓬　梁漱溟：《東西文化及其哲學》，頁 28。
⓭　梁漱溟：《東西文化及其哲學》，頁 29。
⓮　梁漱溟：《東西文化及其哲學》，頁 30。
⓯　梁漱溟：《東西文化及其哲學》，頁 33。

都憑科學。」⓰科學是一種「學」，是全面的、系統的知識，是「客觀共認的確實知識」，它重視公理公例，重視發明創造。「科學求公例原則，要大家共認證實的；所以前人所有的今人都有得，其所貴便在新發明，而一步一步腳踏實地，逐步前進，當然今勝於古。」⓱科學這種客觀、務實、求進步的精神，是西方國家經濟發達、社會發展的巨大動力。在西方，工業、農業、政治、商業、醫療、軍事乃至養雞、放羊都有專門的科學，這就使得西方的文化、學術浸潤著科學精神。「西方的學術思想，處處看去，都表現一種特別的色彩，與我們截然兩樣，就是所謂『科學的精神』。……可見『科學』為區別東西文化的重要條件是不錯的了。」⓲

2.西方文化的民主精神

如果說科學精神是「西方學術上特別的精神」，那麼民主精神便是「西方社會上特別的精神」。梁漱溟認為西方的民主精神主要表現為人的個性伸展和社會性發達。

人的個性伸展即自由、平等，其前提是人對於自身權利的認識。梁漱溟說：

> 必要有「人」的觀念，必要有了「自己」的觀念，才有所謂「自由」的。而西方人便是有了這個觀念的，所以他要求自由，得到自由。大家彼此通是一個個的人。誰也不是誰所屬有的東西；大家的事便大家一同來作主辦，個人的事便自己來作主辦，別人不得妨礙。所謂「共和」、「平等」、「自由」不過如此而已，別無深解。……這種傾向，我們叫他：「人的個性伸展。」⓳

梁漱溟將西方社會的平等、自由概括為兩層意思：「第一層便是公眾的事大家都有參與做主的權；第二層便是個人的事大家都無過問的權。」⓴在他看來西方社會「拿主意的即是聽話的，聽話的即是拿主意的」，人人既是「治人者」又是「治

⓰　梁漱溟：《東西文化及其哲學》，頁34。
⓱　梁漱溟：《東西文化及其哲學》，頁35。
⓲　梁漱溟：《東西文化及其哲學》，頁42。
⓳　梁漱溟：《東西文化及其哲學》，頁45。
⓴　梁漱溟：《東西文化及其哲學》，頁44。

於人者」，乃至「無所謂尊卑上下而平等一般了」。可見梁漱溟對於西方社會平等、自由的理解存在著絕對化的傾向。

社會成員的個性伸展，又導致了「社會性的發達」。在梁漱溟看來，一個社會在政治上公平、公正、有效便是社會性發達。由君主專制演變為立憲制、共和制，由君主一人主宰天下演變為社會成員共同治理天下，體現了西方國家社會性的增強、發達。「西方的社會不可單看人的個性伸展一面，還有人的社會性發達一面。……從組織的分子上看便為個性伸展，從分子的組織上看便為社會性發達。」❹社會是一個龐大的「組織」，作為社會成員的人是其中的「分子」，人的個性伸展，必然導致這個「組織」的社會性發達。這表明，梁漱溟是將西方社會的個人自由與社會民主問題結合起來，從這兩個方面來理解他所說的西方「德謨克拉西精神」的。他總結自己對西方社會的認識，說：

> 總而言之，據我看西方社會與我們不同所在，這「個性伸展社會性發達」八（引者按：原文如此，應為「九」）字足以盡之，不能復外，這樣新異的色彩，給他個簡單的名稱便是「德謨克拉西」（democracy）。我心目中的德謨克拉西就是這般意思。……西方人的社會生活處處看去都表現一種特別色彩，與我們截然兩樣的就是所謂「德謨克拉西的精神」。所有的西方文化通是這「德謨克拉西」與前頭所說「科學」兩精神的結晶。❷❷

在此，梁漱溟將「個性伸展」和「社會性發達」概括為西方社會的民主精神，並進一步將民主和科學概括為西方文化的特徵。文化是民族生活的「樣法」，「文化的不同純乎是抽象樣法的，進一步說就是生活中解決問題方法之不同。」❷❸作為西方文化之特徵的科學與民主，也正是西方人「解決問題的方法」——用「科學」的方法解決人的物質生活問題，用「民主」的方法解決人的社會生活問題。梁漱溟

---

❹ 梁漱溟：《東西文化及其哲學》，頁46。
❷❷ 梁漱溟：《東西文化及其哲學》，頁49。
❷❸ 梁漱溟：《東西文化及其哲學》，頁61。

認為西方人正是由於採取了科學和民主的方法，而使西方社會在近代以來取得了巨大的進步，在物質生活和政治生活方面都走在了世界的前列，可見科學和民主「這兩樣東西是西方化的特別所在，亦即西方化的長處所在」。❷❹

3.西方文化之弊

　　梁漱溟雖然認為西方文化的科學精神和民主精神「這兩種精神完全是對的；只能為無批評無條件的承認」，❷❺但他同時認為西方文化有弊病。不過，這種弊病不是出自科學和民主，而是出自西方文化的根本態度──「意欲」一味向外、向前追求。簡單地說，就是「西洋人風馳電掣的向前追求，以致精神淪喪苦悶」。❷❻

　　梁漱溟認為，近代以來的西方人著重追求經濟的發達和物質生活的改善，「所謂向前要求，就是向著自然界要求種種東西以自奉享。」❷❼對於物質利益的過分關注，導致了西方人對於精神價值的漠視，「從他那向前的路一味向外追求，完全拋荒了自己，喪失了精神；外面生活富麗，內裏生活卻貧乏至於零！」❷❽所謂「外面生活」即物質生活，「內裏生活」即精神生活。在此，梁漱溟用激烈的態度批評西方文化使人「精神淪喪」。他並不否認西方社會由於科學技術的迅猛發展而帶來的繁榮興旺，但是在他看來西方人的社會生活「表面非常富麗，而骨子裏其人苦痛甚深；……穿錦繡的未必便愉快，穿破布的或許很樂」。❷❾與物質生活的富裕給人們帶來的享樂相比，精神生活的貧乏給人們帶來的痛苦或許更加深刻，這是梁漱溟批評西方文化的弊病時所持有的一個基本理念。這個理念很值得我們注意，因為它反映了梁漱溟文化價值觀的基本取向，表明了在梁漱溟看來，文化作為人們生活的「樣法」，其主要功能應該表現在人們的精神生活方面。

---

❷❹　梁漱溟：《東西文化及其哲學》，頁 50。
❷❺　梁漱溟：《東西文化及其哲學》，頁 209。
❷❻　梁漱溟：《東西文化及其哲學》，頁 156。
❷❼　梁漱溟：《東西文化及其哲學》，頁 70。
❷❽　梁漱溟：《東西文化及其哲學》，頁 181。
❷❾　梁漱溟：《東西文化及其哲學》，頁 155-156。

㈡「意欲自為調和持中」的中國文化

所謂「自為調和持中」，就是「對於自己的意思變換，調和持中」。**㉚**此處「調和」，不是作用於外部事物，而是作用於「意欲」自身，亦即「意欲」的自我調和。當自己的願望在客觀現實中不能獲得滿足時，就主動地、自覺地變換、調節這種願望，避免自己的意志一味向前進取，這就是「自為調和持中」。梁漱溟認為，這是中國文化的根本精神，這種根本精神表明了中國文化的「路向」不同於西方文化那種注重人對於物的關係的「第一路向」，而是注重人對於人的關係的「第二路向」。中國人歷來的生活「都還是我們所謂人生第二路向。……中國人生無論是孔是老，非孔非老，要皆屬於第二路者。」**㉛**

1.中國文化之特徵

這「第二路向」的中國文化，在梁漱溟看來具有下列主要特徵：

⑴「廣土眾民」。**㉜**

⑵「偌大民族之同化融合」，即多民族的融合。

⑶「歷史長久，並世中莫與之比」。

⑷中國文化「有無比之偉大力量」，但中國文化不以（科學）知識見長，因此若按西洋人「知識就是力量」的道理，則我們指不出中國文化的力量在於何處。

⑸「歷久不變的社會，停滯不前的文化」，可以說中國「只有中古史而無近代史」。

⑹「幾乎沒有宗教的人生」，誠如英國哲學家羅素所言「以孔子倫理為準則而無宗教」。

⑺「中國的家族制度在其全部文化中所處地位之重要，及其根深蒂固，亦是世界聞名的。……中國所以至今被人目之為宗法社會者，亦即在此。」

㉚ 梁漱溟：《東西文化及其哲學》，頁61。

㉛ 梁漱溟：《東西文化及其哲學》，頁155。

㉜ 梁漱溟：《中國文化要義》，頁 10。以下關於梁氏論中國文化十四個特徵的引文均見該書頁10-24，不再一一注出。

(8)中國學術早發達，卻「不向著科學前進」。

(9)「民主、自由、平等一類要求不見提出」，「法制不見形成」。

(10)「融國家於社會人倫之中，納政治於禮俗教化之中，而以道法統括文化，或至少是在全部文化中道法氣象特重」。這個特徵與上述第六個特徵結合起來，則表明中國文化重道法、輕宗教。

(11)「中國不是一國家，而實為一大文化社會」，也就是說中國「不屬普通國家類型」。

(12)「中國自東漢以降為無兵的文化。」所謂「無兵」，指「兵匪不分，軍民互相仇視」。

(13)「孝在中國文化中作用至大」，因此中國文化可以說是「孝的文化」。

(14)隱士「是中國社會的特產」，與中國文化「有相當關係」。

需要指出的是，梁漱溟所提出的中國文化這十四個特徵，主要是現象上的羅列。其中有些是他本人提出的見解，有些是他轉述別人的見解而予以認同。同時，這些「特徵」缺乏嚴格的界定，它們不是中國文化結構中同一層次上的特徵，它們之間的邏輯聯繫也沒有得到應有的揭示。但是我們通過梁漱溟關於這些特徵的表述，還是可以概括出他關於中國文化的幾個重要觀念：

其一，中國文化固然有偉大的力量，但是缺乏科學和民主。

其二，科學和民主的缺乏，導致近代以來中國社會的落後和文化的停滯，所謂「只有中古史而無近代史」。

其三，中國文化重道法、輕宗教（與西方文化相反）。這具有正面和負面的雙重作用，「宗教缺乏為負面，道法特重為正面」。❸❸

上述觀念，反覆體現在梁漱溟關於中國文化的諸多評論中。

2.中國文化之弊

在談到中國文化的弊病時，梁漱溟從物質生活、社會生活和精神生活三方面作出說明。他說：「幾乎就著三方面看去，中國都是不濟。」❸❹物質生活方面，中國

---

❸❸ 梁漱溟：《中國文化要義》，頁21。

❸❹ 梁漱溟：《東西文化及其哲學》，頁71。

的物質文明無疑是很不發達的。「社會生活方面，……數千年以來使吾人不能從種種在上的威權解放出來而得自由；個性不得伸展，社會性亦不得發達，這是我們人生上一個最大的不及西洋人之處。」❸這就是說，中國數千年來的社會生活沒有民主。「精神生活方面，人多以為中國人在這一方面是可以比西洋人見長的地方，其實大大不然；中國人在這一方面實在是失敗的。……這一方面的生活，中國人並沒有作到好處。」❸這裏值得注意的是，梁漱溟不贊成那種頗為流行的認為中國人的精神生活高於西方人的觀點。而在他看來，中國人在精神生活方面之所以「沒有作到好處」，是因為沒有貫徹孔子的精神。

應該看到的是，梁漱溟從物質生活、社會生活、精神生活方面關於中國文化弊病的議論，基本上停留在現象描述的層次。他還有一種關於「中國文化五大病」的議論，即認為中國文化「幼稚」、「衰老」、「不落實」、「落於消極亦再沒有前途」、「曖昧而不明爽」的見解，❸同樣是一種不夠深刻的現象描述。

梁漱溟關於中國文化之弊的深層次探討，見之於他的中國文化「早熟」論。

梁漱溟以人們行路作比喻，說中國文化與西方文化的差別，不是同一路向上的行程遠與近的差別，而是不同路向的差別。中國文化從開始走的就是注重人與人之間關係的「第二路向」，但是人類文化在其早期，本該像西方文化那樣走注重人對於物的關係的「第一路向」，以解決人的生存、繁衍的物質需求問題。中國文化形成之後，所關注者便是人與人之間的關係而不是人與自然之間的關係。它在人與人的關係方面提倡「無我」、「屈己讓人」，在人對自然的認識方面不講究理智的分析而滿足於籠統的直覺。由此導致：

> 我們不待抵抗得天行，就不去走征服自然的路，所以至今還每要見厄於自然。我們不待有我就去講無我，不待個性伸展就去講屈己讓人，所以至今還未曾得從種種威權底下解放出來。我們不待理智條達，就去崇尚那非論理的

---

❸ 梁漱溟：《東西文化及其哲學》，頁156。

❸ 梁漱溟：《東西文化及其哲學》，頁157。

❸ 梁漱溟：《中國文化要義》，頁250-254。

精神，就去好用直覺，所以至今思想也不得清明，學術也都無眉目。並且從
這種態度就根本停頓了進步，自其文化開發之初到他數千年之後，也沒有什
麼兩樣。……假使沒有外力進門，環境不變，他會要長此終古！**❸**

　　在此，梁漱溟對中國文化的批評是持激烈態度的，因此我們不必要求他的每句
話都是準確、妥帖的。透過這段批評我們可以看出，梁漱溟認為中國文化從一開始
就走「第二路向」是產生了嚴重後果的，而這就是中國文化「早熟」帶來的結果。
中國文化「所有的不好不對，所有的不及人家之一點，是這態度拿出太早不對，這
是我們惟一致誤所由。」**❸**

　　文化的「早熟」，又被梁漱溟用文化發展中「身」與「心」、「理智」與「理
性」的關係加以說明。他說西方文化「是從身體出發」，中國文化卻「徑直從心出
來」。從身體出發，解決人們的物質生活需求問題，就需要認識自然環境、洞悉物
理，這就促成了理智的發達。從「心」出發，解決人們精神上的安身立命問題，就
需要認識人際關係、洞悉人倫，這就促進了理性的發達。這裏所說的「理性」指的
是「神聖理性」，也就是道德理性。梁漱溟曾說：「理智者人心之妙用，理性者人
心之美德。」**❹**在他看來，人類文化的正常發展應該是首先從身體出發，而不是從
「心」出發的，「前者是循序漸進，後者便是早熟。」**❹**文化「早熟」之後的中國
「由此遂無科學」，這主要表現在：(1)「中國人講學問，詳於人事而忽於物理」；
❹(1)中國人有問題「多從道德觀點」作判斷。文化「早熟」還使得中國人的思維
「長於理性，短於理智；使得中國文化終於陷於盤旋不進」。

　　總之，「一切一切，總不外理性早啟文化早熟一個問題而已。」**❹**「中國的缺

---

❸　梁漱溟：《東西文化及其哲學》，頁 205。
❸　梁漱溟：《東西文化及其哲學》，頁 205。
❹　梁漱溟：《人心與人生》（上海：學林出版社，1984 年版），頁 85。
❹　梁漱溟：《中國文化要義》，頁 227。
❹　梁漱溟：《中國文化要義》，頁 237。
❹　梁漱溟：《中國文化要義》，頁 255。

欠，……是理性早啟文化早熟的缺欠。」❹這，就是梁漱溟在分析中國文化的弊病時所得出的深層次結論。

3.中國文化的優長所在

梁漱溟指出，中國文化雖然因其「早熟」而有弊端，卻自有其優長之處。「所謂第二路向……並非沒有自己積極的精神。」❺

就物質生活而論，中國固然物質文明不發達，但也因此而避免了「西洋近世的經濟狀況」，中國人沒有遭遇近世西洋人那種物質富足、精神失落的痛苦。「中國人以其與自然融洽遊樂的態度，有一點就享受一點」。❻中國人在物質生活方面知足常樂的態度表現了一種積極的精神。

就社會生活而論，中國人數千年來「個性不得伸展，社會性亦不得發達」，缺乏民主、自由，但是「西洋人是有我的，中國人是不要我的。……處處尚情而無我」，❼西方人在社會生活中以自我為中心，中國人則可以屈己讓人，看重人與人之間的情感。因此在中國，「家庭裏、社會上處處都能得到一種情趣，不是冷漠、敵對、算賬的樣子，於人生的活氣有不少的培養，不能不算一種優長與勝利。」❽也就是說，中國人在社會生活中輕利害而重人情，這也是一種積極的精神。

就精神生活而論，中國固然在這方面也是「失敗」的，但是中國有著偉大的先哲孔子，以孔子為代表的儒家精神對於中華民族影響至巨，對於中國人的精神生活產生著指導作用。雖說儒家精神在中國未能很好地全面貫徹，近代以來更是日趨淪喪，但其價值仍不可否定。「就在儒家領導之下，二千多年間，中國人養成一種社會風尚，或民族精神，除最近數十年漸漸漸滅，今已不易得見外，過去中國人的生存及其民族生命之開拓，胥賴於此。」❾這就是說，指導著中國人的精神生活的儒家精神是一種十分有價值的積極的精神。

---

❹　梁漱溟：《中國文化要義》，頁 268。
❺　梁漱溟：《東西文化及其哲學》，頁 158。
❻　梁漱溟：《東西文化及其哲學》，頁 156。
❼　梁漱溟：《東西文化及其哲學》，頁 157。
❽　梁漱溟：《東西文化及其哲學》，頁 157。
❾　梁漱溟：《中國文化要義》，頁 118。

簡言之，中國文化雖可謂百病叢生，卻也「別有成就，非只這消極的面目而自有其積極的面目」，❺這是梁漱溟從物質生活、社會生活、精神生活三方面對中國文化作出分析後得出的結論。而更值得我們關注的是，在這個結論的基礎上，梁漱溟更深一層地提出了他關於中國文化的「優長所在」的見解。他沒有明確地表述這個見解，但我們可以從他的議論中概括出這個見解，那就是：從根本上說，孔子精神是中國文化的「優長所在」。

我們從梁漱溟關於中國文化在物質生活、社會生活、精神生活方面長處的闡述中可以看出，他所謂中國文化在這三方面的長處，其實歸根結蒂都屬於精神領域。中國人在物質生活方面知足常樂而不一味向自然界索取，在社會生活方面輕利害而重人情，都屬於精神方面的表現。至於儒家精神對於中國人生活的指導作用，當然更直接是精神方面的表現了。由此可見，梁漱溟認為中國文化的長處表現在精神生活方面。進一步說，這種長處表現在孔子精神對於中國人生活的指導方面。

梁漱溟所理解的「孔子精神」，主要指「自強不息的精神」。在他看來，中國文化由於過早地走上「第二路向」，導致了它處於消極、落後的狀態，「惟孔子自強不息是作到第二路的恰好處」，❺「孔家『自強不息』的精神，很得著點第二路的積極面目」。❺中國文化所走的「第二路向」導致國人的性格偏向陰柔坤靜，「中國人殆不免於容忍敷衍而已，惟孔子的態度全然不是什麼容忍敷衍，他是無人不自得。惟其自得而後第二條路乃有其積極的面目。」❺這積極的面目就是自強不息的精神，它使人們對待生活表現出陽剛乾動的態度。梁漱溟又將孔子自強不息的精神稱之為「剛的態度」，說：「若如孔子之剛的態度，便為適宜的第二路人生。」❺總之，從根本上說，孔子「自強不息的精神」或曰「剛的態度」，是過早走上「第二路向」的中國文化中的積極精神，是中國文化的「優長所在」。

---

❺　梁漱溟：《東西文化及其哲學》，頁 71。

❺　梁漱溟：《東西文化及其哲學》，頁 184。

❺　梁漱溟：《東西文化及其哲學》，頁 183。

❺　梁漱溟：《東西文化及其哲學》，頁 158。

❺　梁漱溟：《梁漱溟全集》（濟南：山東人民出版社，1989 年版），第 1 卷，頁 539。

(三)「意欲反身向後要求」的印度文化

梁漱溟說，在文化問題上「印度人是走第三條路向」，「印度文化是以意欲反身向後要求為其根本精神的。」[55]

所謂「意欲反身向後要求」，就是「既非向前，又非持中，乃是翻轉向後」，[56] 遇到問題既不像西方人那樣向前奮鬥，也不像中國人那樣調和持中，而是「根本上將此問題取消」，將人的欲望取消。「反身向後要求」就是向著否定自身欲望的方向要求，這實際上就是禁欲主義，「凡對於種種欲望都持禁欲態度的都歸於這條路。」梁漱溟認為，生活的本性是向前要求的，因此這「第三路向」是「最違背生活本性」的。

梁漱溟對於印度文化的評論，同樣是從物質生活、社會生活、精神生活三個方面進行的。他說印度文化「其物質文明之無成就，與社會生活之不進化，不但不及西方且不如中國」。[57] 就文化生活的三個方面而論，印度文化「成了精神生活的畸形發展，而於精神生活各方面又為宗教的畸形發展，……既不像西方人的要求幸福，也不像中國人的安遇知足，他是努力於解脫這個生活的」。[58] 這就決定了走「第三路向」的印度文化是典型的宗教文化。一些印度人為了達到從現實生活「解脫」的目的，甚至對生存欲望也予以否定、取消，乃至自餓不食，投入寒淵，赴火炙灼，赤身裸露，在道上等車來軋死，或是上山去找老虎。總之，「世界民族蓋未有渴熱於宗教如印度人者，世界宗教之最奇盛與最進步未有過於印度之上者。」[59] 中國文化是不待走「第一路向」便走上「第二路向」，印度文化則是不待走「第一路向」和「第二路向」便走上「第三路向」，專注於人與自身的關係問題，即人對於自身生命的態度問題。其根本主張是通過禁欲主義來否定、取消人的生存欲望，這自然使印度的物質生活、社會生活、精神生活都失去了前進的動力，使印度文化

[55] 梁漱溟：《東西文化及其哲學》，頁63。
[56] 梁漱溟：《東西文化及其哲學》，頁73。
[57] 梁漱溟：《東西文化及其哲學》，頁73。
[58] 梁漱溟：《東西文化及其哲學》，頁73。
[59] 梁漱溟：《東西文化及其哲學》，頁73。

失去了前進的動力。

　　梁漱溟對印度文化的批評態度，與他對佛教的批評態度緊密相關。弔詭的是，梁漱溟不僅青年時代篤行佛教並且曾準備出家，而且直至晚年仍然表示：「其實我一直是持佛家的思想，至今仍然如此。……持佛家精神，過佛家的生活，是我的心願。」**❻⓿**但是從他撰寫、出版《東西文化及其哲學》時期開始，他就在該書和其他一些著作中一再表示反對提倡佛教。筆者認為，此中原因就在於梁漱溟雖然始終在精神上與佛學相通、相契，但是他認為在民族危機深重的中國，佛教的興盛只能使國人精神更加消沉，國勢更加傾頹。因此他說印度文化的「第三路向」的態度——即佛家的態度——在當時的中國決不可以提倡，「第三態度的提出，此刻還早的很，……你一個人去走，我不能管；但如你以此宣導於社會，那我便不能不反對。我們因未走第一路便走第二路而受的病痛，從第三態度將有所補救呢，還是要病上加痛呢？……假使佛化大興，中國之亂便無已。」**❻❶**在梁漱溟看來，印度文化不經過「第一路」和「第二路」就走上「第三路」，採取佛教禁欲主義的態度對待人生，對於中國社會來說實在是不可取、不足法的。

三、文化發展的「三期重現」說

　　關於世界文化的發展，梁漱溟認為其大勢是：「古文明之希臘、中國、印度三派竟於三期間次第重現一遭」。他否定了當時思想界極具影響的關於東方文化與西方文化（或曰中國文化與西方文化）「融合」的理論，提出了獨具一格的「三期重現說」。

(一)否定「融合論」

　　當時思想界「一般人議論——其實是毫無根據的想像——異口同聲地說世界未

❻⓿　王宗昱：〈是儒家，還是佛家——訪梁漱溟先生〉，見深圳大學國學研究所主編：《中國文化與中國哲學》第 1 輯（北京：東方出版社，1986 年版），頁 561。

❻❶　梁漱溟：《東西文化及其哲學》，頁 211。

來文化必是融合了東西兩方文化而產生的；兩方文化各有所偏，而此則得其調和適中的。」❻❷梁漱溟說這種「融和論」的謬誤在於不懂得以下兩點：其一，每種文化都有其根本精神，「這一派根本精神和那一派根本精神何叢融合起呢？」❻❸其二，文化是民族生活的「樣法」，也就是一種「態度」、一種「方向」，「都有其好的地方，都有其不好的地方；無所謂哪個文化就是好的文化，合用的文化，哪個文化就是不好的文化，不合用的文化。……其實一態度其初都好，沿著走下來才見出弊害，或遇到他不合用的時際，就得變過一態度方行」，❻❹這就是說文化的發展是一種「態度」變為另一種「態度」，而不是兩種「態度」之間的「融合」。在梁漱溟看來，文化無好壞，只有「合宜」與「不合宜」，在不同的時期只有一家文化「合宜」，即適合於解決人類此時期面臨的問題，因此不可能將東、西方文化「好的東西」匯合成為世界未來文化。從這種理念出發，梁漱溟批評杜威、羅素、梁啟超、陳獨秀等人關於東、西方文化「融合」、「調和」、「融通」的觀點「只能算是迷離含混的」，說他們「不能說出所以然，就胡亂主張兩種文化將來必然融通，實在不對」。❻❺總之，當時思想界關於東西（中西）文化融合、融通、會通的見解，一概被梁漱溟視為「對未來文化的誤看」。梁氏的此種見解，在現代新儒家學者中可以說是僅有的。不過，梁漱溟的文化哲學最終還是未能真正跳出他自己所反對的東西方文化「融合論」。這也表明了東西方文化「融合論」的產生和存在是有其歷史必然性和合理性的。對此，本書後文還將論及。

(二)提出「三期重現」說

在否定「融合論」的同時，梁漱溟提出：「未來文化只可斬截的改換，而照現在形勢推去，亦實將斬截的改換，又所換的又確為獨屬於中國的一派；……未來文化只可明確的為一個態度，而從現在形勢推去，亦實將明確的換過一個態度，所換

---

❻❷　梁漱溟：《東西文化及其哲學》，頁201。
❻❸　梁漱溟：《東西文化及其哲學》，頁201。
❻❹　梁漱溟：《東西文化及其哲學》，頁201。
❻❺　梁漱溟：《東西文化及其哲學》，頁19。

過的又確乎偏為從前中國人的那個態度。」❻❻在一定的時期，人類文化的發展只能持一個路向、一種態度，而從現時的發展形勢看，世界未來文化將改換到中國的路向和態度上來。梁漱溟強調他並不是主張世界未來應當採用某種最好的文化，因為文化本來無所謂好壞，他只是指出人類文化正朝著某個方向（中國文化的方向）變遷。而且，作為「全世界嚮導的西方文化」已經有了很多顯著的變遷。

　　其中最根本的變遷，是西方文化「態度的變遷」，或曰「哲學的變遷」。梁漱溟說：「東方人講哲學都是想求得一個生命，西方人只想求得知識，但此刻則無不走入求生命一路了。……其實今日的西洋哲學已都是歸本人事。」❻❼現代西方生命哲學的出現，使西方哲學由專注於追求知識改變為關注人的生命價值，由專注於「物理」改變為關注「人事」。這種「哲學的變遷」也就是西方文化人生態度的變遷。「現今西方的思想界已經彰明的要求改變他們從來人生態度；而且他們要求趨向之所指就是中國的路，孔家的路。……他們一致的急要努力擺脫理智所加於他們的逼狹嚴酷的世界，這時惟一的救星便是生命派的哲學。」❻❽在梁漱溟看來，生命哲學的出現是人類文化由「第一路向」轉向「第二路向」、由「西方態度」轉向「中國態度」的標誌。這可以說是梁漱溟文化哲學思想的一個基本觀念。

　　生命哲學表明西方文化開始關注人類的情志和生命精神，這使梁漱溟對於「中國態度將代西方態度而興」❻❾充滿了信心。他說：「西方人兩眼睛視線漸漸乃與孔子兩眼睛視線所集相接近到一處。孔子是全力照注在人類情志方面的；……西洋人向不留意到此，現在留意到了，乃稍稍望見孔子之門矣！我們所怕者，只怕西洋人始終看不到此耳，但得他看到此處，就不怕他不走孔子的路！」❼❶那麼，人類文化走上「孔子的路」之後，將呈現何種情形呢？梁漱溟說，在物質生活方面人們的態

---

❻❻　梁漱溟：《東西文化及其哲學》，頁 201。
❻❼　梁漱溟：《東西文化及其哲學》，頁 180。
❻❽　梁漱溟：《東西文化及其哲學》，頁 181。
❻❾　梁漱溟：《東西文化及其哲學》，頁 188。
❼❶　梁漱溟：《東西文化及其哲學》，頁 174-175。

度「一定恬淡許多而且從容不迫，很像中國人從來的樣子」，❼那時在社會上，物質生活將「退處於從屬的地位」而不再被人們特別看重，這「便又是中國的模樣」。在社會生活方面，「從情感的活動，融合了人我，走尚情誼尚禮讓不計較的路——這便是從來的中國人之風。……以後世界是要以禮樂換過法律的，全符合了孔家宗旨而後已。」在精神生活方面，「宗教這條路定然還走不通」，人們的精神將寄託於另一條「特殊的路」，它同樣可以「奠定人生勖慰情志」，卻並不包含宗教的出世傾向，「這便是什麼路？這便是孔子的路，……孔子那求仁的學問，將為大家所講究，中國的寶藏將於是宣露。」梁漱溟從人類生活三個方面對世界未來文化的推測表明，他認為世界的未來文化將要持「中國文化的態度」。

值得注意的是，梁漱溟在此所言「世界未來文化」，又被他稱為「世界最近未來文化」。這就是說，世界文化在由「第一路向」轉入「第二路向」、由「西方態度」轉向「中國態度」之後，將來仍會發生變化，而不是長此終古。這種變化，就是「中國化復興之後將繼之以印度化復興」。梁漱溟認為現代的人類文化正處於「第一和第二的過渡時代」，因此必須「反對第三態度的宣導」，即反對提倡印度文化的佛教態度。但是他又說：「我很曉得人類是無論如何不能得救的，除非他自己解破根本二執——我執、法執。……我們非把人類送過這第二路生活的一關，不能使他從佛教而得救，不能使佛教得見其真；這是我的本意。」❼人類的最終解救還是要依靠佛教，不過這是人類文化在經歷了「第二路向」之後才能進入的階段，也只有在這時佛教的真義才能得到實現。梁漱溟說明這是他的「本意」，我們將這個說法與他晚年關於「其實我一直是持佛家的思想，至今仍然如此」的說法聯繫起來，便看出梁漱溟認為人類文化最終將走上「第三路向」，採取印度文化所代表的「佛家態度」。梁漱溟說：

質而言之，世界未來文化就是中國文化的復興，有似希臘文化在近代的復興

---

❼ 梁漱溟：《東西文化及其哲學》，頁 197。本自然段的以下引文均見該書頁 198-200，不再另注。

❼ 梁漱溟：《東西文化及其哲學》，頁 211-212。

那樣。人類生活只有三大根本態度，……世界的三大系文化實出於此。論起來，這三態度都因人類生活中的三大項問題而各有其必要與不適用，……隨問題的轉移而變其態度——問題問到哪裏，就持那種態度；……自其成績論，無所謂誰家的好壞，都是對人類有很偉大的貢獻。卻自其態度論，則有個合宜不合宜；希臘人態度要對些，因為人類原處在第一項問題之下；中國人態度和印度人態度就嫌拿出的太早了些，因為問題還不到。……中國化復興之後將繼之以印度化復興。於是古文明之希臘、中國、印度三派竟於三期間次第重現一遭。我並非有意把他們弄得這般整齊好玩，無奈人類生活中的問題實有這麼三層次，其文化的路徑就有這麼轉折。❼

　　這段話概括了梁漱溟關於世界文化發展的「三期重現說」的基本觀念：人類生活存在著三大基本問題（人對於物的關係問題、人對於人的關係問題、人對於自身生命的關係問題），人類文化自古也就存在著路向不同的三種形態，它們分別適合於解決這三項基本問題。人類首先面對的是第一項問題，因此希臘文化的路向和態度是適宜的；而中國文化和印度文化則過早地採取了適宜於解決第二項問題、第三項問題的路向和態度。但隨著「問題」的演變，世界文化將由近代西方文化（即「希臘文化在近世的復興」）的路向轉為中國文化的路向，並最終轉入印度文化的路向。人類生活問題的三個層次就這樣決定了世界文化發展路向的三次轉折。

　　梁漱溟大約也是感覺到自己的想法和論說過於「整齊」（人類三問題——生活三態度——文化三路向——世界文化發展三轉折），便說明自己「並非有意把他們弄得這般整齊好玩」，但這一說法恰恰被胡適抓住。於是在〈讀梁漱溟先生的《東西文化及其哲學》〉一文中，❼胡適便說梁漱溟的「三期重現說」是「文化輪回說」，貫穿其中的是「『整齊好玩』的一條線」，梁氏是「用一條線的眼光來看世界文化」。❼

---

❼　梁漱溟：《東西文化及其哲學》，頁 202-203。
❼　胡適此文發表於《讀書雜誌》1923 年 3 月號。
❼　胡適：《胡適語萃》（北京：華夏出版社，1993 年版），頁 274。

四、中國人現在應持的態度

　　梁漱溟多次聲明，他之所以要研究東西文化與哲學問題，完全是為了找到解救中國社會和文化危機的途徑。他關於世界文化發展的「三期重現說」，同樣被他落實到這個基本宗旨上來。他說：

> 我們推測的世界未來文化既如上說，那麼我們中國人現在應持的態度是怎樣才對呢？對於這三態度何取何舍呢？我可以說：
> 第一，要排除印度的態度，絲毫不能容留；
> 第二，對於西方文化是全盤承受，而根本改過，就是對其態度要改一改；
> 第三，批評的把中國原來態度重新拿出來。
> 這三條是我這些年來研究這個問題之最後結論，幾經審慎而後決定，並非偶然的感想；……我們絕不後悔決無怨尤，以往的事不用回顧，我們只爽爽快快打主意現在怎樣再往下走就是了。❼❻

　　在此，梁漱溟明確地提出了中國人對於人類文化三種「路向」應持的態度。他提出這種態度的出發點，則在於他努力解救民族危機──包括社會危機和文化危機──的現實目的。他堅決否定了印度文化的佛教態度，因為佛教的出世態度妨礙中國社會和文化危機的解決。中國文化宣導「屈己讓人」的態度，使國人奮鬥和進取的精神不足，有礙於解救民族的危機，而第三路向的印度文化所宣導的佛家的「禁欲」和「無爭」的態度，則更加缺乏奮鬥和進取精神。因此，「第三態度的提出，此刻還早得很，……那屈己讓人的態度方且不合用，何況一味教人止息向前爭求態度的佛教？」❼❼這再次表明梁漱溟儘管心儀佛學，但是基於解救民族危機的愛國之心和儒家傳統的入世精神，他堅決反對提倡佛教。

　　關於梁漱溟對西方文化和中國文化的態度，我們可以將二者結合在一起加以考

---

❼❻　梁漱溟：《東西文化及其哲學》，頁 204-205。
❼❼　梁漱溟：《東西文化及其哲學》，頁 211。

察。對於西方文化，他在主張「全盤承受」的同時，又提出將其「根本改過」，也就是要予以「修正」。他要「改過」和「修正」的，一言以蔽之就是西方文化在物質生活方面「一味向前追求」而在精神生活方面「淪喪苦悶」的弊端。在梁漱溟看來，只要消除了這個弊端，那麼西方文化的奮鬥、進取精神以及它的兩大重要成果——科學和民主——都是中國人所特別需要的，是應該「全盤承受」的。向前奮鬥、進取的人生態度由於被西方文化強調得過分，已經使得西方社會「見出好多弊病」，但這種態度對於中國社會來說「則適可以救其弊」。問題在於我們要「鑒於西洋文化弊害而知所戒，……要把從來的西洋態度變化變化才行」，❼❽即改變那種過於注重外物而忽視內心的人生態度。梁漱溟說這是一種「根本的」改變，並且強調這種改變「很必要」。由於西方文化是「第一路向」的文化，這種改變了的「西洋態度」又被梁漱溟稱為「變化過的第一態度」。

對於中國文化的態度，梁漱溟的主張是既對其進行「批評」，又要將它「重新拿出來」。中國文化的路向和態度本身並沒有錯，問題就在「步驟凌亂，成熟太早，不合時宜。並非這態度不對，是這態度拿出太早不對」，由此導致了中國文化在應當注重人對於物的關係的時期卻過早地注重人對於人的關係，並且倡揚屈己讓人的人生態度，從而壓抑了中國人向前奮鬥、進取的精神。如果「參取西洋態度」，振奮中國人的奮鬥、進取精神，那麼中國文化的路向和態度就是適宜的、值得肯定的。特別是在西方文化已經表現出嚴重弊端的現代社會，「中國態度」還可以匡正「西方態度」之弊。由於中國文化是「第二路向」的文化，這種改變了的「中國態度」又被梁漱溟稱為「適宜的第二態度」。

值得注意的是，梁漱溟將他所主張的這種態度表述為「變化過的第一態度或適宜的第二態度」。❼❾當他作出這種表述時，實際上他已經認為「第一態度」與「第二態度」——亦即西方文化與中國文化——在經過修正、調整之後是可以相互會通、融合的，而且正是二者的融合，構成了解救中國社會和文化危機所應持的正確態度。梁漱溟是反對中西文化「融合論」的，但是最終他還是走向了「融合論」。

---

❼❽　梁漱溟：《東西文化及其哲學》，頁 207。

❼❾　梁漱溟：《東西文化及其哲學》，頁 211。

這是值得我們深長思之的。

至此，我們進一步的追問是：準確地說，梁漱溟認為解救中國社會和文化危機所需要的究竟是一種什麼樣的態度呢？

那就是他所提出的孔子的「剛的態度」。他說：

> 我要提出的態度便是孔子之所謂「剛」。……我們此刻無論為眼前急需的護持生命財產個人權利的安全而定亂入治，或促進未來世界文化之開闢而得合理生活，都非採取第一態度，大家奮往向前不可，但又如果不根本的把他含融到第二態度的人生裏面，將不能防免他的危險，將不能避免他的錯誤，將不能適合於今世第一和第二路的過渡時代。……我意不過提倡一種奮往向前的風氣，而同時排斥那向外逐物的頹流。……只有這樣向前的動作可以彌補了中國人夙來缺短，解救了中國人現在的痛苦，又避免了西洋的弊害，應付了世界的需要，完全適合我們從上以來研究三文化之所審度。這就是我所謂剛的態度，我所謂適宜的第二路人生。本來中國人從前就是走這條路，卻是一向總偏陰柔坤靜一邊，近於老子，而不是孔子陽剛乾動的態度；若如孔子之剛的態度，便為適宜的第二路人生。❽

這種「剛的態度」，可以說是「第一態度」和「第二態度」的結合；進一步說，是這兩種態度長處的結合和短處的捨棄。它採取「第一態度」的奮鬥、進取精神，消除了「第二態度」偏於陰柔坤靜的弊病；它採取「第二態度」的人生睿智，消除了「第一態度」一味向外逐物的弊病。在梁漱溟看來，為著解救民族的危機和民眾的痛苦，中國人必須採取這種態度。在此我們還可以領會到梁漱溟的一個重要觀念：他認為中國文化偏於陰柔坤靜，他設想的消除這一弊病的途徑有兩條，一是吸納西方文化「奮往向前」的精神，一是發揚中國文化中孔子所代表的「陽剛乾動」的精神。這兩種精神被梁漱溟融合在他所主張的「剛的態度」之中。

總之，世界文化正在由「第一路向」轉入「第二路向」，正處於「第一和第二

---

❽ 梁漱溟：《東西文化及其哲學》，頁 213-215。

路的過渡時代」。當此之時，中國人所需要的不是否定自己文化的「第二路向」態
度（儘管這種態度由於「拿出得太早」而「不合時宜」），而是吸取「第一路向」文化的優
點、克服自身的弊病，形成「適宜的第二路文化」。這不僅是中國文化的方向，也
是「世界最近未來文化」的方向。作為世界文化「嚮導」的西方文化已經日益表現
出其弊端，「西洋人和秉持西洋思想的人，同情不自知的要從第一條路轉入第二條
路」。[81]因此，我們「要鑒於西洋文化弊害而知所戒，並預備促進世界第二路文化
之實現」。[82]在梁漱溟看來，孔子是「適宜的第二路文化」的代表，「惟孔子自強
不息是作到第二路的恰好處」。[83]也正是在這個意義上，梁漱溟說世界文化的發展
必然要走「中國的路、孔家的路」。

五、結語

當我們從總體上評論梁漱溟的文化哲學思想時，有必要先閱讀他的這段文字：

> 我不是「為學問而學問」的。我是感受中國問題之刺激，切志中國問題之解
> 決，從而根追到其歷史，其文化，不能不用番心，尋個明白。什麼「社會發
> 展史」、什麼「文化哲學」，我當初都未曾設想到這些。從一面說，其動機
> 太接近實用（這正是中國人的短處），不足為產生學問的根源。但從另一面說，
> 它卻不是書本上的知識，不是學究式的研究；而是從活問題和活材料，朝夕
> 寤寐以求之一點心得。其中有整個生命在，並非偏於頭腦一面之活動；其中
> 有整整四十年生活體驗在，並不是一些空名詞假概念。[84]

這段文字見於梁漱溟寫於 1949 年的《中國文化要義·自序》，它有助於我們
如實地理解和評價梁漱溟的文化哲學思想。

---

[81]　梁漱溟：《東西文化及其哲學》，頁 194。
[82]　梁漱溟：《東西文化及其哲學》，頁 207。
[83]　梁漱溟：《東西文化及其哲學》，頁 184。
[84]　梁漱溟：《中國文化要義》，頁 2。

梁漱溟的文化哲學思想，在「五四」時期的文化論爭中是有重要價值和貢獻的。它反對了全盤西化派，因為它在主張接受西方文化的同時，提出要將其「根本改過，就是對其態度要改一改」，即改變西方文化一味向外、向前逐物的人生態度，這表明了它在根本觀念上對於西方文化是有所批評的。同時它也反對了國粹派，因為它在主張「把中國原來態度重新拿出來」的同時，提出要批判中國文化「陰柔坤靜」、「屈己讓人」的人生態度和缺乏科學精神、民主精神的狀況，這表明它在根本觀念上對於中國文化也是有所批評的。這種態度，正是既不同於全盤西化派，又不同於國粹派的「第三條路線」的態度，也正是現代新儒家在文化路線問題上的根本態度。「五四」以後，在全盤西化派和國粹派在思想界的影響力漸趨微弱的情況下，現代新儒家學派的影響力卻日漸增強，基本原因就在於其既不同於全盤西化派、又不同於國粹派的文化路線。這條路線，可以說是由梁漱溟的文化哲學思想首先為其奠定基礎的。可見梁漱溟的文化哲學思想對於現代新儒家的文化哲學是具有開創意義的。

對於中國現代文化哲學的發展，梁漱溟的文化哲學思想具有思維模式方面的突破意義。自洋務運動時期「中學為體，西學為用」之說盛行之後，「體用」模式成為文化哲學研究中基本的思維模式。梁漱溟則不認為文化可以區分為「體」和「用」，更不將不同民族文化的「體」和「用」結合在一起，而是將文化的整體視為由「意欲」決定的民族生活之「樣法」，從而突破了「體用論」的思維模式。誠然，賀麟先生曾指出，梁漱溟「一面重新提出儒家的態度，而一面主張全盤接受西方的科學與民主，亦未完全逃出『中學為體，西學為用』的圈套。」❽筆者認為，就思想內容而論，或者說就思想實質而論，梁漱溟的文化哲學思想確實沒有脫離「中學為體，西學為用」的軌道，這是他無法脫離的思想軌道，可以說全部現代新儒家的文化哲學都沒有脫離這個思想軌道。但是就思維模式而論，梁漱溟的文化哲學思想畢竟脫離「體用論」的框架而另開一路、別具一格，完全不像以前的文化哲學理論基本上都是在「體用論」的框架內論事。這在中國近現代文化哲學的發展史上是具有突破意義的。梁氏之後的中國文化哲學研究之所以不受「體用論」的思維

---

❽ 賀麟：《當代中國哲學》（南京：勝利出版公司，1947年版），頁13。

模式束縛（儘管在思想實質上並沒有脫離「體用論」），應該說是深受梁漱溟文化哲學思想影響的。

　　對於「五四」時期盛行的關於中西文化會通、融合的觀念，梁漱溟是持堅決反對態度的。他認為文化上「這一派的根本精神和那一派的根本精神」無從融合，人類文化的演進、發展只能是從一種「態度」轉變為另一種「態度」，因此「融合論」乃是「對未來文化的誤看」。他的這種對中西文化「融合論」的否定、批評態度，在現代新儒家學者中是比較特別的，這也可以說是梁漱溟文化哲學思想的一個特點。但耐人尋味的是梁漱溟最終還是走向了中西文化「融合論」。他認為在文化問題上中國人應持的態度是既接受西方文化（要予以「改過」），又繼承中國文化（要予以「批評」）。採納西方文化的勇於進取精神以糾正中國文化陷於陰柔坤靜之弊，運用中國文化的人生睿智以糾正西方文化一味向外逐物之偏，從而形成「變化過的第一態度或適宜的第二態度」。這種理念表明，梁漱溟實際上又是承認和主張中西文化的會通、融合的。而且，梁漱溟在這裏所主張的，恰恰是他所斷然予以否定的中西文化在「根本精神」上的互補、會通、融合。對於這種情況，我們不能簡單地將它理解為梁漱溟思想上的自相矛盾，而應該領悟梁漱溟由否定「融合論」到不由自主地走向「融合論」所表明的如下道理：在中國社會進入近代時期以後，關於中西文化互補、會通、融合的觀念的出現和盛行是有其歷史必然性和社會現實根源的。這可以說是梁漱溟的文化哲學思想在客觀上反映的一個道理。

　　另一方面，梁漱溟的文化哲學思想所存在的缺陷是明顯的。對於它的唯意志論色彩、直覺主義和天才論等觀念，已經有很多論者作出大量分析。在此著者想著重從思維方式的角度談點看法。

　　梁漱溟的文化哲學思想的某些基本內容是不切合實際的。例如梁漱溟關於人類文化的三種「路向」說、文化發展的「三期重現」說等見解都是缺乏現實根據的。胡適就曾針對梁漱溟的「三種路向」說指出，中國人的人生態度並不總是知足、寡欲、漠視物質生活的，而印度人的人生態度也是有進取、奮鬥的要求而非一味崇尚寂滅的。梁漱溟的一些觀念確實具有相當的主觀性，往往純粹是一種推論，甚至是帶有臆測性質的推論，因而有時顯得武斷、牽強，難以令人信服。就思維方式而論，梁漱溟的這些見解確實表現出胡適所批評的「一條線」的思維。胡適認為梁漱

溟的文化哲學提供的是一個主觀、籠統、整齊、簡單的「公式」，貫穿其中的是「一條線」的思維：

> 梁先生的文化哲學是根據於一個很籠統的出發點的，而這種籠統的論調只是
> 梁先生的「牢牢把定一條線去走」、「愛尋求一條準道理」的人格的表現。
> 用一條線的眼光來看世界文化，故世界文化也只走一條線了。
>
> 所以我們在這裏要指出梁先生的出發點就犯了籠統的毛病，……斷定一種文
> 化若能存在，必須翻身成為世界文化。他自己承認是「牢牢的把定一條線去
> 走」的人，他就不知不覺的推想世界文化也是「把定一條線去走」的了。從
> 那個籠統的出發點，自然生出一種很籠統的「文化哲學」。他自己推算這個
> 世界走在「一條線」上，現在是西洋化的時代，下去便是中國化復興成為世
> 界文化的時代，再下去便是印度化復興成為世界文化的時代。這樣「整齊好
> 玩」的一條線，有什麼根據呢？原來完全用不著根據，只須梁先生自己的思
> 想，就夠了。[86]

張君勱在談到梁漱溟的《東西文化及其哲學》一書時，也發表了類似的看法，可謂無獨有偶。張君勱也認為梁氏該書內容籠統，對於西方文化、中國文化、印度文化缺乏客觀的研究。他說：「當歐戰之後，梁漱溟先生嘗著《東西文化及其哲學》一書。試翻此書而讀之，求中印歐三方面文化之沿革，不可得焉；求三方面各派哲學之內容，不可得焉；蓋漱溟先生之目的，在以持中、向後、向前之三點，說明中印歐文化之特質，至於三方面之歷史的研究、客觀的研究，本不在漱溟先生視線範圍之內也。」[87]那麼我們要問：存在於梁漱溟「視線範圍」之內的主要是什麼呢？那就是他極為關注的「中國問題」。他是「感受中國問題之刺激，切志中國問題之解決」，而出於愛國、救國的熱忱去研究文化哲學的。我們把握住這樣一個基本前提，就能夠比較客觀、公正地看待梁漱溟文化哲學思想的貢獻與缺陷了。

---

[86] 胡適：《胡適語萃》，頁 274。
[87] 張君勱：《明日中國文化》（濟南：山東人民出版社，1998 年版），頁 1。

第二章　科學與玄學的價值分野
──張君勱的文化哲學思想

　　張君勱，江蘇寶山（今屬上海市）人。名嘉森，字君勱，一字士森，號立齋。別署「世界室主人」，筆名君房，1887 年 1 月 18 日出生於一個儒醫兼商人的家庭。他 6 歲入私塾，12 歲考入西式學校上海江南製造局廣方言館。這一年發生的戊戌「百日維新」運動，引起了少年張君勱對國事的關注。他同情戊戌變法，心存反清救國之念。

　　1906 年張君勱受寶山縣選派公費留學日本，在早稻田大學攻讀法律與政治學。留學期間，他結識了梁啟超，開始追隨梁從事立憲活動。1910 年，張君勱從早稻田大學畢業，回國應試於清學部為留學生舉行的考試，第二年經殿試被授予翰林院庶吉士。

　　辛亥革命後，張君勱任寶山縣議會議長，次年赴北京出任農業部秘書一職。1918 年，張君勱等 6 人隨從梁啟超去歐洲考察各國的戰後情況。訪問後，張君勱留在德國師從哲學家倭伊鏗學習哲學，後與倭伊鏗合著有《中國與歐洲的人生問題》一書。其間張君勱還赴法國與柏格森討論中西哲學問題。1922 年德國哲學家杜里舒來華講學，張君勱陪同並擔任翻譯。

　　1923 年 2 月 14 日，張君勱在清華大學發表題為「人生觀」的講演。他認為科學並非萬能的，科學不能支配人生觀，科學與人生觀各有自己的特點和界限。演講稿在《清華週刊》上發表後，引發了「科學與玄學論戰」（又稱「人生觀論戰」）。當時的學術界名流紛紛加入論戰。張君勱則作為玄學派的旗手而成為論戰的中心人物。

　　1928 年張君勱與李璜合辦《新路》雜誌，宣揚民主政治，既反蘇反共，又反

對當局的獨裁統治。1929 年為避免迫害，張君勱赴德國耶拿大學任教。1931 年回國，在燕京大學主講黑格爾哲學。1935 年，張君勱應邀到廣州主持明德社，並作《中國與歐洲文化之比較》系列演講。不久他又創辦學海書院，自己主講宋明理學。是年 6 月，張君勱第一本學術論文集《民族復興之學術基礎》出版。在該書〈凡例〉中，張君勱提出「民族之自救，在以思想自主、文化自主為基礎」。他認為中華民族的危機在於國民的民族主義思想淡薄，因此培養國民的民族意識和民族感情、增強「民族自信力」和「民族活力」應是中華民族強盛和復興的前提。而要提高民族的自信力，就必須重視中華傳統的歷史文化，在向西方學習的同時，要以思想自主、文化自主為原則，保持民族文化的獨立性。1936 年 8 月，張君勱文化哲學思想的代表作《明日之中國文化》由上海商務印書館出版，該書以他在明德社《中國與歐洲文化之比較》演講稿為主，與舊作〈中華民族文化之過去與今後之發展〉一文合印而成。該書提出了「以精神自由為基礎之民族文化，乃吾族今後政治學術之方向之總原則」這個綱領性的理念。

1937 年抗日戰爭爆發，張君勱任國民參政會參政員。1938 年 8 月，張君勱《立國之道》（即《國家社會主義》）一書出版，該書是張君勱多年來關於政治、經濟、文化等主張的系統總結。

1939 年，張君勱在雲南大理創辦民族文化書院。書院明確提出「為往聖繼絕學」的辦院宗旨，要求發揮中華民族立國精神，以擔當復興中華文化的使命。張自任院長，並主講宋明理學和西洋哲學課程。1940 年張君勱發表〈胡適思想路線評論〉一文，批評了以胡適為代表的全盤西化派「一切皆以歐洲前人為藍本」的思想。

1949 年以後，張君勱移居澳門。此後他淡出政治舞臺，精力轉移至學術研究和講學方面，主題集中在儒學復興和文化重建。1949 年 11 月，張君勱應邀赴印度講學，先後在一些大學講授「儒家受佛教影響後之復活」、「中國現代文藝復興」、「孔子哲學」、「孟荀哲學」、「老子哲學」等專題。1951 年 12 月他赴印尼、澳大利亞、馬來西亞、香港和日本等地講學，後於 1952 年定居美國。1955年，應三藩市僑胞之邀在孔教總會講《義理學十講綱要》，宣揚精神決定歷史文化的觀念。

1957 年 3 月和 1962 年 2 月，張君勱的《新儒家思想史》英文版上、下冊先後在美國出版。該書因張君勱不滿於西方學者對中國文化的誤解而作。他認為，西方學者多致力於中國先秦時期諸子思想的解說而忽略了近 1500 年儒家思想的連續和發展。《新儒家思想史》則作為「自唐代歷宋明以迄於民國今日之吾國哲學史」，力求完整地展現儒家在中國歷史上發展之全貌，也注重與西方思想做比較。1958 年，為繼續糾正西方學術界對中國文化的片面認識，由張君勱提議並聯合牟宗三、徐復觀、唐君毅共同發表了著名的〈為中國文化敬告世界人士宣言——我們對中國學術及中國文化與世界文化前途之共同認識〉長文。

1958 年 7 月，張君勱赴德國、英國、印度、越南、日本等地講學，講學內容以中國儒家思想復興和中國文化發展前途問題為主題。1963 年他發表《人生觀論戰之回顧》，仍然堅持反對「科學可以吞併哲學或否認道德學與形上學」的觀念，強調「人生觀是人生觀，哲學是哲學，形上學是形上學，此三者不可與科學混而為一，合而一之為兩傷，分而離之為兩美」。1965 年張君勱出席在漢城召開的「亞洲現代化問題會議」，他提交的〈中國現代化與儒家思想復興〉一文，明確宣稱「儒家思想的復興適足以導致一種新的思想方法，這種新的思想方法將是中國現代化過程中的基礎」。

1969 年 2 月 23 日，一生「徘徊於學術與政治之間」的張君勱先生在美國三藩市逝世，終年 82 歲。他的著作主要有《人生觀問題》（與倭伊鏗合著）、《立國之道》、《民族復興之學術基礎》、《中國專制君主制之評議》、《明日之中國文化》、《中華民族之精神氣節》、《王陽明哲學》、《中華民國民主憲法十講》、《社會主義思想運動概觀》、《辯證唯物主義駁論》、《新儒家思想史》、《中西印哲學文集》等。

張君勱是繼梁漱溟之後對現代新儒家文化哲學思想產生巨大影響的思想家。他和梁漱溟一樣，都是給現代新儒家文化哲學「破題」的人物。梁漱溟是從「東方文化與西方文化」的角度給現代新儒家文化哲學「破題」的，張君勱則是從「科學文化與人文文化」的角度給現代新儒家文化哲學「破題」的。而東方文化與西方文化問題、科學文化與人文文化問題可以說是現代新儒家文化哲學在其形成、發展過程中一以貫之的基本問題。

如果說梁漱溟的《東西文化及其哲學》是現代新儒家文化哲學最重要的開山之作，那麼張君勱所引發的「科學與人生觀」論戰就是「五四」之後首先對現代新儒家文化哲學的形成、發展產生了最重要影響的歷史事件。因此本章關於張君勱文化哲學思想的闡釋，將首先講述他在「科學與人生觀」論戰中所提出的見解，然後論及他關於文化的本原、中印歐文化比較、中國文化建設等問題的主要思想，並揭示貫穿在這些思想之中的根本理念。

一、科學與人生觀：不同的價值領域

「五四」運動之後，首先對現代新儒家文化哲學的形成和發展產生重大影響的事件是「科學與人生觀的論戰」，又稱「科學與玄學的論戰」。在這場論戰中作為「玄學派」主要代表人物的就是張君勱。

梁啟超 1920 年從歐洲考察歸來，在其《歐游心影錄》中說出了讓當時正沉浸於對科學一片頌揚聲中的中國人震驚的話：「歐洲人做了一場科學萬能的大夢，到如今卻叫起科學破產來。」❶ 1923 年 2 月，身為北京大學教授的張君勱在清華大學發表了題為「人生觀」的演講，提出人生觀的特質是「主觀的、直覺的、綜合的、自由意志的、單一性的」，因此科學無論如何發達也無法解決人生觀問題的見解。此觀點一提出，立即遭到地質學家丁文江的迎頭痛擊。丁氏撰寫了〈玄學與科學——評張君勱的〈人生觀〉〉一文，稱張君勱的演講是「玄學的鬼附在張君勱身上」跑到中國來招搖撞騙，針鋒相對地提出「人生觀不能同科學分家」的觀點，並引用胡適《五十年世界之哲學》的話作為文章的結論：「我們觀察我們這個時代的要求，不能不承認人類今日最大的責任與需要是把科學方法應用到人生上去。」❷ 此後，張君勱又發表了〈再論人生觀與科學並答丁在君〉，丁文江又發表了〈玄學與科學——答張君勱〉等文，雙方相互辯難。同時胡適、梁啟超、張東蓀、林宰平、王星拱、吳稚輝等一批學者也先後發表文章參加論戰，形成了以張君勱、梁啟

---

❶ 梁啟超：《飲冰室合集》專集之二十三（北京：中華書局，1989 年版），頁 12。
❷ 張君勱等著：《科學與人生觀》（一）（瀋陽：遼寧教育出版社，1998 年版），頁 55。

超為代表的「玄學派」和以丁文江、胡適等人為代表的「科學派」。上海亞東圖書
館於 1923 年 11 月將雙方論辯文章彙編成《科學與人生觀》一書，並請新文化運動
的兩位領袖陳獨秀、胡適分別作序。陳獨秀站在唯物史觀的立場，對論戰雙方的一
些主要觀點都進行了批評，明確提出只有在唯物史觀的指導下才能正確地解決人生
觀問題。張君勱、梁啟超、胡適等人則對陳獨秀的文章進行了反批評。於是陳獨秀
又發表了〈答適之〉、〈答張君勱及梁任公〉，瞿秋白發表了〈自由世界與必然世
界〉、〈實驗主義與革命哲學〉等文章，形成了「科玄論戰」中的唯物史觀派。

　　繼亞東圖書館的《科學與人生觀》之後，上海泰東圖書館於 1923 年 12 月將參
加「科玄論戰」的三十篇文章編成約二十萬言的《人生觀之論戰》一書出版，並請
張君勱作序。在該書序言中，張君勱提出：

> 此二十萬言之爭論，科學非科學也，形上非形上也，人生為科學所能解決與
> 不能解決也，有因與無因也，物質與精神也，若去其外殼，而窮其精核，可
> 以一言蔽之，曰自由意志問題是矣！人事之所以進而不已，皆起於意志。意
> 志而自由也，則人事之變遷，自為非因果的非科學的。意志而不自由也，則
> 人事之變遷，自為因果的科學的。❸

　　張君勱認為「科學與人生觀」論戰所涉及的問題，歸根結蒂是如何認識人的自
由意志的問題。對自由意志的認識不僅體現了張君勱關於科學與人生觀（玄學）關
係問題的根本理念，也體現了他關於中、西、印文化比較的根本理念，還體現了他
關於「造成以精神自由為基礎之民族文化」的思想的根本理念。

　　在這篇序言中，張君勱宣稱自己儘管備受科學派和唯物史觀派的駁難，「然吾
之根本主張，仍是一絲一毫不能動搖也！」❹而且在「科玄論戰」結束十年之後，
張君勱在〈人生觀論戰之回顧·二十三年〉一文中再次表示：儘管自己對「科學」

---

❸　張君勱：《人生觀之論戰·序》，程文熙編：《中西印哲學文集》（臺北：臺灣學生書局，
　　1981 年版），頁 995。
❹　張君勱：《人生觀之論戰·序》，頁 992。

的範圍的理解比以前寬廣，但是在科學與人生觀問題的「大根大本」上仍是「絲毫沒有變更」。此種「不變」的根本原因，著者認為就在於他關於人的自由意志的根本理念始終沒有變更。因此我們從張君勱關於科學與人生觀的見解入手，以他關於人的自由意志的理念作為基本線索，去探尋、考察他的文化哲學思想，在理論上應該是合乎邏輯的。

(一)科學

在「科學與人生觀」論戰中，張君勱闡明了自己關於科學的一系列見解。這些見解主要包含著三方面的內容：科學的分類、科學的功用以及對科學萬能論的批評。

1.科學的分類

首先需要指出的是，在討論「科學與人生觀（玄學）」問題時，被張君勱視為「人生觀（玄學）」的對應方面（或者說對立方面）而加以考察的「科學」，指的是自然科學。在〈人生觀論戰之回顧〉一文中，他說：「我當時滿腦子內所有的『科學』二字，實在是指自然科學，不是指全部科學，因為自然界才能同人生對立起來說。」❺但儘管如此，張君勱在論及科學的分類問題時，仍然將他所理解的「精神科學」包含其中。他贊成法國哲學家翁特（Wundt Wilhem）❻對科學所作的分類。他說：

各科學之所隸屬，則吾與翁特所見，絕無二致。翁特氏之分類法如下：

---

❺ 張君勱：《人生觀論戰之回顧·二十三年》，《中西印哲學文集》（臺北：臺灣學生書局，1981年版），頁1000。

❻ 今譯馮特。

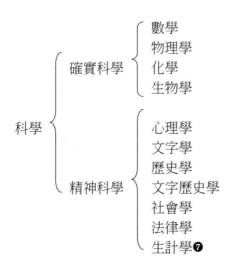

「確實科學」指自然科學，「精神科學」指社會科學。張君勱基於「物質二字與精神相對待」，而在自己的論述中以「物質科學」取代了翁特的「確實科學」。

張君勱特別強調「公例」對於科學的意義。他說：「科學所以稱為科學，因為他能發見公例」。[8]他提出的與科學派辯論的九個問題，頭兩個問題就是「物質科學中何以有公例？」和「精神科學公例何以不如物質科學公例之明確？」[9]他說：「人之生於世也，內曰精神，外曰物質。內之精神變動而不居，外之物質凝滯而不進。」[10]在他看來，物質科學之所以有確定的公例而精神科學沒有，其根本原因在於人的精神活動是自由的、變動無常的，而物質活動則是刻板的、守其常規的。在他看來，這是一個根本區別。

為了進一步闡明自然科學與社會科學的區別，張君勱對自然科學中的物理學、生物學與社會科學中的心理學作了以下四個方面的比較：

---

❼　張君勱等著：《科學與人生觀》，頁 60。

❽　張君勱：《人生觀論戰之回顧·二十三年》，頁 1003。

❾　張君勱等著：《科學與人生觀》，頁 58。

❿　張君勱等著：《科學與人生觀》，頁 73。

第一，凡是空間之物質易於試驗，而生物學之為生活力（Vital Force）所支配者，不易試驗，至於心理學則更難。

第二，凡在空間之物質，前後現象易於確指，故其求因果也易；生物學前後現象雖分明，而細胞之所以成為全體，其原因已不易知；若夫心理學則頃刻萬變，更無固定狀態可求。

第三，三座標或四座標，驗諸一質點之微而準者，可推及於日月星辰，此尤為生理學、心理學所不能適用之原則。

第四，物理上之概念，曰阿頓，曰原子，曰品質，曰能力：此數者得之抽象（Abstraction），而絕不為物體之具體的實在（Concrete Reality）（此名之義見詹姆士書中）所擾。至於生物學，有所謂種別，有所謂個性；而心理學為尤甚。因而生物、心理兩界日為個性之差異所擾，而不易得其純一現象（Uniformity）。❶

通過是否易於試驗、是否易於確指因果關係、是否驗於一質點而皆準、是否為個性之差異所擾這四個方面的比較，張君勱認為物理學、生物學和心理學三者之中，物理學的公例最為確定，生物學次之，心理學則最不確定。因此作為自然科學（「物質科學」）的物理學是真正的「嚴正科學」。「物質科學者，真正科學也，若夫心理學與社會學，雖其原名亦以 logy 結尾，然不得以科學稱之。」❷由此作進一步的引申，張君勱提出社會科學不是嚴格意義上的科學，「社會科學之為學，雖學者至今以科學觀之，實則斷不能與物理學、生物學同類而並觀。常人不察，惑於政治科學（Political Science）、社會科學（Social Science）之名，相率視為金科玉律，蓋皆不知精神科學之真性質者。」❸「精神科學，依嚴格之科學定義，已不能認為科學」。❹

---

❶　張君勱等著：《科學與人生觀》，頁 69。

❷　張君勱：〈人生觀之論戰序〉，見呂希晨、陳瑩編：《精神自由與民族文化──張君勱新儒學論著輯要》（北京：中國廣播電視出版社，1995 年版），頁 96。

❸　張君勱等著：《科學與人生觀》，頁 73。

❹　張君勱等著：《科學與人生觀》，頁 61。

張君勱對於科學作出的分類，特別是他對於自然科學（「物質科學」）與社會科學（「精神科學」）不同性質的理解，是他的科學觀的重要內容。這些內容，與他在「科學與人生觀」論戰中所持的基本觀點密切相關。

2.科學的功用

作為玄學派代表人物的張君勱，對於科學不僅不否定，而且充分肯定其功用，特別是科學對於現代中國社會的重要作用。

張君勱說科學是十六世紀以來歐洲的產物，它發現了兩千多年來人類所不能想像的許多大秘密，使人類大受其益。「國家之安全，人民之生存，無不靠科學，沒有科學便不能立國，有了科學雖為窮國可以變為富國，雖為病國可以變為健康之國，雖為衰落之國可以變成強盛之國。」❺因此對於積弱積貧的中國，科學尤為重要。張君勱明確地提出：「我以為今後救國之道，惟有大家從科學研究，科學發明下手。」❻他的理由是以下兩條：

> 一、宇宙之無盡藏惟有靠科學研究發見他，試問幾十年前，誰知道有人造絲？……可見宇宙裏的秘密至今為人類所發見的還不過一小部分，假定我們存心在這方面研究下去，穿的、吃的、用的一定可以另有所發明。我們資源的不足，也惟有靠科學研究來補充之。
> 二、有了科學研究，大家心胸自然寬大。我們因為人口眾多，所以或士或工或商，沒有一處不是互相忌嫉、排擠、傾軋，……我們知道了宇宙中所藏的知識，沒有一事不可有利於人群，謀自己的福利的，與其爭目前的微利，不如從宇宙的秘密中自己努力求發見，大家的心思才能夠移到自然界去，自然知道目前一時的得失不足以計較，而天文、地理、物理、化學的種種知識，不但可解決衣食，亦可開拓眼界，擴大心胸，所以惟有靠科學，才能將我們幾千年來狹小偏私的見地達到天空鳥飛的境界。❼

---

❺　張君勱：《中西印哲學文集》，頁374。
❻　張君勱：《中西印哲學文集》，頁374。
❼　張君勱：《中西印哲學文集》，頁375。

從物質方面看，科學能夠幫助我們增加財富、改善生活。從精神方面看，科學能夠幫助我們開拓眼界、擴展心胸。張君勱還說，中國幾千年來不知求「真」，不知求自然界之知識，科學則「可以拿來當做血清劑來刺激我們的腦筋，來趕到世界文化隊內去。中國惟有在這種方針之下，才能復興中國的學術，才能針砭思想懶惰的病痛」。❶❽在這些議論中，張君勱所說的「科學」指的就是歐洲近代以來的自然科學。他不僅充分肯定其對於人類社會的普遍意義，而且充分肯定其對於中國社會的特殊意義。因此他鄭重地提出：「為個人計，為國家計，為全世界人類計，各方面的幸福就靠科學。」❶❾

3.科學不是萬能的

在充分肯定科學的功用的同時，張君勱尖銳地批評了「科學萬能論」。他說：

> 蓋二三十年來，吾國學界之中心思想，則曰科學萬能。教科書之所傳授者，科學也。耳目之所接觸──電燈，電話，自來水──科學也。乃至遇有學術之名，以 ics 或 logy 結尾者，無不以科學名之。一言及於科學，若臨以雷霆萬鈞之力，唯唯稱是，莫敢有異言。❷⓪

這表明了「科學萬能論」在中國的盛行。針對這種情況，張君勱指出科學本身是有其局限性的，例如「物質」是物理學的基本概念，但物理學家並不能說明物質的本質。「細胞」是生物學的基本概念，但生物學家並不能說明細胞的本質。而生物的起源、心理與身體的關係等問題，亦非科學家所能確解。總之，「宇宙之神奇，決非科學所能盡滅。」❷①

張君勱還提出，對科學的追求往往變成對物質的追求。這種追求一旦過度，就必然導致人們注重外在的物質生活，不注重內在的精神生活，甚至為爭奪物質利益

---

❶❽ 張君勱：〈人生觀論戰之回顧〉，見呂希晨、陳瑩編：《精神自由與民族文化──張君勱新儒學論著輯要》，頁109。
❶❾ 張君勱：《中西印哲學文集》，頁376。
❷⓪ 張君勱等著：《科學與人生觀》，頁57。
❷① 張君勱等著：《科學與人生觀》，頁89。

而不惜互相殘殺，第一次世界大戰在歐洲的爆發就證明了這一點。可見「科學萬能論」已經走向它的反面——科學破產。「近三百年之歐洲，以信理智信物質之過度，極於歐戰，已成今日之大反動。吾國自海通以來，物質上以炮利船堅為政策，精神上以科學萬能為信仰，以時考之，亦可謂物極將反矣。」㉒第一次世界大戰的爆發，是對於信理智、信物質過度的「科學萬能論」的否定。

前文述及，張君勱是充分肯定科學對於中國的特殊重要意義的。但是，他不能容忍「國人迷信科學，以科學為無所不能，無所不知」。㉓在他看來，一個民族如果一味崇拜形而下的、實用性的科學技術而輕視形而上的精神，是後患無窮的。因此他要忠告國人：「若專恃有益於實用之科學知識，而忘卻形上方面，忘卻精神方面，忘卻藝術方面，是決非國家前途之福。」㉔

(二)人生觀

「五四」以後，「科學」對於中國人來說已經是熟知的概念，而「人生觀」則是一個相對生疏的概念。因此在「科學與人生觀」論戰中，張君勱對「人生觀」作出了很多解釋。

1.何謂人生觀

張君勱所謂「人生觀」，是一個十分寬泛的概念，他將「我」關於「我」以外的物和人的一切觀念，統統歸之於「人生觀」。他給「人生觀」下的定義，是從「物質」說起的：「所謂物質者，凡我以外者皆屬之。如大地山河，如衣服田宅，則我以外之物也；如父母妻子，如國家社會，則我以外之人也。……我對於我之外之物與人，常有所觀察也，主張也，希望也，要求也，是之謂人生觀。」㉕可見他所說的人生觀，包括了人們對於自身以外的事物的所有見解。從大的方面說，人生觀「有以下各項：曰精神與物質，曰男女之愛，曰個人與社會，曰國家與世界」。㉖

㉒　張君勱等著：《科學與人生觀》，頁 93。

㉓　張君勱等著：《科學與人生觀》，頁 59。

㉔　張君勱等著：《科學與人生觀》，頁 208。

㉕　張君勱等著：《科學與人生觀》，頁 73-74。

㉖　張君勱等著：《科學與人生觀》，頁 35。

更進一層說，這四個方面的問題又表現為大家族主義和小家族主義，男尊女卑、專制婚姻與男女平等、自由婚姻，私有財產制與公有財產制，守舊主義與維新主義，物質文明與精神文明，個人主義與社會主義，為我主義與利他主義，悲觀主義與樂觀主義，有神論與無神論等問題。這些問題，關涉到人們物質生活和精神生活——這兩種生活產生了人類的文化——的諸多基本方面，可見人生觀對於文化具有何等重要的意義。「文化轉移之樞紐，不外乎人生觀。……觀點定，而後精神上之思潮，物質上之制度，乃可按圖而索。此則人生觀之關係於文化者所以若是其大也。」❷⁷

2.人生觀的特點

為了說明人生觀的特點，張君勱在清華大學所作的「人生觀」講演中，將它與科學進行了比較。

「第一，科學為客觀的，人生觀為主觀的。科學之最大標準，即在其客觀的效力。甲如此說，乙如此說，推之丙丁戊己無不如此說。換言之，一種公例，推諸四海而準焉。譬諸英國發明之物理學，同時適用於全世界。德國發明之相對論，同時適用於全世界。故世界只有一種數學，而無所謂中國之數學，英國之數學也；世界只有一種物理學化學，而無所謂英法美中國日本之物理化學也。……若夫人生觀則反是：孔子之行健與老子之無為，其所見異焉；孟子之性善與荀子之性惡，其所見異焉；楊朱之為我與墨子之兼愛，其所見異焉；康德之義務論觀念與邊沁之功利主義，其所見異焉；達爾文之生存競爭論與哥羅巴金之互助主義，其所見異焉。」❷⁸科學由於是客觀的，所以放之四海而皆準；人生觀由於是主觀的，所以仁者見仁、智者見智。因此我們對於人生觀方面的分歧，「絕不能施以一種實驗，以證甲之是與乙之非。何也？以其為人生觀故也，以其為主觀的故也。」❷⁹人生觀的第一個特點，就是主觀的。

「第二，科學為論理的方法所支配，而人生觀則起於直覺。」❸⁰論理的方法即

---

❷⁷　張君勱等著：《科學與人生觀》，頁36。

❷⁸　張君勱等著：《科學與人生觀》，頁31-32。

❷⁹　張君勱等著：《科學與人生觀》，頁32。

❸⁰　張君勱等著：《科學與人生觀》，頁32。

邏輯的方法，主要有演繹法和歸納法。「科學家之著書，先持一定義，繼之以若干
基本概念，而後其書乃成為有系統之著作。」❸科學依靠確定的邏輯方法，構成系
統的思想，人生觀則依靠直覺。「若夫人生觀，或為叔本華、哈德門的悲觀主義，
或為勃尼孳、黑智爾之樂觀主義，或為孔子之修身齊家主義，或為釋迦之出世主
義，或為孔孟之親疏遠近等級分明，或為墨子、耶穌之泛愛。若此者，初無論理學
之公例以限制之，無所謂定義，無所謂方法，皆其自身良心之所命起而主張之，以
為天下後世表率，故曰直覺的也。」❸張君勱認為人生觀是「良心」之所命，而
「良心」是基於直覺的，因此人生觀是直覺的。

　　「第三，科學可以以分析方法下手，而人生觀則為綜合的。科學關鍵，厥在分
析。……至於人生觀，則為綜合的，包括一切的，若強為分析，則必失其意義。」
❸張君勱說科學通過分析的方法而不斷進步，例如以往人們認為世界上有七十多種
元素，現在通過分析，知道物質世界不外乎三種元素，「曰陰電，曰陽電，曰以
太」。而人生觀既然是一種「包括一切」的觀念，就不能對其「強為分析」。「人
生觀者，全體也，不容於分割中求之也。」❸因此人生觀是綜合的。

　　「第四，科學為因果律所支配，而人生觀則為自由意志的。物質現象之第一公
例，曰有因必有果。……若夫純粹之心理現象則反是，而尤以人生觀為甚。」❸諸
如潮汐與月亮活動的關係、農業豐歉與水旱的關係等等，都表明了物質世界的因果
聯繫。而人生觀中諸如耶穌何以死於十字架、釋迦牟尼何以苦身修行之類的問題，
「皆出於良心之自動，而決非有使之然也。」❸張君勱認為人生觀基於人的自由意
志，出於「良心之自動」，所以不受因果律的支配。後來他在為回答丁文江等人的
批評而撰寫的〈再論人生觀與科學並答丁在君〉一文中，再次申述了這個觀點。他
引用英國哲學家歐立克（Uruick）關於人生觀「非理智之所支配，情感為之，意志為

❸　張君勱等著：《科學與人生觀》，頁 32。
❸　張君勱等著：《科學與人生觀》，頁 32-33。
❸　張君勱等著：《科學與人生觀》，頁 33。
❸　張君勱等著：《科學與人生觀》，頁 33。
❸　張君勱等著：《科學與人生觀》，頁 33-34。
❸　張君勱等著：《科學與人生觀》，頁 34。

之」的話，然後說：「其術語與吾稍異，要其為直覺，為自由意志，則與吾所見如出一轍。」❸❼人生觀是自由意志的，這是人生觀的又一個重要特點。而從張君勱的論述來看，他把「自由意志」看成人生觀最重要、最本質的特點。

「第五，科學起於對象之相同現象，而人生觀則起於人格之單一性。科學中有一最大之原則，曰自然界變化現象之統一性。……人生觀者，特殊的也，個性的也，有一而無二者也。」❸❽自然界的事物可以分類，動物、植物皆「有類可言」，這表明了自然事物之間的共同性、統一性。「既有類，而其變化現象，前後一貫，故科學中乃有公例可求。」❸❾而人生觀則完全是因人而異的，見於甲者不得求之於乙，見於乙者不得求之於丙，即無公例可求。「同為人生，因彼此觀察點不同，而意見各異，故天下古今之最不統一者，莫若人生觀。」❹❶總之，「自然界現象之特徵，則在其互同；而人類界之特徵，則在其各異。」❹❶這就是人生觀的「單一性」，是人生觀的又一個特點。

(三)人生觀問題的解決在於玄學

通過以上闡述，張君勱得出如下結論：「人生觀之特點所在，曰主觀的，曰直覺的，曰綜合的，曰自由意志的，曰單一性的。惟其有此五點，故科學無能如何發達，而人生觀問題之解決，決非科學所能為力」。❹❷通過科學與人生觀的比較，張君勱說明了他所理解的人生觀的特點，同時得出了「科學不能解決人生觀問題」這個結論。這個結論，亦是新儒家們的共識。例如在「科玄論戰」六十餘年之後，余英時仍然在〈人文與自然科學應如何均衡發展〉一文中說：「目前的人類，具有種種恐懼與焦慮的心理，這是科技所無法解決的問題。」可見現代新儒家對科學與人生觀問題的關注，和他們在這個問題上所持的見解，是一以貫之的。

---

❸❼　張君勱等著：《科學與人生觀》，頁75。
❸❽　張君勱等著：《科學與人生觀》，頁34。
❸❾　張君勱等著：《科學與人生觀》，頁34。
❹❶　張君勱等著：《科學與人生觀》，頁30。
❹❶　張君勱等著：《科學與人生觀》，頁34。
❹❷　張君勱等著：《科學與人生觀》，頁35。

「科學決不能支配人生，乃不能不舍科學而別求一種解釋於哲學或玄學中（或曰形而上學）。」❸張君勱對「玄學」所作的解釋是：「玄學之名，本作為超物理界超官覺界解釋。惟其有此解釋，於是凡屬於官覺以上者，概以歸之玄學。」❹所謂官覺以上，也就是形而上。玄學是形而上之學，而哲學在本質上也是形而上的，因此玄學、哲學與形而上的人生觀是相通的。它們與科學不能混為一談，「人生觀是人生觀，哲學是哲學，形上學是形上學，此三者不可與科學混而為一，合而一之為兩傷，分而離之為兩美。……人生觀，哲學，形上學，與科學即有互相牽涉之處，則一為分科之學，一為綜合之學；一以宇宙人生之全體為立場，一以靜思默索為方法，一以劃定區域之實驗；一則有形而可見，一則無形而不可見。二者性質之不同如是。科學的人生觀，將待之百年之後，吾終為可望不可及之境界而已。」❺在此，張君勱將科學與人生觀（哲學、玄學、形上學）從性質上劃出了界限，認為二者應該在各自的領域發揮作用。同時，他對胡適等人所宣導的「科學的人生觀」表示了否定。在他看來，「科學」與「人生觀」性質迥然不同，所謂「科學的人生觀」無法成立。

張君勱還認為，十九世紀以來的思想界為了解決在「科學萬能」思潮影響下所出現的種種人生困惑而形成了「玄學運動勃興」的局面。他說：「求現時代之特徵之一，吾必名之曰新玄學時代。此新玄學之特點，曰人生之自由自在，不受機械律之支配，曰自由意志之闡發，曰人類行為可以參加宇宙實在。蓋振拔人群於機械主義之苦海中，而鼓其努力前進之氣，莫逾於此。」❻人類深受科學「機械主義」的桎梏，但人生本該是自由的、富於創造性的，「人生者，變也，活動也，自由也，創造也。」❼要將人生從「機械主義」的桎梏中解放出來而釋放其自由、創造的本性，有賴於「新玄學」的發揚，而二十世紀正是這樣的「新玄學時代」。總之，人生觀的根基在於玄學，人生觀問題的解決只能依靠玄學。

---

❸　張君勱等著：《科學與人生觀》，頁 94。

❹　張君勱等著：《科學與人生觀》，頁 90。

❺　張君勱：《中西印哲學文集》，頁 1044。

❻　張君勱：《中西印哲學文集》，頁 957。

❼　張君勱等著：《科學與人生觀》，頁 74。

二、論歐洲文化

張君勱認為不同民族文化之間是相互依賴和傳遞的，他說：

> 世界儘管分了幾大洲，分好多國，但文化上總是甲承受乙，乙承受丙，彼此
> 互相依賴處甚多。如一年分為三百六十五日，七日為一星期，為巴比倫所發
> 明；歐洲之二十六字母，自腓尼基傳至希臘；現代建築中之大圓柱創自希臘
> 羅馬；指南針、火藥為中國所發明；棉花來自印度；番麥來自非洲。可見精
> 神與物質方面所謂文化是各國互相傳授的。文化是無國界的，其流傳甚速。
> 事物之甲優乙劣，甲進步而乙則否，世人自有公共之認識。由此觀之，文化
> 之發展，在公論中固自有同一之標準。❹

一是不同民族的文化相互依賴、相互傳遞，二是人們在評價不同民族的文化時
有著同一的標準，這表明了世界文化的統一性、互通性。但是另一方面，「世界文
化雖有其共同之好惡，然在歐洲、印度、中國，其發展途徑各自不同。」❹因此，
張君勱十分重視歐洲、印度、中國三種民族文化之間的比較研究。他最重要的文化
哲學著作《明日之中國文化》，就是以《中印歐文化十講》作為副標題的。它實際
上是一部通過不同民族文化的比較來探討中國文化出路的著作。就此而論，它與梁
漱溟的《東西文化及其哲學》可謂異曲同工。

張君勱在對中、印、歐文化進行比較考察時，首先評論的是印度文化，然後是
歐洲文化、中國文化。他說明這是按照「先其所輕後其所重」的順序作出評論的，
可見他把印度文化看得相對的比較「輕」。他認為印度既沒有歐洲的民主政治，也
沒有中國的專制帝王大一統的政治格局，在歷史上從來沒有實現過北自喜瑪拉雅
山、南至印度洋這一大片國土的統一。而且一遇外敵，無不敗北。印度社會和文化

---

❹　張君勱：《明日之中國文化·附錄》（北京：中國人民大學出版社，2006 年版），頁 148。
　　以下凡引自該《附錄》者，均採用此版本。
❹　張君勱：《明日之中國文化·附錄》，頁 148。

深受「喀斯德」（Castes，即神姓制度，張君勱又稱之為「階級制度」）之害，「印度人因出生（生：原文如此，疑應為「身」——引者按）之不同，家庭之尊卑早定，個人之貴賤由是而分，終其身不能改變。階級之地位既殊，貴賤之權利亦異，尊卑之情感尤隔，社會之團結力遂馳；此不獨為政治發達之大障礙，亦且為文化進展之大鐵欄也。印度階級制度為印度文化史上之最重要事實，亦即為印度過去文化之一大致命傷。」❺❶在這種社會和文化背景之下，「印度之人生觀，以天上為最樂，以世間為痛苦。」❺❶這導致了印度宗教思想的發達，「印人之長處在冥想，在宗教。」❺❷在歷史上，印度的宗教文化曾經對中國文化發生過重大影響，但現在印度文化與中國文化的關係已經不顯得十分重要。

　　因此，張君勱明確地提出：「吾人之注目點，在於中歐兩文化之比較」。❺❸在《明日之中國文化·凡例》中，他說明自己的宗旨是：「於比較中印歐過去之文化中，求吾人文化之出路，一方認定各種文化之客觀的研究為目前要務，他方仍不忘求藥自救之目的」。張君勱為解決中國文化之出路問題而「求藥自救」，為此他特別注重歐洲文化的研究，說：「對於歐洲文化，下一番客觀的研究，尤為今日之急務。」❺❹

　　張君勱認為「歐洲文化中重要元素有三：甲、古代之希臘羅馬；乙、中世紀之耶教；丙、自文藝復興以至於今日。」❺❺他將古代希臘羅馬文化、中世紀的耶穌教（基督教）文化和文藝復興以來的現代文化視為歐洲文化的三個「重要元素」而加以考察。

---

❺❶　張君勱：《明日之中國文化》（濟南：山東人民出版社，1998 年版），頁 26。
❺❶　張君勱：《明日之中國文化》，頁 27。
❺❷　張君勱：《明日之中國文化·附錄》，頁 150。
❺❸　張君勱：《明日之中國文化》，頁 20。
❺❹　張君勱：《明日之中國文化》，頁 36。
❺❺　張君勱：《明日之中國文化》，頁 37。

(一)古代希臘羅馬文化

「希臘文化乃歐洲文化之母。」❺❻張君勱說在希臘文化中，對於歐洲文化的形成和發展產生重大影響的，主要是以下方面：

1.希臘的民主政治。古希臘建立過很多市府國家，其中最著名的是斯巴達和雅典。斯巴達重軍事和紀律，類似於今日的普魯士和日本。雅典重自由，類似於今日的英國和美國。那時希臘的民主政治，與十九世紀以來歐洲的民主政治當然不可同日而語，「然歐洲今日之民主政治，不能不推原於希臘；以民主之雛形，始於希臘也。其政治學家如柏拉圖及亞里士大德❺❼之政論，注重以公道為立國之基礎，注重國家團體與政治家之責任，可資現代之借鑑；故至今為歐人所傳頌。」❺❽古代希臘不僅為現代歐洲提供了民主國家的雛形，而且提供了關於民主政治的理論。

2.希臘的學術思想。如今歐洲語言中的 26 個字母，創始於小亞細亞芬尼西安人，後來因通商活動而傳入希臘，希臘人讀其音而以希臘字形書寫之。其後羅馬人代之以拉丁字，傳入英、法而成為今日的 26 個字母。「至於歐洲哲學方面，柏拉圖之哲學，與夫亞里士大德之哲學，及其科學名著，如物理學動植物學之類，可謂為歐洲科學之始祖。」❺❾尤其是希臘人在治學方法上注重論理學——即邏輯學——的運用，有所謂定義，有所謂概念，等等。柏拉圖的老師蘇格拉底在與人論辯時，總是先請對方給某一名詞（如「公道」、「勇敢」、「美」等）下定義，然後進行辯論，去其不合於定義者而留其合於定義者，最後獲得明晰的概念。這種方法對於後來的歐洲科學產生了深遠的影響。在現代歐洲科學中，無論物理學、化學，或政治學、經濟學，都是開宗明義提出其學科之定義，以明其研究對象之範圍。「故謂希臘之方法，即為今日歐美之學者治學之方法無不可也。」❻⓿

3.希臘的美術。現代建築物所採用的大柱石，來自於古代希臘建築中的「道裏

---

❺❻　張君勱：《明日之中國文化》，頁 37。
❺❼　今譯亞里士多德。
❺❽　張君勱：《明日之中國文化》，頁 37。
❺❾　張君勱：《明日之中國文化》，頁 38。
❻⓿　張君勱：《明日之中國文化》，頁 39。

柱石」、「意翁柱石」和「哥林舒柱石」。希臘的人物塑像，對後來歐洲美術的發展具有極大的影響。「此等美術遺跡，歐人奉為至賓（賓：原文如此，疑為「寶」字之誤──引者按），與吾國人之重視漢玉唐畫者相等。」❻❶

由此可見，「希臘之政治、學術、美術，實為歐洲現代文化導其先路。」❻❷張君勱引用英國詩人雪萊的話「吾人一切都是希臘人，凡法律、宗教、藝術、學術之根基，皆在希臘」，並認為「此雖文學家之言，其中實含極大真理」。❻❸

至於羅馬文化，張君勱認為它乃是「希臘文化之擴大」，在諸多方面「對於希臘之原形而增益之」。❻❹但羅馬文化對於歐洲文化亦有其獨到的貢獻：「第一、在其所謂帝國組織，歐洲之君主如神聖羅馬之皇帝、如德之 Kaiser、俄之 Czar 皆得名於羅馬之 Caesar；第二，羅馬法之發展，歷久不斷，將古代檔案妥為保存，且法律名家能遵守論理規則加以解釋，以立解釋法律之軌道。雖謂歐洲今日之法治精神出於羅馬可也。此為羅馬對於歐洲文化之貢獻。」❻❺特別是羅馬法，保存了古代的法律檔案，確立了解釋法律的論理規則，堪稱今日歐洲法治精神的源頭，因此被張君勱視為羅馬文化對於歐洲文化的突出貢獻。

(二)中世紀耶穌教文化

張君勱指出，耶穌教（基督教）「為歐洲文化中不可分離之部分」，不能認為它只是給歐洲文化發展造成阻礙的宗教迷信。「耶教雖以迷信始，然其既受政權庇護之後，漸知尊重學術，自操農工業。在中世紀黑暗之時，獨由彼等維持學術上之一線命派（派：原文如此，疑為「脈」字之誤──引者按）；更對於貧苦人民予以安慰，不可謂非大有造於歐洲也。」❻❻在張君勱看來，歐洲中世紀處於統治思想地位的耶穌教在學術上和精神上都對歐洲文化產生過積極作用。

---

❻❶　張君勱：《明日之中國文化》，頁 40。
❻❷　張君勱：《明日之中國文化》，頁 40。
❻❸　張君勱：《明日之中國文化》，頁 40。
❻❹　張君勱：《明日之中國文化》，頁 40。
❻❺　張君勱：《明日之中國文化》，頁 42。
❻❻　張君勱：《明日之中國文化》，頁 46。

張君勱還認為，條頓民族（指散居歐美的日耳曼民族）本性粗暴，並不適合於文明生活，「及受基督教之薰陶，氣質始因之稍變，於武健剛毅之中，兼寓謙和之德；觀中古騎士之風，即基督教感化此族之確證也。」❻歐洲文明的形成，得益於基督教對於歐洲民族的薰陶、感化。即便對於歷來被斥為「煩瑣哲學」的中世紀經院哲學，張君勱也認為它對於歐洲哲學和科學發展具有促進作用。他說由於當時的神學家借重哲學作為講習基督教經典的工具，便使得哲學思想廣為傳佈，「條頓民族至是始知運思求學之方法，漸能以精密之思維，研究事物，近代自然科學之勃興，未始非教士之煩瑣哲學有以植其基也。」❻總之，張君勱對於中世紀的耶穌教文化雖論述不多，卻肯定了它對於歐洲文化發展具有積極作用。

㈢文藝復興以來的現代歐洲文化

對於文藝復興以來的現代歐洲文化，張君勱著重探討了它的主要特點。應該說明的是，他在不同的論著中，對這些特點作了不盡相同的論述。當然，貫穿在他這些論述的基本思想是完全一致的。

張君勱關於現代歐洲文化主要特點的較為系統的論述，見於他的《明日之中國文化》。在該書第七講〈歐洲文化(下)‧文藝復興後之歐洲〉中，張君勱從「政治社會方面」將現代歐洲文化的特點概括為兩項——「民族國家之建立」和「民主政治之發展」；從「智識道德方面」將現代歐洲文化的特點也概括為兩項——「智（知）識之愛好」和「道德觀念之變更」。

1.「民族國家之建立」

張君勱對於歐洲的民族獨立運動和民族國家的建立給予很高的評價。他引用黑格爾的話「惟有能組織國家之民族，乃能列於世界歷史中」，❻說明建立民族國家的重要性。他說早在十至十五世紀，歐洲就建立了一些民族國家，如英國、法國、西班牙等。但那時的民族運動是不自覺的，文藝復興之後則出現了自覺的民族獨立

---

❻　張君勱：《明日之中國文化》，頁46。
❻　張君勱：《明日之中國文化》，頁46。
❻　張君勱：《明日之中國文化》，頁49。

運動，民族國家相繼建立。「民族國家實為各民族之最高組織，有之則存，無之則亡。歐洲各民族對於現代文明之貢獻，自不能離棄其各族所愛護之國家。」❼從這個意義上說，「民族國家成立之價值，實遠在文藝復興與科學發展之上也。」❼張君勱還說，世人論歐洲政治和社會組織，往往「但舉所謂德謨克拉西，而不舉其民族國家之獨立運動」，❼這是「偏而不全」的。

　　需要指出的是，張君勱如此強調建立民族國家的重要意義，將其列為現代歐洲文化的第一個主要特點，是與他維護中華民族獨立自主的強烈意識密切相關的。他說十五世紀的義大利注重發展科學和文藝事業，取得了巨大成績，但民族的獨立自主卻未能實現。中華民族不可重蹈義大利的覆轍。

2.「民主政治之發展」

　　張君勱將現代西方的民主政治與「東方式之專制政治」、「中世紀之帝政」、「希臘羅馬之民主政治」進行比較，說東方式之專制和中世紀之帝政都是「以一人之好惡為轉移」，而希臘、羅馬的民主政治則是建立在「三分之一人民為奴隸」的前提之下，這與現代民主政治下所有公民享有同等權利的情形不可同日而語。因此現代歐洲的民主政治「皆勝於以上三種政治」。張君勱認為，現代民主政治的特色是：「第一、人民各種自由之保護；第二、人民得參加政治，在選舉時表示其贊成或反對；其表現於政治組織中者，為議會、為選舉、為預算制度、為責任內閣、為政黨。」❼對於這樣的民主政治，張君勱是極為推崇的。不過他也指出，第一次世界大戰爆發之後，歐洲政治漸有離民主而趨於專制之勢、離法治而趨於黨治之勢、離容忍而趨於不容忍之勢，其前途能否勝於近百年來的民主政治，尚在不可知之數。但不管怎樣，「就民主政治百餘年之成績言之，不能不謂為人類歷史中之偉大成功也。」❼現代民主政治是歐洲文化的一個主要特點，也是對人類歷史的一大貢獻。

---

❼　張君勱：《明日之中國文化》，頁49。
❼　張君勱：《明日之中國文化》，頁49。
❼　張君勱：《明日之中國文化》，頁49。
❼　張君勱：《明日之中國文化》，頁51。
❼　張君勱：《明日之中國文化》，頁51。

3. 「知識之愛好」

張君勱說古希臘時期，歐洲人對於治學方法已經有所研究。當時天文、幾何、動植物學已經發達。但在中世紀，歐洲人「棄理智而趨於信仰」，哲學亦成為神學的僕從。宗教革命之後，歐洲科學有了大發展，哥白尼的地動說（即日心說）、伽俐略的物體下墜律（即自由落體定律）、開普勒的天文學等相繼湧現。「人智之發達，為有史以來所僅見。……其智識門類之多，範圍之廣，研究之精，可謂震古鑠今。」❼❺張君勱還指出，培根、笛卡兒等人的哲學思想對於現代歐洲的科學發展產生了重要的推進作用。

張君勱在說明現代歐洲文化「知識之愛好」這一特點時，主要闡述的是歐洲科學的巨大成就。他說：

> 吾人但就科學發展之成績言之：一曰方法之精密超乎古代之上，除論理學上兩大方法（指演繹法、歸納法──引者按）外，更有所謂求同求異同變餘同諸法（指尋求因果聯繫的邏輯方法，即求同法、求異法、共變法、剩餘法等──引者按），古代無此精密也。二曰觀察實驗，不僅限於試驗室中，且擇世界上最適宜地點以行之；如達爾文自坐船以考察南美洲及其各地之動植物。近年為證實愛因斯坦相對論而有觀察日蝕之探險隊。為求智識之真確計，不憚長途跋涉，亦古代所不及也。❼❻

這就從科學方法的進步，特別是近代以來實驗科學的興起，說明了現代歐洲科學對於古代科學的巨大發展。同時也讚揚了現代歐洲人「為求智識之真確」而勇於探索的獻身精神。

4. 「道德觀念之變更」

張君勱說，國人往往稱歐洲人為「功利主義者」，這種說法似是而非。同樣作為歐洲國家的德國，在十九世紀所信奉的倫理學說就完全不同。英國人信奉功利主

---

❼❺ 張君勱：《明日之中國文化》，頁 52-53。
❼❻ 張君勱：《明日之中國文化》，頁 53。

義，正如英人頡特氏（Kidd）在其《西方文明之精義》一書中所指出的「以個人自利為最高原則」，而將「大我之利益」置於腦後。不過由於以下兩個原因，功利主義並沒有對英國的道德狀況造成大的危害：其一，英國人對於宗教的虔誠和對於國家的極力維護，使得他們在倫理學上雖然以功利論為主，「然一般人民之行為並不以功利為立場。」❼❼其二，自克林威爾時代以來，英國的殖民地遍於全世界，堪稱國強民富，中產階級成為社會中堅，「此輩有相當之財產，各人之自處，自富於獨立自尊之精神；其所以待人者，亦有相當之禮貌，以是之故，各人之公生活私生活，不專以勢利為前提。」❼❽德國則由於國家的長期困苦，「自然以犧牲一身成就大我為立國要義，自然輕利尚義，自然趨重道德；故康德黑格爾輩所提倡之哲學，不在功利而在道德、而在形上學、而在黑格爾之『以國家為精神之表現』。」❼❾因此，雖然「謂功利主義為歐美現代思想之特徵，無不可焉」，❽⓪但一經考察，便可發現現代歐洲的道德觀念也處於變更之中，英國與德國所信奉的倫理思想便有如上的不同。

「吾以為西洋道德之可貴，在乎個人之自尊自立，不依賴家族；在乎人民愛國之強烈，無所畏縮；在乎個人之互相合作，絕不自以為是，標高立異；此吾人所當效法者也，而功利學說不與焉。」❽①張君勱將「道德觀念之變更」列為現代歐洲文化的主要特點之一，將英、德兩國十九世紀的倫理思想加以比較，並且明確地表示不贊成英國人的功利主義而贊成德國人對於道德和形而上的追求，其目的在於讓處於國難中的中國人「可以知所取捨」。

以上便是張君勱在《明日之中國文化》中所闡述的現代歐洲文化的主要特點。而在〈文化政策〉（《立國之道》第四編）中，張君勱又通過對古代希臘和現代歐洲予以綜合考察的方法，提出了關於歐洲文化特點的如下見解：

---

❼❼　張君勱：《明日之中國文化》，頁 55。
❼❽　張君勱：《明日之中國文化》，頁 55。
❼❾　張君勱：《明日之中國文化》，頁 55。
❽⓪　張君勱：《明日之中國文化》，頁 56。
❽①　張君勱：《明日之中國文化》，頁 56。

我們丟開中世紀一段不說，僅就文藝復興後之歐洲與希臘時代來談歐洲文化之特點：㈠長於求知識，以自然界為其對象；㈡事理物理之是非，以論理學為標準，論理學中之方法類於歐洲所謂奧抗之刀（Occam Razor）❽，一刀兩斷，是者是，非者非，無所遁形；㈢社會上、政治上能發展個性，愛自由，此為市府國家或現代民主國家之共同特點。❽

張君勱在此處除了「丟開中世紀一段」之外，還捨去了現代歐洲文化所獨有的特點（例如現代民主政治、科學方法、道德觀念等），而概括出他所理解的「歐洲文化之特點」。不難看出，這個概括所體現的基本精神與他關於古代希臘羅馬文化、現代歐洲文化主要特點的見解是一致的。

㈣歐洲文化的成就與弊端

在對古代希臘羅馬文化、中世紀耶穌教文化、現代歐洲文化作出考察，特別是在對歐洲現代文化的主要特點作出分析之後，張君勱提出：「歐洲民族對於世界文化之貢獻，可以舉要言之者凡二點：第一、歐人長於建設國家，其組織在於各人於享受自由之中，而有運用敏捷之政府，自由與權力得保持其平衡；第二、歐人求知欲之旺盛，有正確之方法，又有探奇索幽之興趣。」❽這裏所說的兩項主要貢獻，仍然是民主和科學，即「五四」新文化運動以來中國人所熱切盼望的「德先生」和「賽先生」。張君勱曾設問：「以全部文化史論，誰為文化史上之先登？」❽他的答案是：在古代，埃及、巴比倫、希臘、羅馬、中國、印度在文化上同樣成就輝煌。但是到了近現代時期，歐洲文藝復興之後出現的新社會思潮推動了民主政治和科學技術的高度發展，為人類文化作出了巨大貢獻，因此「以時代論，西方文化實為天之驕子。……要有飛機大炮，不能不從科學下手；要建設農工商，不能不從技術上下手，但技術係根據科學而來。談到民主政治，不能不推源於民約論以後之政

---

❽ Occam Razor，今譯奧卡姆剃刀。

❽ 張君勱：《明日之中國文化·附錄》，頁149。

❽ 張君勱：《明日之中國文化》，頁56。

❽ 張君勱：《明日之中國文化·附錄》，頁148。

治思潮。此科學、此思潮，不能不推源於西方文藝復興後之新態度或新人生觀。」
❽在此，張君勱充分肯定了文藝復興運動以後的歐洲文化對於人類的重要貢獻，充
分肯定了它在世界上所具有的先進性。

　　同時，張君勱指出歐洲文化有其弊端。歐戰的爆發，便是這種弊端的集中表
現。「近三百年之歐洲，以信理智信物質之過度，極於歐戰，乃成今日之大反
動。」❽弊端的根源，在於近百年來歐洲文化所奉行的個人主義（或曰自由主義）方
針：

> 歐美百年來文化之方針，所謂個人主義，或曰自由主義：凡個人才力在自由
> 競爭之下，盡量發揮，於是見於政策者，則為工商立國；凡可以發達富力者
> 則獎勵之，以國際貿易吸收他國脂膏，藉國外投資為滅人家國之具。而國與
> 國之間，計勢力之均衡，則相率於軍備擴張。以工商之富維持軍備，更以軍
> 備之力推廣工商。於是終日計較強弱等差，和戰遲速，乃有亟思乘時逞志若
> 德意志者，遂首先發難，而演成歐洲之大戰。今勝敗雖分，榮辱各異，然其
> 為人類之慘劇則一而已。於是追念往事者，悟昔日之非，謂此乃工商立國之
> 結果也，此乃武裝平和之結果也，一言以蔽之，則富國強兵之結果也。夫人
> 生天壤間，各有應得之智識，應享之福利，而相互之間，無甚富，無赤貧，
> 熙來攘往於一國之內與世界之上，此立國和平中正之政策也。乃不此之圖，
> 以富為目標，除富以外，則無第二義；以強為目標，除強以外，則無第二
> 義。國家之聲勢赫赫，而於人類本身之價值如何，初無計焉。❽

　　在張君勱看來，現代歐洲文化所奉行的個人主義（自由主義）方針導致工商立國
的政策，導致歐洲國家一味求「富」求「強」，以富國強兵為基本國策，乃至不惜
發動戰爭，釀成全人類之慘劇。這種文化崇拜理智、追求物質，卻忽視了人本身的

---

❽　張君勱：《明日之中國文化・附錄》，頁 152。
❽　張君勱等著：《科學與人生觀》，頁 93。
❽　張君勱等著：《科學與人生觀》，頁 101。

價值。而按照張君勱的見解，人本身的價值主要是精神價值，是「精神之自是」。因此現代歐洲文化的弊端，一言以蔽之則是：過度「信理智信物質」，漠視人的精神價值。張君勱的這個見解，同樣體現了現代新儒家的共識。認為現代西方文化的主要弊端是過於注重物質利益（由此導致的是片面推崇理智）而輕視人的精神價值，是現代新儒家文化哲學的一個基本觀念。

三、論中國文化

張君勱考察歐洲文化，目的在於探討「中國文化向何處去」的問題。出於這樣的目的，他更加注重對於中國文化的考察。

㈠中國文化的三個歷史時期

張君勱說：「一國歷史中文物制度及人物之觀察，不離乎一時代之透視線；透視線變，則文化制度與人物之價值，因之而亦變。」⑧他所謂「透視線」，指的是人們進行文化評價時所採用的價值標準。價值標準不同，人們對歷史文化作出的評價也就不同。

張君勱提出了考察中國歷史文化的「透視線」，他說：「吾人今日所當注意者，為三千餘年歷史中吾漢族之盛衰興亡；換言之，民族之盛衰，當為以往二三千年歷史中透視線。」⑨他依據「民族之盛衰」──確切地說則是「漢族之盛衰」──這個價值標準，將中國歷史文化分為三個時期：秦漢以前為第一期，自晉至唐宋為第二期，自元至清末為第三期。

1.秦漢以前

這是中國歷史文化的第一個時期。關於這一時期，張君勱著重闡明了三個問題：

⑴中華民族文化的來源。在這個問題上，張君勱反對西方一些學者主張的「中

---

⑧　張君勱：《明日之中國文化》，頁57。
⑨　張君勱：《明日之中國文化》，頁57。

國文化西來說」（例如認為中國文化來自小亞細亞，來自巴比倫、印度等地），明確地提出：「創造吾族之文化者，為堯舜禹湯文武周公。」**⑨**他援引另一些西方學者的研究成果，證明「漢族之文化，由於自身之發展」，**⑨**「漢族文化，漢族可以自行不疑曰，此出於漢族之自造也。」**⑨**

　　⑵周末思想的發展。張君勱指出周代末年，也就是戰國時期，是思想文化大發展的時期。「此時代之文物，自其朝聘會盟之禮觀之，可謂燦然具備。」**⑨**從政治上看，封建社會的基本制度（如官制、稅制、兵制、家族制度等）此時已經形成。從學術上看，「有儒道墨名法諸家」，有代表著我國邏輯思想之發端的《墨經》的〈大取〉、〈小取〉篇和名家的「堅白」、「異同」之論，在自然科學方面則有天文學和醫學的發展。

　　⑶秦漢大一統的形成。張君勱充分肯定秦漢時期民族文化「大一統」的局面，認為：「秦始皇併吞六國，成一統之業，是為古今升降之一大關鍵。」**⑨**他贊成秦始皇為統一中國所採取的各種政治措施（如廢封建，建郡縣；廢井田，開阡陌；書同文，車同軌；統一度量衡，等等）。即便對於歷來被視為殘暴之舉的焚書坑儒事件，張君勱也認為秦始皇無非是為了「求國民思想之歸於一是，以奠定文化統一之基石」，**⑨**與董仲舒所提出的「罷黜百家，獨尊儒術」是出於同樣的目的。由此足見張君勱對於民族文化「大一統」的推崇。

2.自晉至唐宋

　　張君勱認為，這一時期的中國文化值得注意的是以下兩點：「第一、為種族之混血，第二、為外來思想之混入。質言之，五胡亂華以後之漢族，絕非秦漢時代之漢族；此時代之文化，亦非秦漢之嫡傳，而為混血後漢族之新產物。」**⑨**就「民族

---

⑨ 張君勱：《明日之中國文化》，頁58。
⑨ 張君勱：《明日之中國文化》，頁58。
⑨ 張君勱：《明日之中國文化》，頁59。
⑨ 張君勱：《明日之中國文化》，頁60。
⑨ 張君勱：《明日之中國文化》，頁60。
⑨ 張君勱：《明日之中國文化》，頁61。
⑨ 張君勱：《明日之中國文化》，頁62。

之混血」而論，張君勱說在春秋時期，已經出現了漢族血統與少數民族相融合的情況。魏晉時期，隨著少數民族的內遷並統治黃河流域，漢族與少數民族雜居，血統的融合愈益擴大。這表明魏晉以後的中國文化，已經是「混血後之新漢族」的文化。「此時代混血後之新漢族，其對外力量之膨脹，且駕秦漢而上之。」❾❽隋煬帝武功顯赫，唐代則是東自高麗、西至印度皆是中國屬國，這表明了隋唐兩代「民族活力」的強盛。「其在文化方面之發展，亦大有可觀者：書法有顏真卿、虞世南、褚遂良、柳公權等；詩文有李太白、杜工部與韓退之文起八代之衰；繪畫南有王維、北有大李將軍、小李將軍，可以見此時民族活力之表現於各方面者何如矣。」❾❾就「外來思想之侵入」而論，主要是佛教思想傳入中國。「凡政治上大亂之日，宗教思想之易於侵入，自為意中事。佛教自魏晉以後，大盛於中國，即由當時人心厭亂而求歸宿之所至。」⓿佛教的傳入導致中國文化出現「新思想新活動」，先是國人赴印度研求佛法，如法顯、玄奘赴印度取經，後來則有佛教在中國的自然發展，產生了天台宗、華嚴宗、法相宗、禪宗等教派。佛教的盛行還刺激了儒家的「覺醒」，遂有唐代韓昌黎和宋代孫明復、歐陽修等人的辟佛行為。「蓋經二百餘年種族之混亂，與佛教之侵入，而儒教遂因之而覺醒矣。」⓫唐太宗命孔穎達等人編纂《五經正義》，正是由於在佛教盛行的情況下「思以儒教正定人心」。這些都是魏晉至隋唐時期「外來思想之侵入」而導致的文化現象。至於宋代，則承唐代之極盛而在武力方面遠不如唐，但在思想學術上亦有勝出之處，宋代理學之形成，宋畫、宋瓷、宋版書籍之流行，都足以為憑。

3.自元至清代

張君勱說在這一時期，「吾國土全部兩次滅亡於外人」。⓬異族的入侵，使漢族文化遭受重創，「殆以一國之主權，既操於異族之手，而主人之漢族僅處於奴隸

❾❽　張君勱：《明日之中國文化》，頁 64-65。
❾❾　張君勱：《明日之中國文化》，頁 65。
⓿　張君勱：《明日之中國文化》，頁 63。
⓫　張君勱：《明日之中國文化》，頁 64。
⓬　張君勱：《明日之中國文化》，頁 67。

地位，則其時漢族之文化自亦無由表見矣。」⑩在元代，朝廷召用姚樞、吳草廬等人，以示尊崇儒教，但姚、吳等人僅能繼承朱陸之說，毫無發明。元代文學以小說、曲本為盛，產生了《西廂記》、《琵琶記》、《水滸傳》、《三國志》等名著，當時的讀書人在政治上無從發揮，便走入小說一途。在明代，太祖崇尚儒術，曾下令編《五經大全》、《四書大全》、《性理大全》，其「所以改革政治與教養人民者，不外乎封建制度之復活與四書五經大全之編纂，其見解之陋，自無待言。」⑩惟有王陽明在政治黑暗和「此亦一述朱，彼亦一述朱」的環境中獨闢蹊徑，創「致良知」、「知行合一」之說，稍破思想文化領域沉寂之空氣。在清代，學術上的成就主要是考據學。而考據學乃是張君勱所說的「支離餖釘之學」，對於民族思想文化並無意義。清代的書法和繪畫則是「規行矩步，絕少創作天才」。這表明了清代民族活力的消退和思想的消沉。值得注意的是，張君勱雖然肯定了康熙、乾隆皇帝「獎勵學術」、「施政愛民」和「開拓疆土之功」，但他說：「然其人已非我屬類，吾人今日斷不能引之為光榮。」⑩可見，張君勱的大漢族主義思想是強烈的。前面的引文中張君勱稱漢族為中國「主人」的說法，也足以表明這一點。

貫穿在上述中國歷史文化「三期說」之中的基本理念，是張君勱關於培育民族活力與振興民族文化的見解，他說：

> 有活力斯有文化，無活力斯無文化。惟有唐代之活力也，乃有唐之武功唐之詩歌，其流風餘韻，且以構成宋代之理學。及乎活力之衰也，乃有元清之屈服於外人，與清代餖釘支離之學。今而後不求民族活力之培育，而但講文化之應為動的或靜的、應為進步的或為保守的，是猶不浚源而求水，不培根而求木也，安在其可乎？⑩

---

⑩　張君勱：《明日之中國文化》，頁 67。

⑩　張君勱：《明日之中國文化》，頁 68。

⑩　張君勱：《明日之中國文化》，頁 69。

⑩　張君勱：《明日之中國文化》，頁 72-73。

　　張君勱提出中國歷史文化的「三期說」，歸根結蒂是為了尋求中國文化「自救」的道路。他認為「有活力斯有文化，無活力斯無文化」，因此，培育民族活力是振興民族文化的根本之圖。

(二)中國文化的五個基本方面

　　在對中國文化的「三四千年歷史之要點」作出概括後，張君勱又從政治、社會、學術、宗教、藝術五個方面，對中國文化作出評論。

　　1.政治方面。「吾國政治上之特點為人所共見者，是為君主專制政治。」⑩皇帝一人高居於上，內有六部九卿，外有封疆大吏和府縣官員，率皆聽命於皇帝。皇帝一人賢明則一國治，一人昏庸則一國亂。但是從其所統治人民之眾、地域之廣及其在司法和行政上能保持相當秩序而言，這種大一統的君主專制，與不能實現舉國一統的印度相比，也是一種優點。不過如果說大一統的君主專制在政治上有成績，不如說它在文化上有成績。君主以考試制度取士，以四書五經為典籍，令全國兒童習之。「由此之故，孔孟思想，乃廣及全國，而成為思想之中心。且由此方法，乃有今日四萬萬同文化之同胞，此即文化上之成績也。」⑩與此同時，君主專制制度引起篡弒之禍、宦官之禍、宮戚之禍、王室子弟相殘之禍、群小包圍之禍，造成國民愚昧、自私、敷衍塞責等惡習，「凡西方所謂獨立人格，勇於負責與為國犧牲之精神，在吾絕無所聞，絕無所見。」⑩這可以說是「君主專制政治之造孽」。

　　2.社會方面。「中國社會之特點，可以『家族主義』名之。」⑩從周秦時期開始，我國就形成了尊祖敬宗的傳統，姓氏成為社會分子團結的基礎。以血緣關係為紐帶的家族制度有其優點，那就是家族成員可以相互幫助，有利於社會的穩定。但這種制度亦有弊端：其一是家族由男子繼承，且以子孫眾多為榮，造成我國人口過快增長，而且由於家庭人口多、關係複雜，導致家庭關係不和。其二是由於以家庭為單位，個人便喪失其獨立的價值，因此便有所謂夷三族、夷九族（乃至明代方孝孺

---

⑩　張君勱：《明日之中國文化》，頁74。
⑩　張君勱：《明日之中國文化》，頁75。
⑩　張君勱：《明日之中國文化》，頁75。
⑩　張君勱：《明日之中國文化》，頁75。

被夷十族）之刑，家族制度之殘酷於此可見。其三是子弟與父兄共居，往往養成依賴父兄、不務正業的陋習，因此中國的名門望族傳一、二世就衰落，不像歐洲的貴族往往能傳數百年之久。

3.學術方面。張君勱說早在春秋戰國時期我國的學術已經相當發達，「循此軌道而發揮之，我國學術或可不至如今之落後。然其所以有今日者，不外二故：一曰文字之障礙；二曰論理思想之缺乏。」⑪

就「文字之障礙」而論，古代文字有蝌蚪與大篆，秦時有小篆，漢代更有隸書八分與真、行、草諸體。由於字體不同，便產生了校勘學、訓詁學、考據學和音韻學，全社會的心力不知有多少消耗在文字訓詁之中。至清代中葉（乾嘉時期），更以此為世間惟一學問，學術上只有支離破碎的考據，缺少偉大的思想系統。「吾常以為一國中必有若干思想內容之學，即曾文正所謂義理之學，而後可以立國；若專以此等支離餖飣之學為學問，吾恐其因考據而亡國矣。」⑫應該指出的是，張君勱對於考據學沒有作出實事求是的分析，對於考據學在中國學術史、文化史上的功過沒有作出客觀、全面的評價。他這種全盤否定考據學的觀點，是偏頗的。

就「論理思想之缺乏」而論，張君勱舉出五個方面的表現：⑴不知有概念。清代漢學雖然提出「不通文字不能窮經」，但不懂得文字是語言的單位，概念是學問的單位。⑵不知道給概念下定義。這就導致無法確定此學問與彼學問的界線，並由此引起種種辯論。⑶《墨經》一書沉埋之後，中國不再有論理學的著作，「論理學之消亡，即成為一切學術知識之消亡。吾國既為缺乏論理學之民族，其自然科學自亦無由而發展。」⑬⑷儒、墨、道、法諸家的學術皆以人事問題為中心，這使得「吾族思想局促於人事問題」而忽視自然問題、宇宙問題。⑸我國古代對於自然問題亦曾注意研究，古書關於神農嘗百草、羲氏和氏治曆象等的記載就表明了這一點，但是由於論理思想的缺乏，「無論理方法以驗其為學之標準，因而永不知此數者之可以為學，反轉而墜落於術數之中矣。」⑭由於在邏輯（論理）上缺乏檢驗的

---

⑪　張君勱：《明日之中國文化》，頁 76。
⑫　張君勱：《明日之中國文化》，頁 77。
⑬　張君勱：《明日之中國文化》，頁 79。
⑭　張君勱：《明日之中國文化》，頁 80。

方法，使得中國古代對於天文、地理、醫藥、動植物的探索流於醫卜星相之手，成為術數而沒有上升為學問。

4.宗教方面。中國古代就形成了「天人合一」的思想，「吾國人之論天也，常不離人；其論人也，常不離天。言人事者，必推本於天道，言天道者，必求其效驗於人事。」❶❶因此在中國人的思想中，天人之間沒有鴻溝，這與「西方思想中將上帝與人類劃為兩界」大不相同，這可以說是「中西兩方最大差異之點」。❶❶

「天人合一」思想與陰陽五行之說相結合，認為事物的兩個方面「可以並存而不可偏廢」，因此在古代我們民族對新發生的道教、佛教、喇嘛教、耶穌教等宗教和卜筮風水之說都能坦然迎之。這是中國人宗教態度好的一面，可以謂之「相容並包」。而從壞的方面來說，則可以謂之「雜亂無章」。由於中國人言天事不離乎人事，因而缺乏事天的誠敬之心，陷於信仰上的不專一。因其念念不忘人事，中國人所寄希望於宗教者不外乎「延年益壽」、「有求必應」等要求，而西方人對於上帝則但求悔罪赦免。正因為這樣，西方人處事有誠意，社交上率直而不失其真，政治上有不屈不撓之氣概，與中國人之「專以敷衍應酬為生者，不可同日而語」。❶❶

5.藝術方面。中國的文化成就最為西方人所賞識者，就是藝術。究其原因，仍然與中國人的「天人合一」思想有關。「天人合一」表現在宗教方面與藝術方面，產生的結果是不同的：「在宗教方面，以天道遷就人事，則天道流於淺薄。而在藝術方面，以天地納入於山水之中，則山水自具有一種穆然意遠，與天地為儔侶之意；……如深山流水旁高僧修道之像，立意既超絕人寰，則意境自深遠矣。王維米南宮之畫，淡墨數行，而富有宇宙無窮之意味，此乃天地與藝術合面（面：原文如此，應為「而」之誤──引者按）為一之所致也。故吾國藝術之長，不僅以『真』為務，兼具天道於其中」。❶❶中國藝術的優長之處，就在於「兼具天道於其中」。

張君勱還說，藝術與學術的不同在於學術要受論理學規則的支配，藝術則在於妙手偶得，而這正適合於「吾國優游自得之士大夫」所為。這也是中國藝術勝於他

---

❶❶ 張君勱：《明日之中國文化》，頁 80。
❶❶ 張君勱：《明日之中國文化》，頁 80。
❶❶ 張君勱：《明日之中國文化》，頁 81。
❶❶ 張君勱：《明日之中國文化》，頁 82。

國的原因。

從上述張君勱對於中國文化的評議中不難看出，除了在藝術方面他對於中國文化只給予褒揚而沒有提出批評之外，在其他方面他對於中國文化在總體上是批評居多的，而且有些批評是失之偏頗的。究其原因，則在於張君勱為了中國文化的「尋藥自救」而要著力探查其「病」之所在。正是基於這樣的理念，他在對中國文化進行多方面的評論之後，作出的是關於中國文化的「短處、受病處」的總結：

> 合以上各項言之，則吾國文化之短處、受病處，可以舉而出之矣：
> 1. 政治上以久處君主專制政治之下，故人民缺少獨立性。
> 2. 社會上盛行大家庭制度，一方增長各人之倚賴心，他方以處於面和心不和之環境中，種下忌刻與口是心非之惡習。
> 3. 學術上受文字之障礙與缺乏論理學的素養，但有支離瑣碎的考據，思想天才不發展，更少偉大的思想系統。
> 4. 宗教上夾雜以功利之念，絕少真正之誠意，更少以身殉道之精神；宋明儒者雖有殉道氣概，然而不普及。⑲

對於中國文化，張君勱自有予以肯定和讚揚之處（本書後文將論及）。但他著重考察和指出的，是中國文化的弊病。他要在探查出這些弊病之後，找出中國文化「未來政治學術藝術之新方向」，提出他為中國文化「未來之發展」設計的方案。

四、造成以精神自由為基礎之民族文化

在《明日之中國文化·自序》中，張君勱說：「吾人研求三四千年中，中印歐民族生活之經過，於是得一結論曰：以精神自由為基礎之民族文化，乃吾族今後政治學術藝術之方向之總原則也。」⑳在該書的第十講，他又將這種「總原則」稱為

---

⑲　張君勱：《明日之中國文化》，頁 82-83。
⑳　張君勱：《明日之中國文化》，頁 1。

「總綱領」，說：「吾人以為今後吾族文化之出路，有一總綱領曰：『造成以精神自由為基礎之民族文化。』」⑫

圍繞著這個「總原則」、「總綱領」，張君勱從精神是文化之本、樹立民族自信心、中國傳統文化的保存與創新、西方文化的輸入與批評其得失、精神自由與新文化之創造等方面，提出了自己的一系列見解。

㈠精神是文化之本

張君勱說：「所謂文化，即是一社會中精神與物質生活之全部現象。……所謂文化，即是一社會中精神生活與物質生活兩方面。」⑫他明確地肯定了人類文化中既包含著精神，也包含著物質，並且按照自己的理解，對於「精神」與「物質」作了如下的區分：「衣冠，物質也；皮肉筋骨，物質也；更進而求之，則為腦神經亦物質也。總之，手之所觸目之所見者，謂之物質。若夫心思之運用，則非手之所能觸，目之所能見，故不謂為物質，而謂為精神。」⑫在張君勱看來，人的本質在於精神方面。他說：「物質者塊然之物，無心靈、無思想，故無所謂精神；人類有思想、有判斷，能辨善惡，故有精神。此人類之所以異於物質也。」⑫文化的主體是人，人的本質在於精神，因此精神是文化之本。「文化為物，發之自內，由精神上之要求，見之於制度文章。」⑫

文化的根本在於精神，進一步說，則在於精神自由。在任何民族中，都是由個人精神的自由發展而形成民族文化。張君勱說：

> 精神之自由，有表現於政治者、有表現於道德者、有表現於學術者、有表現於藝術宗教者。各個人發揮其精神之自由，因而形成其政治道德法律藝術；在個人為自由之發展，在全體為民族文化之成績。個人精神上之自由，各本

---

⑫　張君勱：《明日之中國文化》，頁85。
⑫　張君勱：《明日之中國文化·附錄》，頁147。
⑫　張君勱等著：《科學與人生觀》，頁99。
⑫　張君勱：《明日之中國文化》，頁85。
⑫　張君勱：《明日之中國文化·附錄》，頁137。

其自覺自動之知能，以求在學術上政治上藝術上有所表現；而此精神自由之表現，在日積月累之中，以形成政治道德法律，以維持其民族之生存。故因個人自由之發展，而民族之生存得以鞏固。此之謂民族文化。㉖

　　政治、道德、法律、藝術都是「個人精神上之自由」的表現，個人精神自由的發展，同時就是民族文化的形成和發展。張君勱認為，世界上的任何一種文化總歸是某一民族的文化，不屬於任何民族的文化是不存在的，而任何民族文化都是基於個人精神自由的發展。人的精神以自由為本性，它是人類文化的根基所在。張君勱又將人類精神稱為「人類的意力」，說：「人類的意力加入客觀環境即是人類的匠心，人類的理想與理性之運用客觀環境，於此而顯人類精神，於此而成社會現象。在此種機能關係中，從其產生方面足以利用厚生者言，為經濟現象；從其保持領土人民，使士農工商得以進行不墜而言，則為政治現象；從其設為規範以為維繫之具，且使之前進而言，則為法律現象。」㉗可見經濟現象、政治現象、法律現象等等（它們構成了人類社會的文化現象），都是「人類意力」——即人類精神——對於客觀環境加以「運用」的結果，人類文化正是建立在這個基礎之上。「吾人言社會之機能的見解，以人類意力為主，吾人亦可由此而推出，說任何現象，皆有其所以然之道；此道為主宰原則，物物而不物於物，名之曰功能、曰動力、曰理性、曰精神，皆無不可。」精神是人類社會各種文化現象的「所以然之道」和「主宰原則」，它的本性在於「物物而不物於物」，在於自由創造。

(二)樹立民族自信心

　　張君勱提出，要造成以精神自由為基礎的民族文化，國人首先必須樹立民族自信心。他說：「今後文化之各方面，如政治如學術之改革，其根本問題，在於民族之自信心。民族而有自信心也，雖目前有不如別人處，而可徐圖補救；民族而失其

㉖　張君勱：《明日之中國文化》，頁85。
㉗　呂希晨、陳瑩選編：《精神自由與民族文化——張君勱新儒學論著輯要》，頁563。

自信心也，縱能成功於一時，終亦趨於衰亡而後已。」❿他認為，國人不僅應該樹立民族自信心，而且完全有理由樹立民族自信心。他以中華民族在人類文化史上的地位來說明這一點：

> 吾中華民族在文化史中之地位如何乎？吾族足與埃及、希臘、羅馬、印度等並肩而立，歐美學者所公認者也。乃近年之國人激於環球大通後所受之懲創，反而自鄙夷其文化，若已不足自存於今世者，甚至懷疑於其民族之本身若不足與白人相抗衡者，此乃目眩於一世紀之短促，而往忘千萬年之久遠矣。事物之成敗得失，以歷久不壞為準。彼白種之興也，始自歐洲文化復興以降，人智大開，學術大進，探險殖民，遠及各洲。及英法革命後，政局大定，於是歐洲之學術、法制、工商，無往而不為人所取法。然以時考之，不過五百餘年，他人五百年之成效，安能與吾族歷四千餘年之久者，相提並論乎？吾族之特色，自古代迄於今日，猶能保持其生命，視埃及、巴比倫之長埋地下，視希臘、羅馬之主已再易，視印度之為人奴隸者，大有天壤之別，此必吾族之自處，有以勝於其他各族者無疑義矣。……如是，自時間久暫言之，正不必以百年來之失意，而遽懷疑於吾族之前途也。❿

　　針對一些人鄙視自己民族文化的心態，張君勱指出中華民族文化是世界上發達最早的民族文化之一，它歷久而猶存，而且完好地保持著自身特色，這表明了中國文化自有勝於他國文化之處。近百年來中國文化雖然遭受挫折和創傷，但從長遠的發展看，我們不必懷疑民族文化的光明前途。在〈中華民族文化之過去與今後之發展〉一文中，張君勱再次強調了中國文化「歷久長存」這一突出的優長之處，「即中華文化之生命，較他族為獨長。與吾族先後繼起之其他文化民族已墓木高拱矣，而吾華族猶巍然獨存。」❿「吾祖若宗所以建立吾族文化者，根據若是其深厚，所

---

❿　呂希晨、陳瑩選編：《精神自由與民族文化——張君勱新儒學論著輯要》，頁571。
❿　張君勱：《明日之中國文化》，頁95。
❿　張君勱：《明日之中國文化》，頁103-104。

拓疆土之廣，所含人種之多，與夫成績之彪炳，享國之長久，求之各國，鮮有匹敵之者。」[131]他視此為中國文化的「特點之特點」。

　　張君勱還通過中國文化的成就及其對人類文化的貢獻，說明國人應該樹立民族自信心。他說除了指南針、火藥、造紙術、瓷器、絲、茶等發明之外，中國在文化上的成就「更有其大且遠者」，在宗教、社會、學術、美術等方面都有建樹。儘管中國文化亦有其短處，但是論中國文化對世界文化的貢獻，與他國相比則「有過之而無不及」。「歐人所重者為科學，印人長於冥想，我們則專講人倫，各有其偉大之處。我們不能因印度中國之削弱，而輕視自己文化，須知文化之特點不在一時之成敗利鈍，而在其對於人類之永遠貢獻。國人不可因目前之失敗，而遂看輕自家文化。」[132]張君勱承認近代以來中國文化的「失敗」，但他強調國人不可因此便否認中國文化在歷史上所取得的成就，不可因此便失去民族自信心。

　　值得注意的是，張君勱雖然認為中國文化必將有其光明前途，但他並不因此而認為世界未來文化就是中國文化的復興。在這個問題上，他批評梁漱溟在《東西文化及其哲學》一書中提出的觀點，說：「梁先生斷定世界未來之文化就是中國文化的復興。此類勇氣，吾是極端贊成的。但是今日尚在振作精神創造新文化之時，自己文化如何，尚不得而知，而竟斷定『世界文化即中國文化復興』，不免太早計了！」[133]對於中國文化在世界未來文化中的位置，張君勱看得比較客觀、平實，他說：「吾國人而誠能發奮為之，則新文化桌上，必容吾國人占一席」。[134]至於「究竟中國文化勝耶，抑西洋文化勝耶，抑二者相合之新文化勝耶。此皆不可以今日臆測者也。」[135]由此可見，張君勱關於樹立民族自信心的論述，其目的不是在理論上與西方文化爭長短，而是寄希望於國人在實踐中「發奮為之」，「振作精神創造新文化」。

---

[131]　張君勱：《明日之中國文化》，頁112。
[132]　呂希晨、陳瑩選編：《精神自由與民族文化——張君勱新儒學論著輯要》，頁532-533。
[133]　張君勱：《明日之中國文化·附錄》，頁136。
[134]　張君勱：《明日之中國文化·附錄》，頁139。
[135]　張君勱：《明日之中國文化·附錄》，頁138。

㈢中國傳統文化的保存與創新

創造新文化問題，實質上是傳統文化的保存與創新問題，張君勱稱之為「復古與創新問題」。他說：

> 近年國內以外國學說之屢經試驗而無成功，於是有提倡復古者；亦有以對外失敗為增進國民之自信力計，而出於復古者。吾以為復古之說，甚難言矣。同為儒家，有主宋學、有主漢學；漢學之中，或主古文、或主今文、或主鄭玄、或主王肅；宋學之中，或主程朱、或主陸王，其優劣得失可以不論，要其不能對於現代之政治、社會、學術為之立其精神的基礎一也。若復古之說，但為勸吾國人多讀古書，闡發固有道德，其宗旨在乎喚醒國人，使其不至於忘本，此自為題中應有之義，與吾人之旨本不相背。若謂今後全部文化之基礎，可取之於古昔典籍之中，則吾人期期以為不可。自孔孟以至宋明儒者之所提倡者，皆偏於道德論。言乎今日之政治，以民主為精神，非可求之古代典籍中也；言乎學術，則有演繹歸納之法，非可取之於古代典籍中也。與其今後徘徊於古人之墓前，反不如坦白承認今後文化之應出於創新。❸

在此，張君勱明確地表示反對文化上的「復古之說」，因為古代的思想學說已經不能作為現代社會的政治、學術等的精神基礎。現代政治的民主原則，現代學術的思維方法，都無法取之於古代典籍。張君勱提出：對於傳統文化的正確態度是「於創新之中，以求保存之法」❸。傳統文化是必須保存的，但保存並不等於固守舊說，而是必須有所創新，「在日新之中，而古亦自能保存。換詞言之，在創造之中，則繼既往而開將來」。❸

張君勱還提出，由於精神自由注重創新，或許會有人認為它與傳統文化的保存不相容，但道理並非如此：

---

❸ 張君勱：《明日之中國文化》，頁 91-92。
❸ 張君勱：《明日之中國文化》，頁 92。
❸ 張君勱：《明日之中國文化》，頁 93。

若疑精神自由之側重於創新，謂為與舊文化之保存不相容者；吾則有以答之。國人在思想上以孔孟之經籍為宗，在政治上有專制帝王，在宗教上有本土之拜祖先教與後來之道教及印度之佛教；合此種種，可名之曰傳統。在此傳統之空氣中，各個人之精神自由，即令有所表現，亦必托之於孔孟之名；在藝術家有所謂仿米襄陽、或臨王麓臺之筆法。吾以為今後此等遺產中之應保存者，必有待於新精神之發展；無新精神之發展，則舊日傳統亦無由保存。何也，舊傳統之不能與歐西文化競爭，證之近百年之歷史已甚顯著，今後必須經一番新努力，以求新政治之基礎之確立，而後舊傳統反可因新努力而保存，而不至動搖。否則新者不能創造，而舊亦無由保存。**⑬⑨**

中國舊文化不能與西方文化競爭，已經為歷史所證實。舊文化惟有發展出適應時代要求的新精神，方能與西方文化抗衡。這種新精神的發展，基於精神自由之注重於創新。文化上的創新不僅無礙於傳統文化的保存，而且正是傳統文化得以保存的必要前提和途徑。「所謂造成新文化，並不是說只要新文化而把舊文化打倒；儘管採取新文化，舊文化不妨讓其存在。」**⑭⓪**這些觀念表明，在傳統文化的繼承與創新問題上，張君勱不僅富於積極的進取精神，而且具有辯證的思維方法。

㈣西方文化的輸入與批評其得失

張君勱對民族文化的態度是於創新之中求保存之法，他對西方文化的態度，則是於輸入之時批評其得失。在〈歐洲文化之危機及中國新文化之趨向〉一文中，張君勱曾提出一個關於文化建設的方針，其中的主張是：

1. 「吾國今後新文化之方針，當由我自決，由我民族精神上自行提出要求。若謂西洋人如何，我便如何，此乃傀儡登場，此為沐猴而冠，既無所謂文，更無所謂化。」**⑭⑴**中華民族在精神上要「由我自決」，這是學習西方文化時必須堅持的前

---

⑬⑨　張君勱：《明日之中國文化》，頁 85-86。
⑭⓪　張君勱：《明日之中國文化·附錄》，頁 151。
⑭⑴　張君勱：《明日之中國文化·附錄》，頁 137。

提，否則中國文化只能成為西方文化的傀儡。

2.「中國舊文化腐敗已極，應有外來的血清劑來注射他一番，故西方人生觀中如個人獨立之精神，如政治上之民主主義，如科學上之實驗方法，應盡量輸入。如不輸入，則中國文化必無活力。」❶盡量輸入西方文化，是為了給腐敗的中國舊文化注入「血清劑」。

3.「現時人對於吾國之舊學說，如對孔教之類，好以批評的精神對待之，然對於西方文化鮮有以批評的眼光對待之者。吾以為盡量輸入與批評其得失，應同時並行，中國人生觀好處應拿出來，壞處應排斥他，對於西方文化亦然。」❶在盡量輸入西方文化的同時，要對其進行批評。我們對於東方文化和西方文化，都應該採取發揚其長處、批評其短處的態度。

4.「將西洋文化在物質上、精神上應採取者一一列舉出來，中國文化上應保存者，亦一一列舉出來。然東西文化之本末各不同。如西洋人好言徹底，中國人好言相容或中庸；西洋好界限分明，中國好言包容。此兩種精神，以後必有一場大激戰。勝負分明之日，即中國文化根本精神決定之日。」❶這第四個主張看上去比較含糊，特別是關於由東西文化的「激戰」來決定「中國文化根本精神」的說法似乎更為隱晦。但在接下來的論述中，張君勱在對上述四項主張作出概括時，就明確地將第四項主張概括為「相反二者之綜合」，❶從而表明了他的這一主張實際上是：具體分析西方文化與中國文化之中值得採納、保存的內容，對不同的觀念作出比較，並在此基礎上將它們綜合起來。

從上述主張可以看出，張君勱是反對「全盤西化」的文化路線的。這是由他對於接受西方文化問題的基本立場決定的。在〈養成民族思索力〉一文中，他提出：「我們的任務，自然在拿外國文化來加強、改良吾們自己。」❶學習西方文化，是為了「加強、改良」中國文化，而不應該是導致中國文化喪失自我，這可以說是張

---

❶ 張君勱：《明日之中國文化·附錄》，頁 137。
❶ 張君勱：《明日之中國文化·附錄》，頁 137。
❶ 張君勱：《明日之中國文化·附錄》，頁 137。
❶ 張君勱：《明日之中國文化·附錄》，頁 138。
❶ 張君勱：《明日之中國文化·附錄》，頁 115。

君勱在學習西方文化問題上所採取的基本立場。在〈中華民族文化之過去與今後之發展〉一文中，他說：「竊以為文化之改造，非易事也。舍己以求人，是為忘其本根。采他人之方而不問其於己之宜否，是為藥不對症。心目中但欣羨他國之制，而忘其本根之地位，是為我喪其我。」❹學習和採納西方文化，必須堅持以「我」為主，以「我」為本，即堅持以民族文化為本位。張君勱稱此為「己之不可離」，說採納、學習西方文化如同種樹，「不先考慮本國之地宜，則樹無由滋長」❹，這是「己之不可離者一」。「因他人之變而效顰，抑知己之不能自立，即失其所以為己，雖學而不得其似，此己之不可離者二。」❹張君勱曾提出改造舊文化、建設新文化的兩條原則，即：「第一。自內外關係言之，不可舍己循人。第二，自古今通變言之，應知因時制宜。」❺此處的第一條原則，同樣是強調民族文化的自立。張君勱的這種意識後來成為現代新儒家的共識，他的「不可舍己循人」、「應知因時制宜」觀念體現了現代新儒家「融會西方新潮，挺立自家傳統」的共同文化立場。

　　值得指出的是，張君勱不是一般性地談論學習西方文化，而是有針對性地提出：用西方文化的精神作為「血清劑」，以治療中國文化的痼疾。為此他強調：「須知採取歐洲文化，應采者是精神」。❺在他看來，學習西方文化的意義歸根結蒂在於以其精神改造中國舊文化。他說：

　　　我們大聲疾呼，主張國人應以歐洲之新思潮，從宗教革命起到民主政治止，
　　　以其理性發展為吾們文化前進之方向。㈠科學方面之實事求是與其正確性，
　　　大可糾正我們「差不多」之惡習；㈡哲學方面之論理學，大可糾正我們議論
　　　縱橫、漫無規矩之惡習；㈢至於政治社會方面，應尊重人格、抬高民權，一
　　　方解除平民疾苦，他方許人民以監督政府之權利，使政界污濁風氣，可以廓

❹　張君勱：《明日之中國文化·附錄》，頁 109。
❹　張君勱：《明日之中國文化·附錄》，頁 110。
❹　張君勱：《明日之中國文化·附錄》，頁 110。
❺　張君勱：《明日之中國文化·附錄》，頁 109。
❺　張君勱：《明日之中國文化·附錄》，頁 155。

清。有此三種大改造，則中國之進為近代國家，一定可以成功。⑮

通過有針對性地採納、學習西方文化，來「改造」中國舊文化的「惡習」，推動中國文化的進步。張君勱的這種說法，在現代新儒家學者中是比較特別的，因為在這個問題上現代新儒家學者的一般說法是：用西方文化的長處來「彌補」中國文化的「不足」。

(五)精神自由與新文化之創造

「造成以精神自由為基礎之民族文化」是張君勱文化哲學思想的歸結點。

張君勱說：「新文化之創造，亦曰對於國民生活之各方面，如政治、如學術、如宗教等等，指示以標準，樹立其內容；先之以言論，繼之以事實」。⑮創造新文化，首先要指明在政治、學術、宗教等方面新文化應有的表現，然後身體力行地付諸實踐（「繼之以事實」）。為此，張君勱闡明了精神自由與新文化各方面的關係，即精神自由在政治、學術、宗教、藝術等方面的表現。

1.精神自由與政治

張君勱說在君主專制制度下，國民服從法令完全是因為「憚於政府之權力，而不敢不如此，此乃命令下之守法，命令下之道德，而非出於個人精神之自由也」。⑮西方社會自法國大革命以來奉行自由平等原則，尊重個人自由，通過憲法保障國民的生命、財產以及言論、集社的自由，人民有參政的權力，政治設施皆以民意為前提。在這樣的情況下，西方人服從法令和從事各項工作「皆能一切出於自動，不以他人之干涉而後然」。中國人幾千年來「受統治於帝王」，國人不知自身之價值和人格，不知自身應有之責任。「此命令式之政治、命令式之道德、與夫社會上類此之風尚一日不變，則人之精神自由永不發展，而吾國政治亦永無改良之一日。」⑮因此要造成以精神自由為基礎的民族文化，就要改變長時期的封建君主專制給我

---

⑮　張君勱：《明日之中國文化·附錄》，頁157。
⑮　張君勱：《明日之中國文化》，頁93。
⑮　張君勱：《明日之中國文化》，頁86。
⑮　張君勱：《明日之中國文化》，頁93。

國造成的「命令式之政治、命令式之道德」，而建立像西方國家那樣的以「尊重各個人自由」為基礎的政治制度。對於創造新文化來說，這是精神自由在政治方面應有的表現。

2.精神自由與學術

在學術方面，張君勱認為中國的傳統是過於注重利用厚生，即注重實用。「學術之目的，雖不離乎利用厚生，然專以利用厚生為目的，則學術決不能發達；以其但有實用之目的，而缺乏學術上游心邈遠之精神自由也。……人類因有思想有知識，以解決宇宙之秘奧為己任；若但以有用無用為念，則精神之自由必不能臻於高遠與抽象之境。」[156]學術是應該注重實用的，但如果僅僅以實用為目的，那就限制了精神的自由活動，使其不能達到高遠的境界。利用厚生是學術研究的自然結果，而不應該是學術研究的惟一動力。實際上學術中的很多問題往往不關乎實用，而學者仍然要加以研究。蘇格拉底堅信自己的學說，以致以身殉之；伽利略自信其地動說，以致被教會責罰。他們為追求學術真理而奮鬥，並非因為他們的學說「有益於人生日用而後為之」。歐洲人在學術研究中既嚴格遵循論理學的種種規則，又通過精神的自由活動，充分發揮想像力，「以進於無限之鄉」，探索天體之構成、人種之由來、文化之形成等問題，從而產生了古生物學、人種學、文化學等多種科學，「若僅以實用為範圍，則此種學說可以不必研究，而一切高深學術何由發展乎？」[157]

因此，在學術上我們要克服過於注重實用的弊端。「就學術發展之要素言之：必人民對於宇宙內一切秘奧，認為負有解決之義務，一也；學術之發展，在乎思想上自受約束，而守論理學上種種規矩，二也；學問家不可無高遠之想像力，三也。」[158]樹立探索宇宙奧秘的責任心，遵循論理學對於思維的要求，具有豐富的想像力，在張君勱看來，這是學術發展不可或缺的三個基本條件。對於創造新文化來說，這是精神自由在學術方面應有的表現。

---

[156]　張君勱：《明日之中國文化》，頁 87-88。
[157]　張君勱：《明日之中國文化》，頁 89。
[158]　張君勱：《明日之中國文化》，頁 89。

3.精神自由與宗教

張君勱說現在的人墜地之初就被各種宗教所包圍，「故在信仰上無自由之可信」。真正自由的宗教信仰，「應以良心上信仰之真假為標準」。歐洲的教徒與中國的教徒在這方面有著明顯的不同，「凡為宗教，不外乎神道設教之義。為維持其宗教上之尊嚴計，其代神說法者，應有豐富之智識與尊嚴之儀錶，然後能引起人之注意。歐洲之耶教、天主教之教士，態度和藹，智識豐富，絕非吾國之酒肉和尚道士所可同日而語。」⑮即便不是「酒肉和尚道士」，對於其他的中國宗教信徒，張君勱也批評他們但知向神明祈求「延年益壽」、「有求必應」，而不像歐洲的教徒但求向神明懺悔、贖罪。張君勱認為這表明了「良心上信仰之真假」。

張君勱還提出，「宗教之信仰，誠以精神之自由為前提，則真正之信仰不應為多元的。」⑯因此國人要「從一人一宗教下手」，從「良心」上樹立真正的宗教信仰，改變一些宗教的不良風尚和陋習。從創造新文化來說，這是精神自由在宗教方面應有的表現。

4.精神自由與藝術

「就藝術言之，似乎吾國不必有所學於外人。」⑯中國文化中，最為外國人所讚賞的就是藝術。在「天人合一」思想的影響下，中國的藝術「兼具天道於其中」。這是中國藝術的長處，張君勱曾多次給予褒揚。但是他認為，中國藝術也有不如歐洲藝術之處，「歐人游心於無限之境，其所超境界，往往為吾人所不及」。⑯歐洲人由於精神自由的充分運用和發揮，在藝術創作中思想不受任何限制，因此能夠超越到極高的藝術境界，這為中國藝術所不及。以長篇詩歌而論，我國詩文中就沒有如同但丁的《神曲》、歌德的《浮士德》那種體裁和意境的作品。此外在雕刻、建築、音樂、戲劇方面，歐洲藝術也能不斷地「就其民族心靈之深處」體味之，表現之，因而這些藝術形式總是處在「日新月異」之中。「其他為西方所有，

---

⑮　張君勱：《明日之中國文化》，頁90。
⑯　張君勱：《明日之中國文化》，頁89。
⑯　張君勱：《明日之中國文化》，頁90。
⑯　張君勱：《明日之中國文化》，頁90。

吾國所無者，尚不可勝數。」**⑯**

　　因此，在藝術方面我們除了保持以往的成就之外，還必須致力於「新領域之擴張與新創作之表現」，如此方能促成中國藝術的更好發展。從創造新文化來說，這是精神自由在藝術方面應有的表現。

　　除了從以上四個方面對「精神自由與新文化之創造」作出論述之外，張君勱還闡明了「個人精神自由」與「民族大自由」之間的關係。他說：「個人自由，惟在民族大自由中，乃得保護乃能養成；民族之大自由若失，則個人之自由亦無所附麗。」**⑯**在政治、學術、宗教、藝術等方面，個人的精神自由不僅為個人提供發展的機會，而且為民族大自由奠定了共同的基礎。「個人自由之發展之中，不離乎大團體之自由。惟有在民族大自由鞏固之中，而後個人自由始得保存。此又吾人雙方並重之旨，不可不為國人告者也。」**⑯**沒有個人精神自由的發展，民族大自由和民族文化就失去了來源和基礎；沒有民族大自由和民族文化的鞏固，個人的精神自由就失去了前提和保障。可見個人的精神自由與民族大自由非但不相互衝突，而且相互依存、相輔相成。這就是張君勱關於個人精神自由與民族大自由「雙方並重」的思想。

五、結語

　　張君勱文化哲學思想的著眼點是挽救和復興中華民族文化。在〈中華民族文化之過去與今後之發展〉一文中，他說：

　　　嘗統觀四千年之歷史，吾祖若宗所以建立吾族文化者，根基若是其深厚，所拓疆土之廣，所含人種之多，與夫成績之彪炳，享國之長久，求之各國，鮮有匹敵之者。吾儕之為子孫者，不應托庇先人宇下而自滿，不應坐享前人之

---

⑯　張君勱：《明日之中國文化》，頁90。
⑯　張君勱：《明日之中國文化》，頁91。
⑯　張君勱：《明日之中國文化》，頁91。

成而自逸。蓋東西諸國張目伸手，眈眈逐逐於吾旁，由通商之要求，而進於藩籬之撤盡，由藩籬之撤盡，將進而為本部之分割，吾民族亡而文化隨之以亡矣。吾同胞乎，其深信歷史之過去，以增高其自信力，其毋忘環球大勢之注意，以謀所以因應，庶幾上無愧於先人，下為來者樹悠久無疆之業乎！**⑯**

不難看出，張君勱對中華民族和民族文化的復興是持樂觀態度的。在他看來，雖然在歷史步入近代之後，在東、西方列強的步步進逼和欺凌之下，中華民族及其文化面臨危亡的局面，但只要國人增強民族自信心，並且關注天下大勢，順應時代要求，改造舊文化，建設新文化，則中華民族和民族文化必能繼往開來，走向復興。

張君勱不僅對民族文化的復興充滿信心，而且提出了民族文化復興的「總綱領」、「總方向」──「造成以精神自由為基礎之民族文化」。他的全部文化哲學思想，都是圍繞著這個「總綱領」、「總方向」而展開的。更明確地說，都是圍繞著「精神自由」而展開的。

在「科學與人生觀論戰」中，張君勱之所以提出科學不能解決人生觀問題，歸根結蒂是因為他認為人生觀是人的精神活動，是以精神自由為前提的，「精神變動而不居」，它是自由的、無公例可循的。「科學為因果律所支配，而人生觀則為自由意志的。」在評論東、西方文化時，他首先指出精神是文化之本，文化的本性在於精神的自由創造，然後他著重通過精神自由的不同狀況來比較歐洲文化與中國文化的長短之處。他認為歐洲文化的長處根源於精神自由的充分發展。在政治方面，「社會上、政治上能發展個性，愛自由」；在學術方面，精神的自由創造「進於無限之鄉」，發現種種宇宙奧秘和自然界的公例。他這裏說的，其實就是民主和科學，不過張君勱是以精神自由的發展作為根源來說明歐洲國家的民主和科學的發展的。對於中國文化，張君勱著重指出了其短處，而在他看來這些短處同樣在於精神自由問題。他認為在中國文化中精神自由受到極大的扼制。在政治方面，「久處君主專制政治之下，故人民缺少獨立性」；在學術方面，「受文字之障礙與缺乏論理

---

⑯ 張君勱：《明日之中國文化·附錄》，頁112。

學的素養，但有支離瑣碎的考據，思想天才不發展，更少偉大的思想系統。」因此，在提出「造成以精神自由為基礎之民族文化」這個「總綱領」之後，張君勱就從「精神自由與政治」、「精神自由與學術」、「精神自由與宗教」、「精神自由與藝術」以及「精神自由與其他」五個方面，闡述如何改造舊文化、建設新文化，從而「造成以精神自由為基礎之民族文化」。凡此皆足以表明，「精神自由」（或曰意志自由）是貫穿張君勱全部文化哲學思想——包括他關於科學與人生觀的見解、關於中外文化的評價、關於創造民族新文化的主張等等——的最基本的理念。

張君勱的文化哲學思想中包含著有價值的見解和合理的思維方式，本章的闡釋已經表明這一點。在此筆者只想提出，張君勱文化哲學思想中最值得肯定的見解，是他關於文化必須適合於時代的觀念。他在對中外文化進行比較考察後，指出文化各有優劣之處，「其所以優劣之故，因時代而起，適於時代者優，不適於時代者劣。」⑯⑦他將是否適合於時代作為文化評價的基本標準，並且主張國人「應知因時制宜」，根據當今時代的要求「以謀所以因應」，改造舊文化，建設新文化。正是出於這樣的目的，他主張採納西方文化的優良精神來改造中國文化，使中華民族文化進步為適合時代要求的新文化。這是張君勱文化哲學思想中積極、進取精神的最主要的表現。

同時，張君勱的文化哲學思想也存在著消極、保守的方面。在〈再論人生觀與科學並答丁在君〉等文中，張君勱將歐戰所暴露的西方社會的危機歸因於「工商立國政策」（又稱「富強政策」），並提出「我國立國之方策，在靜不在動；在精神之自是，不在物質之逸樂；在自給之農業，不在謀利之工商；在德化之大同，不在種族之分工。」⑯⑧他說中國數千年來以農立國雖然造成民生蕭條、文化停滯，但「尚可勉達寡而均，貧而安之一境」；倘若今後以工商立國，則勢必造成「多而不均，富而不安」的狀況。因此「寧可犧牲富強，不願以人類作工廠之奴隸牛馬焉。此義也，吾國人之所當奉行，而十九世紀以來急切之功利論，則敝屣之可矣。」⑯⑨這種

⑯⑦　張君勱：《明日之中國文化・附錄》，頁 151。
⑯⑧　呂希晨、陳瑩選編：《精神自由與民族文化——張君勱新儒學論著輯要》，頁 69。
⑯⑨　呂希晨、陳瑩選編：《精神自由與民族文化——張君勱新儒學論著輯要》，頁 70。

否定「工商立國」、否定求富求強、否定「功利論」的思想，無疑是消極、保守的。張君勱由此而提倡「復興儒學」，特別是提倡「新宋學之復活」。他認為面對「工商立國」政策所導致的「人欲橫流」狀況，惟有宋明理學可以使人明禮義、知廉恥。丁文江在論戰中引用管子「衣食足而後知禮節，倉廩實而後知廉恥」之言，張君勱則說：「若夫國事鼎沸綱紀凌夷之日，則治亂之真理，應將管子之言而顛倒之，曰：知禮節而後衣食足，知廉恥而後倉廩實。吾之所以欲提倡宋學者，其微意在此。」⓱這種仍然將「禮義」、「綱紀」視為「立國之本」的觀念，直與同治時期大學士倭仁的「立國之道，尚禮義不尚權謀；根本之圖，在人心不在技藝」⓲之說相近！這可以說是張君勱文化哲學思想中的消極、保守因素最明顯的體現。

張君勱關於科學與人生觀的論述在充分肯定科學的價值，特別是科學對於現代中國社會的重要價值的前提下，指出了科學的作用有其範圍和局限性，科學不能解決人生觀問題，從而堅決反對了「科學萬能」論。應該說，這是一個具有歷史意義的貢獻。但是張君勱絕對地將科學與人生觀分成對立的兩極，否定科學與人生觀之間客觀存在著的聯繫，認為科學對於人生觀毫無影響，則是片面地、形而上學地看問題的表現。正因為這樣，他的論述中也就必然地存在著自相矛盾之處。他完全否定科學對於人生觀的作用，但是在闡述科學所具有的作用時，又說科學對於人類具有「開拓眼界，擴大心胸」的作用，「有了科學研究，大家心胸自然寬大。」而所謂「眼界」和「心胸」，正是屬於人生觀方面的。

張君勱在「科學與人生觀」論戰中所闡發的思想，還有著比其理論觀點本身更加重要的意義，那就是對於現代新儒家文化哲學的重大影響。二十世紀初，西方文化中的科學主義和人本主義兩大思潮都已經傳入中國，中國思想界也產生了相應的派別。在「科學與人生觀」論戰中，胡適、丁文江、吳稚暉等人代表著科學主義思潮，而張君勱則是人本主義思潮的主要代表。他指出「物」的世界與「人」的世界有著本質的區別，人的價值不體現於外在的物質而體現於內在的精神，體現於精神的自由創造。他將中國傳統的人本主義思想 (以「宋學」為主要代表) 與西方現代的人

⓱　張君勱等著：《科學與人生觀》，頁 108。
⓲　《籌辦夷務始末·同治朝》卷四十七。

本主義思想（以倭伊鏗、柏格森的哲學為主要代表）結合起來，形成一種注重內在道德價值的、富於儒家傳統精神的人本主義理念，以之作為理論武器，反對當時正盛行於中國的科學主義思潮。在張君勱之前，梁漱溟在其《東西文化及其哲學》等著述中，雖然同樣是站在人本主義的立場反對科學主義的，但是沒有像張君勱這樣作出專門的、深入的論述。張君勱的論述，可以說為現代新儒家的文化哲學開啟了一個重要的精神方向——拒斥科學主義。與張君勱同時期及其之後的幾代新儒家學者正是沿著這個精神方向，用凸顯道德理性的、具有中國傳統文化特色的人本主義思想，反對凸顯工具理性的、具有現代西方文化特徵的科學主義思潮。這體現了張君勱文化哲學思想對於現代新儒家文化哲學的最主要的理論貢獻。

　　張君勱說，「造成以精神自由為基礎之民族文化」需要有「文化之擔負者」。「此擔負者之責任奈何？曰，本新文化之精神，一一身體而力行之耳。新文化之要件在解放，故人人當從自己解放起；新文化之要件在自立，故人人當從不依賴他人做起；新文化之要件在勞動神聖，故人人當從自食其力做起。此寥寥數條，人人遵而行之，則民主精神、科學精神之新文化，自然實現於吾國。」⑫人人都應該成為民族文化慧命自覺的擔負者，都應該努力從自我做起，如此方能創造出民主、科學的新文化。強調「身體而力行之」，是張君勱文化哲學思想的又一個重要觀念，一個直到今天仍然值得我們學習和踐行的重要觀念。

---

⑫　張君勱：《明日之中國文化·附錄》，頁 138。

第三章 儒家思想的現代價值
──賀麟的文化哲學思想

　　賀麟，字自昭，1902 年 9 月 20 日生於四川金堂，父親為晚清秀才，精於宋明理學。賀麟 8 歲入私塾，並在父親指教下讀《朱子語類》和《傳習錄》，受到儒學薰陶，尤其對宋明理學產生濃厚的興趣。1917 年，賀麟進入省立中學讀書。

　　1919 年秋，賀麟以優秀成績考入北京清華學堂。在清華讀書期間，賀麟在思想上受到梁啟超、梁漱溟、吳宓等人的很大影響。他對梁啟超所開設的幾門關於中國學術思想史的課程產生濃厚興趣，並登門拜訪梁啟超。在梁啟超指導下，賀麟以戴震和焦循為研究對象，寫成〈戴東原研究指南〉、〈博大精深的焦理堂〉等論文。

　　1924 年，梁漱溟應邀到清華講學，賀麟幾次拜訪求教。梁漱溟當時十分推崇王陽明，他建議賀麟多讀王陽明的《傳習錄》以及王心齋的書。1926 年賀麟大學畢業，赴美國俄亥俄州奧柏林大學哲學系學習。賀麟學習了拉丁文、心理學、哲學史、宗教哲學、倫理學以及聖經等課程，並開始傾心於黑格爾和斯賓諾莎的哲學思想。1928 年 2 月，賀麟以優異成績提前半年從奧柏林大學畢業。3 月，賀麟轉入芝加哥大學哲學系。他選修了「黑格爾精神現象學」、「柏格森生命哲學」、「格林、布拉德雷、西季微克、摩爾的倫理學」等課程，他尤其對格林的哲學產生了濃厚興趣。1928 年 9 月，為進一步學習德國古典哲學，賀麟轉入哈佛大學。在哈佛期間，賀麟寫成了兩篇論文：〈道德價值與美學價值〉和〈自然的目的論〉。1929 年，賀麟從哈佛大學畢業，獲哲學碩士學位。1930 年夏，賀麟離開美國赴德國柏林大學專攻德國古典哲學，同年 6 月發表論文〈朱熹與黑格爾太極說之比較觀〉。

　　1931 年，日本發動侵華戰爭。賀麟放棄了攻讀博士學位的機會，提前回國。9

月，賀麟受聘為北京大學哲學系講師，主講「哲學問題」、「西方現代哲學」、「倫理學」等課程。他拜訪了時任清華大學文學院院長兼哲學系主任的馮友蘭。馮友蘭邀請賀麟在清華大學開課，講授「西洋哲學史」、「斯賓諾莎哲學」兩門課程。「九‧一八」事變後，為宣傳愛國主義，鼓舞抗戰士氣，賀麟接受《大公報‧文學副刊》編輯吳宓之約，作長篇論文〈德國三大偉人處國難時之態度〉（後來將「三大偉人」改為「三大哲人」），分 7 期連載於《大公報》。

從 1931 年回國到 1937 年抗日戰爭爆發，賀麟學術思想進入勃發期。1934 年 3 月，他在《大公報‧現代思潮》週刊發表〈近代唯心論簡釋〉。1935 年 4 月，湯用彤、馮友蘭、金嶽霖等發起成立「中國哲學會」，賀麟當選為理事兼秘書。在此前後，賀麟先後翻譯了亨利希‧邁爾的《五十年來的德國哲學》、魯一士的《黑格爾學述》等著作，並相繼發表了〈康德名詞的解釋和學說的概要〉、〈經濟與道德〉、〈宋儒的思想方法〉、〈文化的類型〉和〈新道德的動向〉等文章。

1936 年賀麟任北京大學教授。1937 年抗日戰爭爆發後，北京大學、清華大學、南開大學遷往昆明，改名為「西南聯合大學」。賀麟隨文學院遷至雲南蒙自縣。同年 10 月，他到中央政治學校教哲學，一年後回到西南聯合大學。

1940 年 5 月，賀麟發表〈五倫觀念的新檢討〉。文章在對構成五倫觀念的基本要素進行考察後，認為：「五倫觀念是儒家所宣導的以等差之愛、單方面的愛去維繫人與人之間常久關係的倫理思想。……現在的問題是如何從舊禮教的破瓦頹垣裏，去尋找出不可毀滅的永恆的基石。在這基石上，重新建立起新人生、新社會的行為規範和準則。」❶ 1941 年，中國哲學會西洋哲學名著翻譯委員會在昆明成立，賀麟被推選為主任委員。同年 8 月，賀麟在《思想與時代》雜誌發表〈儒家思想的新開展〉，此文宣稱：

> 根據對於中國現代的文化動向和思想趨勢的觀察，我敢斷言，廣義的新儒家思想的發展或儒家思想的新開展，就是中國現代思潮的主潮。我確切看到，

---

❶ 賀麟：〈五倫觀念的新檢討〉，載《文化與人生》（北京：商務印書館，2005 年版），頁62。

無論政治、社會、學術、文化各方面的努力，大家都在那裏爭取建設新儒家
思想，爭取發揮新儒家思想。在生活方面，為人處世的態度，立身行己的準
則，大家也莫不在那裏爭取完成一個新儒者的人格。大多數的人，具有儒家
思想而不自知，不能自覺地發揮出來。有許多人，表面上好象在反對儒家思
想，而骨子正代表了儒家思想，實際上反促進了儒家思想。自覺地、正式地
發揮新儒家思想，蔚成新儒學運動，只是時間早遲、學力充分不充分的問
題。❷

　　現代「新儒家思想」、「新儒學運動」概念，就在這裏第一次被正式、明確地
提出來。

　　1946 年 10 月，賀麟隨北京大學返回北平。1947 年他陸續發表〈王安石的心
學〉、〈儒家的性善論〉和〈西洋近代人生哲學之趨勢〉等文章，並出版了著作
《文化與人生》。1949 年 10 月，賀麟翻譯的黑格爾的《小邏輯》歷時八年終於完
稿，並於第二年由上海商務印書館出版。1956 年，賀麟調至中國科學院哲學研究
所（今中國社會科學院哲學研究所）工作。

　　1992 年 9 月 23 日，賀麟先生在北京逝世，終年 90 歲。他的著作主要有《近
代唯心論簡釋》、《文化與人生》、《當代中國哲學》、《現代西方哲學講演集》
等；譯作主要有《小邏輯》、《黑格爾》、《黑格爾學述》、《哲學史演講錄》
（與王太慶等合譯）、《精神現象學》（與王玖興合譯）等。

　　賀麟率先明確地提出了現代「新儒學思想」、「新儒家運動」概念，提出了
「廣義的新儒家思想的發展或儒家思想的新開展，就是中國現代思潮的主潮」❸的
見解，提出了「以儒家思想或民族精神為主體去儒化或華化西洋文化」❹的主張。
同時，他還對文化的「體」與「用」、文化批評的原則與我們對西方文化的態度、
儒家傳統道德觀念的價值與新道德的建設等問題，進行了深入的探討。

---

❷　賀麟：〈儒家思想的新開展〉，載《文化與人生》，頁 4。
❸　賀麟：〈儒家思想的新開展〉，載《文化與人生》，頁 4。
❹　賀麟：〈儒家思想的新開展〉，載《文化與人生》，頁 4。

一、文化的體與用

近代以來，特別是洋務運動之後，文化的「體」與「用」的問題是中國思想界長期探討、爭論的問題。「五四」時期，圍繞著文化的體用問題的論爭仍然激烈，形成了關於民族文化建設方針問題的不同派別，提出了不同的口號。賀麟說，「由批評文化所提出的幾種較流行的口號如『中學為體西學為用』，『中國本位文化』，『全盤西化』等，似乎多基於以實用為目的的武斷，而缺乏邏輯批評的功夫。所以我希望對於文化的體和用加以批評的研討，或許可以指出批評文化的新方向，引起對付西洋文化的新態度。」❺於是他從基本學理上，對文化的體用問題進行了深入的研究。

(一)「體用」的意義

賀麟首先對事物的「體」與「用」作出了一般性的分析，他將「體用」區分為「常識意義的體用」和「哲學意義的體用」分別加以說明。

1.常識意義的「體用」

常識意義的「體」和「用」，就是「主」和「輔」的意思。賀麟說「中學為體，西學為用」的常識意義就是「中學為主，西學為輔」。依此意義，學文科的人可以說是以「文科為主，理科為輔」，亦即「文科為體，理科為用」；學理科的人則可以說是以「理科為主，文科為輔」，亦即「理科為體，文科為用」。由此可見，「常識中所謂體用是相對的，是以個人的需要為準而方便抉擇的，是無邏輯的必然性的。」❻

但是當我們說「中學為體，西學為用」時，如果「中學」是指天人性命之學，指精神文明，「西學」是指聲光化電船堅炮利之學，指物質文明，那末從理論上說，天人性命之形而上學應為聲光化電等形而下學之體，物質文明應為精神文明之

---

❺ 賀麟：〈文化的體和用〉，載湯一介、杜維明主編：《百年中國哲學經典·三四十年代卷》（深圳：海天出版社，1998 年版），頁 293。

❻ 賀麟：〈文化的體和用〉，載湯一介、杜維明主編：《百年中國哲學經典·三四十年代卷》，頁 294。

用。如是，則「中學為體，西學為用」所說的就已經不是常識意義上的「體用」，而是──

2.哲學意義上的「體用」

賀麟認為哲學意義上的「體用」又可以分為兩層來理解：

(1)絕對的體用觀

「體指形而上的本體或本質（Essence），用指形而下的現象（Appearance）。體為形而上之理則，用為形而下之事物。體一用多。用有動靜變化，體則超動靜變化。」❼這種哲學意義上的「體」和「用」的關係，是本質和現象的關係。「體」是超動靜變化的本質，是「一」；「用」是變動不居的現象，是「多」。這種「體」與「用」的分別，相當於柏拉圖所說的「範型世界」與「現象世界」的分別，因此可以稱之為柏拉圖式的體用觀。

(2)相對性或等級性的體用觀

這種體用觀認為，「體與用的關係為範型（Form）與材料（Matter）的關係。由最低級的用，材料，到最高級的體，本體或範型，中間有一依序發展的層級的過程。」❽以價值高低為序，將不同等級的事物排列成寶塔式的層次，最上層是真實無妄的純體或純範型，最下層則是具有可能性、可塑性的純用或純物質。至於中間各層，則是較上層以較下層為用，較下層以較上層為體。例如就雕像與大理石而言，雕像為大理石之體，大理石為雕像之用；但是就雕像與美的純型式而言，則具體的雕像為形而下之用，美的純型式為形而上之體。再如就人的身體與心的關係而言，身為心之用，心為身之體；但是就心與理的關係而言，則心為理之用，理為心之體。在這種體用觀中，「體」和「用」的區分是按照價值等級逐層進行的，因而這種區分是相對的、不確定的。這種觀念與亞里斯多德關於範型（形式）與材料（質料）的理論是一致的，因此可以稱之為亞里斯多德式的體用觀。

值得指出的是，這種相對性或等級性的體用觀包含著絕對的體用觀，它是在絕

---

❼　賀麟：〈文化的體和用〉，載湯一介、杜維明主編：《百年中國哲學經典‧三四十年代卷》，頁 294。

❽　賀麟：〈文化的體和用〉，載湯一介、杜維明主編：《百年中國哲學經典‧三四十年代卷》，頁 295。

對體用觀的基礎上，又依照價值層次對事物作出了「體」和「用」的區分。「這種體用觀一方面包括柏拉圖式的體用說，認純理念或純範型為體，認現象界的個別事物為用。一方面又要以純範型作為判別現象界個體事物價值的標準，而將現象界事物排列成層級而指出其體用關係。」❾例如，朱熹的理氣合一之說以理為「體」以氣為「用」，這可以說是一種絕對的體用觀。而周敦頤關於無極而太極，太極而陰陽，陰陽而五行，五行而萬物的思想，則既包含著絕對的體用觀（無極、太極皆指形而上之理，故為體；陰陽、五行、萬物皆指形而下之氣，故為用），又體現了相對的、等級的體用關係（無極為太極之體，太極為無極之用；太極為陰陽之體，陰陽為太極之用；陰陽為五行之體，五行為陰陽之用；五行為萬物之體，萬物為五行之用）。「簡言之，絕對的柏拉圖式的體用觀以本體與現象言體用。而相對的，亞里士多德的體用觀，除以本體現象言體用外，又以本體界的純範型作標準，去分別現象界個體事物間之體用關係。以事物表現純範型之多或寡，距離純範型之近或遠，而辨別其為體或用。」❿所謂事物表現純範型之多或寡，距離純範型之近或遠，指的就是事物在真善美價值領域的「層級」。相對的、等級的體用觀不僅以本體與現象言體用，而且以這種價值「層級」言體用。

在對「體用」的意義作出闡釋時，賀麟還指出哲學上的體用關係不同於科學上的因果關係。科學所說的因果都屬於形而下的事物，在價值方面沒有高低層次之分；而哲學所說的「體」屬於形而上，「用」屬於形而下，在價值方面「體」高於「用」。因此，「哲學上所謂體用關係，與科學上所謂因果關係，根本不同，絕不可混為一談。」⓫譬如「心為身之體，身為心之用」，在哲學上它表達的思想是：心是身之所以為身之理，而身體活動所代表的意義、價值均須從心靈的活動去理解。我們不可以說在科學上心是身的原因，身是心靈活動的結果。

---

❾ 賀麟：〈文化的體和用〉，載湯一介、杜維明主編：《百年中國哲學經典·三四十年代卷》，頁295。

❿ 賀麟：〈文化的體和用〉，載湯一介、杜維明主編：《百年中國哲學經典·三四十年代卷》，頁295。

⓫ 賀麟：〈文化的體和用〉，載湯一介、杜維明主編：《百年中國哲學經典·三四十年代卷》，頁295。

　　賀麟在評論梁漱溟的文化哲學思想時曾說：「他這種看法，不論對與不對，是基於綜觀世界文化演變的事實所得到的識見和態度，並不是邏輯的公式，亦不是基於文化哲學的普遍原理。這是他的長處，因為以事實作根據而推測；也是他的弱點，因為缺乏文化哲學的堅實基礎。」❷我們由此可以看出賀麟對於「文化哲學的普遍原理」的高度重視。與梁漱溟的文化哲學思想相比，賀麟文化哲學思想的「長處」就在於注重文化哲學基本原理的研究，致力於將現代新儒家的文化哲學從學理方面引向深入。賀麟對於「體用」的常識意義和哲學意義的深入探討就表明了這一點。

(二)精神才是文化真正的體

　　賀麟在一般性地說明了「體用」的常識意義和哲學意義之後，對「文化的體與用」進行了專門考察。他說：「所謂『道之顯者謂之文』應當理解為文化是道的顯現，換言之，道是文化之體，文化是道之用。所謂『道』是宇宙人生的真理，萬事萬物的準則，亦即指真美善永恆價值而言。……全部文化都可以說是道之顯現。並且不僅文化以載道，我們還可進一步說『萬物皆載道』，『自然亦載道』。因為『道在稊米』，即可說稊米亦載道。『凡物莫不有理』，即可說凡物莫不載道。」❸作為宇宙人生的真理、準則和真善美永恆價值之代表的「道」，乃是文化之體，文化則是道之用。

　　但賀麟指出，雖說自然萬物皆是「道」的顯現，卻不能說自然萬物都是文化。文化和自然皆載道，但文化是文化，自然是自然，二者的根本區別在於「道之憑藉人類的精神活動而顯現者謂之文化」，「道之未透過人類精神的活動，而自然地隱晦地（implicitly）昧覺地（unconsciously）顯現者謂之自然。」❹在文化中，「道」是通

---

❷　賀麟：〈當代中國哲學〉，載湯一介、杜維明主編：《百年中國哲學經典·三四十年代卷》，頁 341-342。

❸　賀麟：〈文化的體和用〉，載湯一介、杜維明主編：《百年中國哲學經典·三四十年代卷》，頁 296。

❹　賀麟：〈文化的體和用〉，載湯一介、杜維明主編：《百年中國哲學經典·三四十年代卷》，頁 296-297。

過人類的精神活動顯現的；在自然萬物中，「道」的顯現與人類的精神活動無關。因此，「文化乃道之自覺的顯現，自然乃道之眛覺的顯現。」[15]

這就是說，文化之區別於自然，文化之所以為文化，在於它是「道」通過人類精神活動的自覺的顯現。這表明了人類的精神對於文化的極端重要性。「精神的觀念，道之顯現或實現於文化之憑藉，亦即文化之所以為文化所必依據的精神條件，亦即是劃分文化與自然的分水界。」[16]這樣，賀麟就將人類的「精神」作為一個核心觀念，引入文化的「體用」問題之中。他說：

> 若從柏拉圖式的絕對的體用觀說來，則道或價值理念是體，而精神生活，文化，自然，皆道之顯現，皆道之用。若從亞里士多德式的相對的體用觀說來，則精神生活，文化與自然，皆道之等差的表現。低級者為較高級者之用或材料，較高級者為較低級者之體或範型。如是，則自然為文化之用，文化為自然之體。文化為精神之用，精神為文化之體。精神為道之用，道為精神之體。[17]

在此，賀麟從絕對的體用觀和相對的體用觀兩種角度，說明了道、精神、文化、自然之間的體用關係。他說在這四個概念之中，「最重要但是又最困難最古怪」的是「精神」這個概念，因為它「意義紛歧而欠清楚」。他認為精神就是心靈與真理契合的意識活動，這種契合不僅是就道或理之活動於內心而言，而且是就道或理之誠於中形於外、著於生活文教、蔚為潮流風氣而言的。「簡言之，精神是具體化，實力化，社會化的真理。若從體用的觀念來說，精神是以道為體而以自然和文化為用的意識活動。根據這個說法，則精神在文化哲學中，便取得主要，主動，

---

[15] 賀麟：〈文化的體和用〉，載湯一介、杜維明主編：《百年中國哲學經典‧三四十年代卷》，頁297。

[16] 賀麟：〈文化的體和用〉，載湯一介、杜維明主編：《百年中國哲學經典‧三四十年代卷》，頁297。

[17] 賀麟：〈文化的體和用〉，載湯一介、杜維明主編：《百年中國哲學經典‧三四十年代卷》，頁297。

主宰的地位。自然也不過是精神活動或實現的材料，所謂文化就是經過人類精神陶鑄過的自然。」⓭這裏的「具體化，實力化，社會化」指「道」或真理的顯現、實現。上以道或真理為體，下以文化和自然為用，精神在其中起著連接、貫通、落實的關鍵作用。因此精神在文化哲學中處於「主要，主動，主宰」的地位。

賀麟認為，所謂道或理不過是蘊藏在人們內心深處的法則，是抽象的、隱晦的，倘若不通過精神的活動，就不能實現或顯現為文化，就只能是潛伏的、縹緲的、有體而無用的道或理。「這樣看來，自然只是純用或純材料而非體。道或理只是純體或純範型而非用，都只是抽象的概念，惟有精神才是體用合一，亦體亦用的真實。道只是本體，而精神才是文化真正的體。精神才是真正的神明之舍，精神才是具眾理而應萬事的主體。就個人言，個人一切的言行和學術文化的創造，就是個人精神的顯現。就時代言，一個時代的文化就是那個時代的時代精神的顯現。就民族言，一個民族的文化就是那個民族的民族精神的顯現。整個世界的文化就是絕對精神逐漸實現或顯現其自身的歷程。」⓮在這裏，賀麟採用黑格爾關於絕對精神自我實現、顯現的理念，來說明文化是精神的顯現，精神才是文化真正的體。對於文化來說，道或理只是抽象的本體，精神才是真實的主體。文化之所以是「價值物」而非「自然物」，就因為它是道或理通過人類精神活動的顯現。可見「文化之體不僅是道，亦不僅是心，而乃是心與道的契合，意識與真理打成一片的精神」。⓯

在闡明了精神才是文化真正的體之後，賀麟還探討了「不同部門文化」相互間的體用關係問題。他認為在表現精神價值方面，不同部門的文化是有差別的。例如哲學與科學都是真理的顯現，但哲學追求價值的真理，科學追求自然的真理；哲學研究關於宇宙人生之全體的真理，科學研究部分的真理；哲學尋求形而上的理則方面的真理，科學尋求形而下的事物方面的真理。因此雖說從絕對的體用觀來說，哲

⓭　賀麟：〈文化的體和用〉，載湯一介、杜維明主編：《百年中國哲學經典·三四十年代卷》，頁 297-298。

⓮　賀麟：〈文化的體和用〉，載湯一介、杜維明主編：《百年中國哲學經典·三四十年代卷》，頁 298。

⓯　賀麟：〈文化的體和用〉，載湯一介、杜維明主編：《百年中國哲學經典·三四十年代卷》，頁 298。

學與科學皆是精神之用，但是從相對的體用觀來說，則哲學為科學之體，科學為哲學之用。宗教與道德也是如此，二者都是「善」的價值的表現，但宗教所追求的是神聖之善，道德所追求的是人本之善；宗教以調整人與天的關係為目的，道德以調整人與人的關係為目的。在這種意義上，我們不能不說宗教為道德之體，道德為宗教之用。藝術與技術都是「美」的價值的表現，但藝術體現超實用的美的價值，技術則代表著實用的美的價值。藝術是美的精神生活的直接產物，而技術只是實用智慧的產物。因此我們只能說藝術是技術之體，技術是藝術之用。此外，文化中還包含著政治、法律、實業、經濟、軍事等部門，而它們「距真善美之純精神價值更遠」，是科學、道德、技術之用。它們以科學、道德、技術為體，而直接以自然物質為用。按照賀麟的見解，從相對的體用觀看來，政治、法律、經濟、軍事等乃是最低層次的體，原因就在於它們遠離真善美的「純精神價值」。這再次表明了賀麟關於「什麼是文化之體」的基本理念：文化是精神的產物，精神才是文化真正的體。

賀麟對「體用」範疇進行了專門的辨析，提出了「常識意義的體用」、「哲學意義的體用」、「絕對的體用觀」、「相對的體用觀」、「純範型」、「純物質」等概念，並且從道（理）、精神、文化、自然等不同的層面，深入地闡明了「精神才是文化真正的體」，這些都體現了他對文化哲學基本原理的著力探討。自洋務運動時期以來，文化的「體」與「用」已是國人所熟知的概念，但是在賀麟之前，還沒有人像他那樣從哲學的高度對這兩個概念及其相互關係作出如此深入、全面的辨析。這是賀麟對於現代新儒家文化哲學乃至中國現代文化哲學的一個重要理論貢獻。

二、文化批評的原則與我們對西方文化的態度

賀麟以他關於文化「體用」問題的理論為依據，提出了文化批評的原則；並進而依據這些原則，說明我們對西方文化應該採取什麼樣的態度。

(一)文化批評的原則

以下三條，是賀麟提出的「觀察文化，批評文化」的主要原則。

1.**體用不可分離。**

這個原則，是針對當時文化論爭中將「體用」分離的觀念，尤其是「中體西用」的觀念提出來的。賀麟認為，「蓋體用必然合一而不可分。凡用必包含其體，凡體必包含其用，無用即無體，無體即無用。沒有無用之體，亦沒有無體之用。」[21]從這種「體用合一關係」來看，所謂中國文化有體無用、西方文化有用無體的說法其實是不通之論。例如宋儒依據理學之「體」，注重人的道德修養，而宋儒的理學及其道德觀念對中國社會、政治、民族生活所產生的重大、深遠影響，便是其「用」，故不可謂其有體而無用。近代西方國家的物質文明乃是西方文化之「用」，但這種物質文明亦有其深厚的精神基礎，故不可謂其有用而無體。「所以無論事實上，理論上，體用都是不可分離的。」[22]體用分離之說乃是一種「孤立的武斷論」。

2.**體用不可顛倒。**

宗教、哲學、藝術等在西方文化中是體，決不會被介紹到中國之後便成為中國文化之用。科學、技術等在西方文化中是用，決不會由於受到中國實用主義者的推崇而居於中國文化之體的地位。持體用顛倒說的人認形而下之用為本體，認形而上之體為虛幻，結果是陷於「形而上學的割裂」。總之，「體是本質，用是表現。體是規範，用是材料。不能以用為體，不能以體為用。」[23]

3.**各部門文化有其有機統一性。**

文化雖然分為不同的部門，但由於它們都是同一個道或精神的顯現，因而彼此

---

[21]　賀麟：〈文化的體和用〉，載湯一介、杜維明主編：《百年中國哲學經典·三四十年代卷》，頁 299。

[22]　賀麟：〈文化的體和用〉，載湯一介、杜維明主編：《百年中國哲學經典·三四十年代卷》，頁 300。

[23]　賀麟：〈文化的體和用〉，載湯一介、杜維明主編：《百年中國哲學經典·三四十年代卷》，頁 300。

之間具有統一性、共通性。按照近代科學有機宇宙觀的說法，每個事物都是宇宙的縮影，每一事變都集宇宙過去一切事變的大成。文化也是如此。譬如近代基督教是近代西方文化的縮影，近代西方文化精神的一切特點在基督教中都有反映。同時，這些特點在近代西方科學中也有反映。因為近代西方科學和宗教不過是從不同的方面表現同一的近代西方文化精神。這表明，「一部門文化每每可以反映其他各部門的文化，反映整個的民族精神，集各種文化之大成。」㉔

不難看出，賀麟提出這三條文化批評的原則，意在強調文化是一個統一的整體，不僅文化的體與用不可分離，而且文化的不同部門之間也是相互貫通、有機統一的。可見這三條文化批評原則的核心和實質，是一種文化整體觀。賀麟用這樣的文化整體觀，否定那種認為可以將文化的體與用以及不同部門加以分割、取捨、組合的思想觀念。

(二)我們對西方文化應持的態度

在「五四」時期及其以後長時期的文化論爭中，對待西方文化應取何種態度是一個基本的問題。對於這個問題，賀麟從他的文化整體觀出發，提出了以下「三個指針」。

1.得其體用之全，見其集大成之處。

賀麟說，這一條是針對中國人研究西方文化的缺點而言的。人們對於一種文化必須「見其全體」、「得其整套」，才能對那種文化有深刻、徹底的了解。但國人對於西方文化總是偏於求其用而不求其體，留意於形下事物而不寄意於形上理則；或只知分而不知全，提倡此便反對彼。由此導致了兩個缺點：其一，學習西方的科學但缺乏哲學的見解和批評，所學的科學缺乏堅實、深厚的根基，不能形成獨創的學派和貫通的系統。其實，西方科學家多有超世俗形骸的精神寄託和宗教修養，求「用」而不求「體」者難以領略此種高潔的境界。因此，「研究、介紹、採取任何

㉔ 賀麟：〈文化的體和用〉，載湯一介、杜維明主編：《百年中國哲學經典・三四十年代卷》，頁300。

部門的西洋文化，須得其體用之全，須見其集大成之處。」㉕

　　賀麟聲明，他這樣說只是強調必須深刻徹底地了解西方文化，「並不是主張全盤西化」。當我們對西方文化「有了深刻徹底的了解後，不唯不致被動地受西化影響，學徒式的模仿，而且可以自覺地吸收、採用、融化、批評、創造。這樣既算不得西化，更不能說是全盤西化」。㉖就政治制度而論，按照全盤西化論者的主張，似乎要將西方的各種主義全盤搬到中國來，一一加以模仿，但其實我們應該對於西方各種政治理論「體與用之全套」給予深刻、徹底的了解，然後批評地創立適合我們民族生活、時代需要的政治方案。這種方案既基於對西方文化的透徹把握，也基於對民族精神的繼承、發揚。倘若要將西方文化中的一切全盤移植到中國來，將中國文化的一切加以西洋化，則既不可能，也不需要。而且假如全盤西化實現，中華民族將失掉其民族精神，中國文化將淪為異族文化的「奴僕」。

　　賀麟不僅反對「全盤西化」，而且還提出了「化西」的主張。他說如果中國人對西方文化有選擇的能力，對自己的民族文化有創造的能力，那末我們與西方文化接觸後，中國文化將愈益發展，民族精神將愈益發揚，這就不是「西洋化的中國」，而是「中國化外來的一切文化」。正如宋明理學是中國哲學與外來的佛學接觸很深很久的產物，但不能說是佛學化的中國哲學，而只能說是中國哲學將外來的佛教吸收融化、超越揚棄。「所以我根本反對被動的西洋化而贊成自動地自覺地吸收融化，超越揚棄西洋現在已有的文化。但須知這種工作，是建築在深刻徹底了解西洋各部門文化的整套的體用之全上面。」㉗這表明，賀麟提出對西方文化必須得其體用之全、見其集大成之處，是為了反對中國文化被動的「西化」而贊成主動的「化西」，主張吸收融化、超越揚棄西方文化。

㉕　賀麟：〈文化的體和用〉，載湯一介、杜維明主編：《百年中國哲學經典・三四十年代卷》，頁301。

㉖　賀麟：〈文化的體和用〉，載湯一介、杜維明主編：《百年中國哲學經典・三四十年代卷》，頁301。

㉗　賀麟：〈文化的體和用〉，載湯一介、杜維明主編：《百年中國哲學經典・三四十年代卷》，頁302。

2.「中學為體，西學為用」之說不可通。

對於洋務運動之後盛行的「中學為體，西學為用」之說，賀麟持否定態度。他說：

> 根據文化上體用合一的原則，便顯見得「中學為體，西學為用」的說法不可
> 通。因中學西學各自成一整套，各自有其體用，不可生吞活剝，割裂零售。
> 且因體用不可倒置，西學之體搬到中國來決不會變成用，中學之用，亦決不
> 能作西學之體。㉘

「中學為體，西學為用」在洋務運動時期，還被說成「道學為體，器學為用」，視中學為道學，西學為器學，賀麟認為這種說法也講不通。因為中學並非純道學、純精神文明，西學也並非純器學、純物質文明。西方的科學或器學，自有西方的形而上學或道學為之體。中國的舊道德、舊思想、舊哲學不能成為近代科學和物質文明之體，也不能以近代科學和物質文明為用。「中國的新物質文明須中國人自力去建設創造。而作這新物質文明之體的新精神文明，亦須中國人自力去平行地建設創造。這叫做以體充實體，以用補助用。使體用合一發展，使體用平行並進。」㉙對於當時一些以新酒舊瓶、舊酒新瓶之類的比喻來談中西文化體用關係的說法，賀麟指責其不甚切當、易滋誤會，因為文化的各個部門形成一種有機統一體，不像酒與酒瓶那樣是一種機械的湊合關係。

晚清時期，維新派思想家嚴復在其〈與外交報主人論教育書〉中就曾批評「中學為體，西學為用」，說：「體用者，即一物而言之也。有牛之體則有負重之用，有馬之體則有致遠之用，未聞以牛為體以馬為用者也。……故中學有中學之體用，西學有西學之體用，分之則並立，合之則兩亡。議者必欲合之而以為一物，且一體而一用，斯其文義違舛，固已名之不可言矣，烏望言之而可行乎！」譚嗣同在其

㉘　賀麟：〈文化的體和用〉，載湯一介、杜維明主編：《百年中國哲學經典・三四十年代卷》，頁302。

㉙　賀麟：〈文化的體和用〉，載湯一介、杜維明主編：《百年中國哲學經典・三四十年代卷》，頁303。

《仁學》中批評「中體西用」、「變器不變道」的說法時，說：「器既變，道安得不變？……且道非聖人所獨有也，尤非中國所獨有也，……彼外洋莫不有之。」可以看出，賀麟對「中體西用」說的批評與嚴復、譚嗣同等人是一脈相承的。但是賀麟在「破」的同時，還進一步從「立」的角度，明確地提出了中國新文化的體和用皆須「中國人自力去建設創造」的觀念。

3.以精神或理性為體，以古今中外的文化為用。

賀麟根據他所提出的精神為文化之體的原則，主張「以自由自主的精神或理性為主體，去吸收融化，超越揚棄那外來的文化和以往的文化。盡量取精用宏，含英咀華，不僅要承受中國文化的遺產，且須承受西洋文化的遺產，使之內在化，變成自己的活動的產業。」❸他說，那種持中國文化優越於西方文化觀念的人有「誇大狂的趨勢」，那種持西方文化優越於中國文化觀念的人則是「偏激」的。正確的做法是虛懷接受中國文化和西方文化兩方面的遺產，以充實我們的精神，擴充我們的理性，成就我們的有體有用之學。賀麟還據此對「中國文化本位論」提出了批評：

> 因此我們無法贊成「中國文化本位」的說法。因為文化乃人類的公產，為人人所取之不盡用之不竭的寶藏，不能以狹義的國家作本位，應該以道，以精神，或理性作本位。換言之，應該以文化之體作為文化的本位。不管時間之或古或今，不管地域之或中或西，只要一種文化能夠啟發我們的性靈，擴充我們的人格，發揚民族精神，就是我們所需要的文化。我們不需狹義的西洋文化，亦不要狹義的中國文化。我們需要文化的自身。我們需要真實無妄有體有用的活文化真文化。❸

在賀麟看來，任何民族文化的本位都不是某一個特定的國家，而是普通的、絕對的道或精神或理性（也就是黑格爾哲學中的「絕對理性」），這是一切民族文化之體。

---

❸　賀麟：〈文化的體和用〉，載湯一介、杜維明主編：《百年中國哲學經典·三四十年代卷》，頁 303。

❸　賀麟：〈文化的體和用〉，載湯一介、杜維明主編：《百年中國哲學經典·三四十年代卷》，頁 304。

對於中國民族文化的建設來說，以精神或理性為體而以古今中外的文化為用，才能
創造出有體有用的、適合時代需要的新文化。因此賀麟既不贊成「全盤西化」的說
法，反對盲目地一切照搬西方文化；也不贊成「中國文化本位」的說法，反對抱殘
守缺地固守中國舊文化。

三、民族文化的復興與儒家思想的新開展

賀麟關於文化的精神本體、文化批評的原則和我們對西方文化應取的態度的論
述，是為他復興民族文化的理想服務的。賀麟文化哲學思想的重心，就是他關於民
族文化的復興與儒家思想的新開展的理論。

(一)民族文化的復興就是儒家思想的復興

在〈儒家思想的新開展〉中，賀麟說：

> 中國當前的時代，是一個民族復興的時代。民族復興不僅是爭抗戰的勝利，
> 不僅是爭中華民族在國際政治中的自由、獨立和平等，民族復興本質上應該
> 是民族文化的復興。民族文化的復興，其主要的潮流、根本的成分就是儒家
> 思想的復興。假如儒家思想沒有新的前途、新的開展，則中華民族以及民族
> 文化也就沒有新的前途、新的開展。換言之，儒家思想的命運，是與民族的
> 前途命運、盛衰消長同一而不可分的。㉜

賀麟認為民族文化的命運與儒家思想的命運就是這樣完全一致的。近代以來中
華民族的危機從根本上說是民族文化的危機，而民族文化的危機從根本上說則是儒
家思想的危機。儒家思想在「五四」新文化運動中遭到青年們的激烈反對，但實際
上「儒家思想的消沉、僵化、無生氣，失掉孔孟的真精神和應付新文化需要的無
能，卻早腐蝕在五四運動以前。儒家思想在中國文化生活上失掉了自主權，喪失了

㉜ 賀麟：〈儒家思想的新開展〉，載《文化與人生》，頁 4-5。

新生命，才是中華民族的最大危機」。❸值得指出的是，被世人視為給予儒家思想沉重打擊的兩件大事——「五四」新文化運動對於儒家思想的猛烈批判和西方文化的大規模輸入——卻被賀麟視為促進儒家思想新發展的「轉機」和「動力」。他的這種見解是比較獨特的，也是頗為深刻的。

「五四時代的新文化運動，可以說是促進儒家思想新發展的一個大轉折。」❸從表面上看，新文化運動是一個要打倒孔家店、推翻儒家思想的大運動，但實際上它促進儒家思想新發展的功績遠遠超過了前一時期曾國藩、張之洞等人對儒家思想的提倡。他們的提倡只不過是舊儒家思想的回光返照，而新文化運動「破壞和掃除儒家的僵化部分的軀殼的形式末節，及束縛個性的傳統腐化部分。它並沒有打倒孔孟的真精神、真意思、真學術，反而因其洗刷掃除的工夫，使得孔孟程朱的真面目更是顯露出來。」❸胡適曾宣稱他們打倒孔家店的戰略一是「解除傳統道德的束縛」，二是「提倡一切非儒家的思想，亦即提倡諸子之學」。但推翻傳統的舊道德其實是為建設新儒家的新道德做準備，而提倡諸子之學，用諸子來發揮孔孟，適可以形成新的儒家思想。在賀麟看來，「五四」新文化運動對於儒家思想的激烈批判乃是一種「洗刷掃除的工夫」，它否定了傳統的舊儒家思想中的僵化部分、腐化部分，反而使孔孟的真精神彰顯出來。

「西洋文化學術大規模的無選擇的輸入，又是使儒家思想得到新發展的一大動力。」❸從表面上看，西方文化的輸入必將代替儒家、推翻儒家，但正如歷史上印度文化（佛教文化）的輸入曾引起一個新儒家運動一樣，西方文化的輸入無疑也將大大促進儒家思想的新開展。對於儒家思想來說，西方文化的輸入是「一個生死存亡的大考驗，大關頭」。如果儒家思想能夠把握、吸收、融會、轉化西方文化，以之充實自身、發展自身，儒家思想就能生存、復活，而且會有新的發展。當然如果做不到這一點，儒家思想就會消亡、沉淪，永不得翻身。

賀麟認為儒家思想的新開展，乃至中華民族文化的復興，關鍵在於「儒化」、

❸　賀麟：〈儒家思想的新開展〉，載《文化與人生》，頁5。
❸　賀麟：〈儒家思想的新開展〉，載《文化與人生》，頁5。
❸　賀麟：〈儒家思想的新開展〉，載《文化與人生》，頁5。
❸　賀麟：〈儒家思想的新開展〉，載《文化與人生》，頁6。

「華化」西方文化。他說：

> 所以儒家思想是否能夠有新開展的問題，就成為儒家思想是否能夠翻身、能
> 夠復興的問題，也就是中國文化能否翻身、能否復興的問題。儒家思想之能
> 否復興的問題，亦即儒化西洋文化是否可能，以儒家思想為體、以西洋文化
> 為用是否可能的問題。中國文化能否復興的問題，亦即華化、中國化西洋文
> 化是否可能，以民族精神為體，以西洋文化為用是否可能的問題。
>
> ……
>
> 這個問題的關鍵，在於中國人是否能夠真正徹底、原原本本地了解並把握西
> 洋文化。因為認識就是超越，理解就是征服。真正認識了西洋文化便能超越
> 西洋文化。能夠理解西洋文化，自能吸收、轉化、利用、陶鎔西洋文化。儒
> 家思想的新開展，不是建立在排斥西洋文化上面，而是建立在徹底把握西洋
> 文化上面。儒家思想的新開展，是在西洋文化大規模的輸入後，尋求一自主
> 的文化，文化的自主，也就是要求收復文化上的失地，爭取文化上的獨立與
> 自主。❸❼

　　賀麟在此反覆強調的是在堅持獨立自主的民族文化的前提下，在真正理解、把
握西方文化的基礎上，「儒化」、「華化」西方文化，吸納、融會西方思想的長處
以形成新的儒家思想，以推動民族文化的復興。「儒化西洋文化，華化西洋文化」
不僅是可能的，而且是必須的。倘若我中華民族不能以儒家思想或民族精神為主體
去儒化或華化西洋文化，我們將失去民族文化的自主權，而淪為文化上的殖民地。
　　簡言之，賀麟認為民族文化的復興就是儒家思想的復興，亦即儒家思想的新開
展；「五四」新文化運動和西方文化的輸入是儒家思想新開展的轉機和動力，「皆
足以促進儒家思想的新開展」；問題的關鍵在於國人必須「儒化」、「華化」西方
文化，吸納、融會其長處為我所用。至於賀麟認為應該如何「儒化」、「華化」西
方文化，則是本節的下一個問題。

---

❸❼　賀麟：〈儒家思想的新開展〉，載《文化與人生》，頁 6-7。

(二)儒家思想新開展的途徑

「不用說，欲求儒家思想的新開展，在於融會吸收西洋文化的精華與長處。」❸賀麟說，由於西方文化的特殊貢獻在科學（自然科學）方面，便有人「附會科學原則以發揮儒家思想」，曲解孔孟學說。例如有人根據優生學的道理認為儒家主張早婚是合於科學的；有人憑藉心理學的事實證明納妾制度有心理學根據；有人依據經濟學論證封建大家庭符合經濟學原理；還有人運用物理學、化學概念解釋《周易》的太極陰陽之說。「諸如此類假借自然科學以為儒家辯護的辦法，結果會陷於非科學、非儒學，這都是與新儒家思想的真正發展無關的。」❸這種附會自然科學理論以解釋儒家思想的做法，當然與當時「科學主義」思潮的影響密切相關。

賀麟提出，儒家思想包括著三個方面：有理學以格物窮理，尋求智慧；有禮教以磨煉意志，規範行為；有詩教以陶冶性靈，美化生活。因此，儒家思想的新開展也應該循著這三個方面進行：

第一，「以西洋的哲學發揮儒家的理學」，❹亦即「哲學化」。

賀麟說儒家的理學是中國的正宗哲學，現在需要以西方的正宗哲學來發揮中國的正宗哲學。「東聖西聖，心同理同」，蘇格拉底、柏拉圖、亞里士多德、康德、黑格爾的哲學與中國孔孟、老莊、程朱、陸王的哲學會合貫通，能夠產生發揚民族精神的新哲學，使儒家哲學內容更豐富、體系更嚴謹、條理更清楚，不僅可以作為道德的可能的理論基礎，而且可以奠定科學的可能的理論基礎。

第二，「吸收基督教的精華以充實儒家的禮教」，❹亦即「宗教化」。

在賀麟看來，儒家的禮教也是富於宗教精神的，但禮教畢竟以人倫道德為中心。「宗教（引者按：此處指基督教）則為道德之注以熱情、鼓以勇氣者」，❹它具有精誠信仰、堅貞不二的精神，博愛慈悲、服務人類的精神，襟懷廣大、超脫塵世的

---

❸　賀麟：〈儒家思想的新開展〉，載《文化與人生》，頁7。
❸　賀麟：〈儒家思想的新開展〉，載《文化與人生》，頁8。
❹　賀麟：〈儒家思想的新開展〉，載《文化與人生》，頁8。
❹　賀麟：〈儒家思想的新開展〉，載《文化與人生》，頁8。
❹　賀麟：〈儒家思想的新開展〉，載《文化與人生》，頁8。

精神。基督教文明是西方文明的骨幹，它「深刻而周致」地支配著西方人的精神生活。若非宗教的知「天」與科學的知「物」相結合，若非宗教精神為體、物質文明為用，就不會產生如此偉大燦爛的近代西方文化。倘若中國人不能接受基督教的精華而去其糟粕，則不會有強有力的新儒家思想產生出來。

第三，「領略西洋的藝術以發揚儒家的詩教」，❹亦即「藝術化」。

賀麟認為儒家特別注重詩教和樂教，但由於樂經佚失，樂教中衰，詩教亦式微。對其他藝術，儒家殊少注重和發揚，以致幾為道家所獨佔。因此須領略西洋的藝術以發揚儒家的詩教，「今後新儒家的興起，與新詩教、新樂教、新藝術的興起，應該是聯合並進而不可分離的。」❹

上述理學、禮教、詩教三個方面，對於儒家是非常重要的。但是有許多人根據「文人無行」、「玩物喪志」等語，便認為儒家輕蔑藝術；或只從表面去理解孔子的「敬鬼神而遠之」、「未知生，焉知死」、「未能事人，焉能事鬼」等語的意義，便否認孔子有宗教思想和宗教精神；或誤解「性與天道不可得而聞」一語，便認為孔子不探究哲學。這都是「企圖將儒家思想偏狹化，淺薄化，孤陋化」，不僅失去了儒家的真精神，使儒家思想貧乏狹隘，而且將使儒家思想無法吸收西方的藝術、宗教、哲學以充實自身，無法應付現代社會的新文化局勢。

「儒家是合詩教、禮教、理學三者為一體的學養，也即藝術、宗教、哲學三者的諧和體。因此，新儒家思想的開展，大約將循藝術化、宗教化、哲學化的途徑邁進。」❹賀麟以「仁」為例，說明儒家思想「可以從藝術化、宗教化、哲學化三方面加以發揮，而得新的開展」。❹作為儒家思想核心觀念的「仁」，從藝術方面來看它是溫柔敦厚的詩教。「仁」是詩三百篇之宗旨，所謂「思無邪」是也，它是純愛真情，天真純樸之情，自然流露之情，一往情深、人我合一之情。從宗教方面來看，「仁」是救世濟物、民胞物與的宗教熱誠。《約翰福音》有「上帝即是愛」之語，質言之，可以說：「上帝即是仁」。儒家的「求仁」不僅是待人接物的道德修

❹　賀麟：〈儒家思想的新開展〉，載《文化與人生》，頁9。
❹　賀麟：〈儒家思想的新開展〉，載《文化與人生》，頁9。
❹　賀麟：〈儒家思想的新開展〉，載《文化與人生》，頁9。
❹　賀麟：〈儒家思想的新開展〉，載《文化與人生》，頁10。

養，而且是知天事天的宗教工夫。儒家以「仁」為「天德」，基督教則以至仁或無上的愛為上帝的本性，足見「仁」的宗教意義是可以大加發揮的。從哲學方面來看，「仁」乃仁體，它是天地之心，是天地生生不已的生機，是自然萬物的本性。哲學上則有仁的宇宙觀，仁的本體論。離仁而言本體，離仁而言宇宙，不是陷於「死氣沉沉的機械論」，就是流於「漆黑一團的虛無論」。

賀麟還舉「誠」為例，說：「誠亦是儒家詩教、禮教、理學中的基本概念，亦可以從藝術、宗教、哲學三方面加以發揮之」，**❹**並作出了具體的闡釋，此處略而不述。**❹**總之，融會、吸收西方文化的精華和長處，通過宗教化、哲學化、藝術化的途徑加以發揮，便可以實現儒家思想的新開展。賀麟說：

> 今後儒家思想的新開展，大抵必向此方向努力，可以斷言也。儒家思想循藝術化、宗教化、哲學化的方向開展，則狹義的人倫道德方面的思想，均可擴充提高而深刻化。從藝術的陶養中去求具體美化的道德，所謂興於詩，游於藝，成於樂是也。從宗教的精誠信仰中去充實道德實踐的勇氣和力量，由知人進而知天，由希賢、希聖進而希天，亦即是由道德進而為宗教，由宗教以充實道德。在哲學的探討中，以為道德行為奠定理論基礎，即所謂由學問思辨而篤行，由格物致知而誠正、修齊是也。而且經過藝術化、宗教化、哲學化的新儒家思想不惟可以減少狹義道德意義的束縛，且反可以提高科學興趣，而奠定新科學思想的精神基礎。**❹**

這段概括性的闡釋表明，儒家思想朝著哲學化、宗教化、藝術化的方向開展，其意義歸根結蒂在於使儒家「狹義的人倫道德方面的思想」能夠「擴充提高而深刻化」。賀麟認為，儒家思想最主要的缺陷便是「狹義道德意義的束縛」，而融會、吸收西方文化的精華與長處，通過哲學化、宗教化、藝術化的途徑，則可以使儒家

---

❹ 賀麟：〈儒家思想的新開展〉，載《文化與人生》，頁10。

❹ 讀者可參閱《文化與人生》，頁10。

❹ 賀麟：〈儒家思想的新開展〉，載《文化與人生》，頁11。

思想克服此缺陷而獲得新開展。在賀麟看來，這便是儒家思想的新開展在「文化學術方面」所必須採取的途徑。

除了文化學術這個最主要的方面，賀麟還從「生活修養」和「作事態度」方面說明了新儒家思想應有的表現。

在生活的修養方面，中國人應該養成「儒者氣象」。

「就生活修養而言，則新儒家思想目的在於使每個中國人都具有典型的中國人氣味，都能代表一點純粹的中國文化，也就是希望每個人都有一點儒者氣象。」❺⓪在賀麟看來，「典型的中國人氣味」就是「儒者氣象」。至於何謂「儒者」，他說很難下確切的定義，「最概括簡單地說，凡有學問技能而又具有道德修養的人，即是儒者。儒者就是品學兼優的人。」❺①賀麟心目中的「儒者」並不限於知識分子，而是包括了「儒醫」、「儒農」、「儒工」、「儒商」等在內。他說工商化的社會需要大量的「儒商」、「儒工」作為柱石，因此希望今後新社會中的工人、商人皆成為品學兼優之士。但賀麟提出，儒者固需品學兼優，而由於資質的限制，無才能、無知識而卓有品德的人也可以謂為儒者。至於那些有學無品、有才無品，只有知識技能而無道德，甚至憑藉知識技能而作惡者，則不僅不可稱為儒者，而且正是儒家所深惡痛絕之人。關於「儒者氣象」，賀麟說：「凡具有詩禮風度者，皆可謂之有儒者氣象。」❺②倘若趣味低下、志在名利肉欲、不知美的欣賞，是缺乏詩意；粗暴魯莽、擾亂秩序、內無和悅的心情、外無整齊的品節，則是缺乏禮意。

賀麟說，辜鴻銘曾以詩禮二字抨擊近代西方文明，認為其工商業的發展、君主的推翻、民主政治的建立均是日趨於「醜俗暴亂」，無詩之美，無禮之和。印度詩人泰戈爾來中國時，也痛斥上海為「醜俗之大魔」，因為上海是工業化的東方大都市，充斥了流氓、市儈、買辦以及一切殖民地城市的罪惡，不僅無東方文化靜穆純樸之詩味，亦絕無儒家詩教禮教之遺風，泰戈爾的指責實不為無因。但辜鴻銘指責近代西方工商業文明的民主政治，卻陷於偏見和成見。他只知道「中古貴族式的詩

---

❺⓪　賀麟：〈儒家思想的新開展〉，載《文化與人生》，頁11。
❺①　賀麟：〈儒家思想的新開展〉，載《文化與人生》，頁11。
❺②　賀麟：〈儒家思想的新開展〉，載《文化與人生》，頁12。

禮」，而不知道「近代民主化的詩禮」。其實近代英美民主政治的實施莫不有禮有序，其居民的生活可謂相當美化而富於詩意。如果說工商化、民主化的近代社會便缺乏詩禮意味，無有儒者氣象，那就是把儒家的詩教和禮教看得太呆板、狹隘了。由此可見，賀麟所主張的每個中國人都應該養成的儒者氣象，乃是「近代民主化的」儒者氣象。這種工商化、民主化的儒者氣象的培養，是他提出的「儒家思想的新開展」的題中應有之義。

　　在作事態度方面，中國人應該持「儒家的態度」。

　　「就作事的態度言，每作一事，皆須求其合理性、合時代、合人情，即可謂為儒家的態度。」❸賀麟說儒家思想的新開展基於學者對於時代問題，包括政治、社會、文化、學術各方面的問題，都能站在儒家的立場，予以「合理、合情、合時的新解答」。譬如就法治問題而言，有所謂法家的法治和儒家的法治。前者即申韓式的法治，由政府或統治者頒佈苛虐的法令，屬行嚴刑峻法，它是刻薄寡恩、急功近利、無情無義的，因而不足以謀國家的長治久安和人民的真正幸福。儒家的法治即諸葛亮式的法制，它是法治與禮治、法律與道德、法律與人情相輔而行、兼顧共包的。法律是實現道德的工具，是人的自由本性的發揮，而不是違反道德、桎梏自由的。西方古代柏拉圖、近代黑格爾所提倡的法治，以及現代民主政治中的法治，都是與儒家精神相近而與申韓式的法家精神相遠的。因此那種以為儒家反對法治，提倡法治即須反對儒家的說法，是不知儒家思想真精神、真意義的說法。中國要走上法治國家的大道，就「在於得到西洋正宗哲學家法治思想的真意，而發揮出儒家思想的法治」。❹在賀麟看來，用西方的法治思想來充實、發揮儒家的法治思想，是解決中國法治問題的正確途徑。他說「諸葛亮式的法治」（即儒家的法治）是基於道德的法治，孔明揮淚斬馬謖並妥善料理馬謖後事，表明諸葛亮對於軍中法令和朋友情誼能夠雙方顧全，而與殘酷不近人情的申韓式法治迥然不同。❺這種儒家式的法治只要能夠吸取西方民主政治的法治精神，就是「合理性、合人情、合時代」的新

---

❸　賀麟：〈儒家思想的新開展〉，載《文化與人生》，頁12。
❹　賀麟：〈儒家思想的新開展〉，載《文化與人生》，頁14。
❺　參閱〈法治的類型〉，載《文化與人生》，頁46-48。

法治。

此外，賀麟還就「民主問題」、「男女問題」進行了探討，說明如何站在儒家的立場，對各方面的問題給予「合理、合情、合時的新解答」。他認為：「只要能對儒家思想加以善意同情的理解，得其真精神與真意義所在，許多現代生活上、政治上、文化上的重要問題，均不難得到合理、合情、合時的解答。」❺❻這就是賀麟所主張的中國人作事時應持的「儒家的態度」。他認為，這同樣是「儒家思想的新開展」的題中應有之義。

我們從以上闡述可以看出，賀麟對於「儒者氣象」和「儒家態度」的理解並不是固守傳統的儒家思想，而是立足於現代社會，賦予新的思想內容。他所提倡的「儒者氣象」是「近代民主化的」詩禮風度，他所提倡的「儒家態度」是對於各方面問題給予合理、合情、合時的「新解答」。這也表明，賀麟所致力推動的儒學復興運動（或曰新儒學運動），確實是儒家思想的一種「新」開展。

賀麟認為，只要在「文化學術方面」以及「生活的修養」、「作事的態度」方面遵循著以上途徑去努力，儒家思想的新開展和中國文化的復興就是完全可以期待的。他說：

> 須將儒家思想認作不斷生長發展的有機體，而非呆板機械的死教條。如是我們可以相信，中國許多問題，必達到契合儒家精神的解決，方稱得達到至中至正、最合理而無流弊的解決。如果無論政治、社會、文化、學術上各項問題的解決，都能契合儒家精神，都能代表中國人的真意思、真態度，同時又能善於吸收西洋文化的精華，從哲學、科學、宗教、道德、藝術、技術各方面加以發揚和改進，我們相信，儒家思想的前途是光明的，中國文化的前途也是光明的。❺❼

在此，賀麟突出地強調了兩點，一是要將儒家思想認作不斷生長、發展的有機

---

❺❻ 賀麟：〈儒家思想的新開展〉，載《文化與人生》，頁 17。
❺❼ 賀麟：〈儒家思想的新開展〉，載《文化與人生》，頁 17。

體，二是要善於吸收西洋文化的精華。這兩點，也正是貫穿賀麟關於儒家思想新開
展的論述中的兩個基本觀念。

四、儒家傳統道德觀念的價值與新道德的建設

在中國文化中，道德佔有極為重要的位置。賀麟的文化哲學思想對於中國文化
中的道德問題也給予了專門的關注。

賀麟的〈儒家思想的新開展〉一文由於被視為現代新儒家的前期思想綱領，而
倍受論者關注。但賀麟本人似乎更加注重對於道德問題的研究，他撰寫了〈經濟與
道德〉、〈物質建設與思想道德現代化〉、〈五倫觀念的新檢討〉、〈戰爭與道
德〉等文專門討論道德問題（這些文章基本上都撰寫、發表於抗戰時期）。此外他還在其
他著述中經常論及道德問題。他省察了中國傳統的道德觀念，並且提出了關於新道
德建設的見解。

(一)儒家傳統道德觀念的省察

賀麟認為，對於傳統的道德觀念必須進行「批評的考察，反省的檢討，重新的
估價」。為此，他著重對五倫觀念作出了新檢討。此外他在評論宋儒時，對程頤的
「餓死事小，失節事大」的道德觀念提出了新評價。

1.五倫觀念的新檢討

賀麟說：「五倫的觀念是幾千年來支配了我們中國人的道德生活的最有力量的
傳統觀念之一。它是我們禮教的核心，它是維繫中華民族的群體的綱紀。我們要從
檢討這舊的傳統觀念裏，去發現最新的近代精神。從舊的裏面去發現新的，這就叫
推陳出新。」❺❽這表明了賀麟對於五倫觀念在中國人的道德生活中的重要性的認
識，同時也表明了他對五倫觀念進行批評的省察目的在於「推陳出新」。

在對五倫觀念進行批評時，賀麟提出了下列原則：第一，根據其本質加以批
評，而不能從表面或枝葉立論。不必說五倫觀念是吃人的禮教，因為吃人的東西多

---

❺❽ 賀麟：〈五倫觀念的新檢討〉，載《文化與人生》，頁51。

著呢！自由平等觀念、許多宗教上的信仰和政治上的主義何嘗不吃人？第二，不能從實用的觀念加以批評。不把中國的衰亡、落後歸罪於五倫觀念，因而反對之；也不把民族的興盛、發展歸功於五倫觀念，因而贊成之。第三，不能因為實現五倫的方法不好，便謂五倫觀念本身不好，即不能因噎廢食。實現五倫觀念的方法和許多禮節儀文存在著弊端，但我們不可「因末流之弊而廢棄本源」。第四，不能以經濟狀況、生產方式的改變，作為推翻五倫說的依據。因為即使在產業革命、近代工業化的社會，臣更忠、子更孝、妻更貞的情況——這都是符合五倫觀念的——在理論上和事實上都是很可能的。賀麟說，在對五倫觀念進行批評時如果不遵循這四條原則，則「既不能推翻五倫觀念，又無補於五倫觀念的修正與發揮」。❺⑨

依據這些原則，賀麟對五倫觀念「從本質上加以考察」，認為五倫觀念包含著以下四層要義：

⑴五個人倫或五種人與人之間的關係的意思。

「這就是說，中國的五倫觀念特別注重人及人與人的關係。」❻⓪從天、人、物三界來說，五倫觀念特別注重人，而不注重天（神）和物（自然）；特別注重人與人的關係，而不十分注重人與神和人與自然的關係。注重神，產生宗教。注重物理的自然，產生科學。注重審美的自然，產生藝術。注重人及人與人的關係，則產生道德。因此五倫觀念特別注重道德價值，而不太注重宗教、科學、藝術的價值。希臘精神對物理的和審美的自然都注重，所以希臘是科學和藝術的發源地。希伯來精神注重神，即注重宗教價值。中國的儒家注重人倫，形成偏重道德生活的禮教，所以與希臘精神、希伯來精神皆有不同之處。

那麼，我們介紹西方文化，提倡科學精神和宗教精神，是否就必須反對注重人倫道德的五倫觀念？賀麟認為「其實也不盡然」。西方文藝復興之後有了「人」的發現，而且在十七、十八世紀人本主義思想盛行，足見他們也還是注重人以及人與人的關係了。而中國的人倫觀念也受過老莊思想的「自然化」和佛家思想的「宗教化」影響，與西方的科學精神和宗教精神並非格格不入。「所以依我們看來，我們

---

❺⑨ 賀麟：〈五倫觀念的新檢討〉，載《文化與人生》，頁52。
❻⓪ 賀麟：〈五倫觀念的新檢討〉，載《文化與人生》，頁52。

仍不妨循著注重人倫和道德價值的方向邁進，但不要忽略了宗教價值，科學價值，而偏重狹義的道德價值，不要忽略了天（神）和物（自然）而偏重狹義的人。認真依照著『欲知人不可以不知天』（《中庸》）和『欲修身不可以不格物』（《大學》）的教訓，便可以充實發揮五倫說中注重人倫的一層意思了。」❻賀麟充分肯定五倫觀念所注重的道德價值，同時他認為要充實、發揮科學價值和宗教價值。

(2)五常的意思。

「五倫觀念認為人倫乃是常道，人與人之間這五種關係，乃是人生正常永久的關係（按：五常有兩種意義，一指仁義禮智信之五常德，一指君臣，父子，夫婦，兄弟，朋友之五常倫，此處係取第二種意義）。」❻以五倫觀念為中心的禮教認為這五種人與人之間的關係是不能逃避、不應逃避的。人不應規避政治的責任，放棄君臣一倫；不應脫離社會，不盡對朋友的義務；不應拋棄家庭，不盡父子，夫婦，兄弟之道。總之，五倫觀念反對人脫離家庭、社會、國家的生活，反對人出世。這種注重社會團體生活，反對枯寂遁世的生活，注重家庭、朋友、君臣之間的正常關係的主張，也是發展人性、穩定社會的健康思想，有其道德上、政治上的意義。「不過這種偏重五常倫的思想一經信條化、制度化，發生強制的作用，便損害個人的自由與獨立。而且把這五常的關係看得太狹隘了，太僵死了，太機械了。」❻長時期以來，五常思想在中國社會被信條化、制度化，強制人們遵循，無疑是一種弊端。因此我們應該「減少五常倫說之權威性（引者按：此處指強制性）、偏狹性，而力求開明自由方面著手」，對五常思想進行修正與發揮。

(3)等差之愛的意義。

「五倫觀念中實包含有等差之愛的意義在內。」❻所謂等差之愛，即儒家所說的差等之愛，亦即有差別的愛。賀麟說，愛有差等乃是普通的心理事實，也是很自然的、正常的情緒。儒家認為人應履行等差之愛，無非是說我們愛他人要愛得近人情，讓自己的愛的情緒順著自然發洩。因此儒家對人的態度大都很合理，很近人

---

❻　賀麟：〈五倫觀念的新檢討〉，載《文化與人生》，頁53。
❻　賀麟：〈五倫觀念的新檢討〉，載《文化與人生》，頁53。
❻　賀麟：〈五倫觀念的新檢討〉，載《文化與人生》，頁54。
❻　賀麟：〈五倫觀念的新檢討〉，載《文化與人生》，頁54。

情，很平正，而不流於狂誕。提倡等差之愛，並不是不普愛眾人，不過是注重一個「推」字，要推己及人，所謂「老吾老以及人之老，幼吾幼以及人之幼」。這些看法，都表明了賀麟對於「等差之愛」觀念的贊成。

不過，賀麟仍然對於「等差之愛」觀念提出了兩條「重要的補充」：

「第一就等差之愛之為自然的心理情緒言，實有三種不同的決定等差之愛的標準。」❻❺一是以親屬關係為標準，這是儒家所提出的維繫五倫的說法。一是以外物為標準，外物對於人的「引誘力」有大小，其本身的價值亦有高下，人們愛物的情緒也隨之有差等。三是以知識或精神的契合程度為標準，一個人對於有深切了解的對象其愛深，對於僅有浮泛了解的對象其愛淺。人與人之間相知愈深，精神上愈相契合，則其相愛愈深，反之，則愈淺。後兩種等差之愛同樣是值得注意、不可忽略的事實，而且可以用來補充、校正僅僅重視親屬關係的等差之愛。偏重親屬關係的等差之愛失之狹隘，為宗法觀念所束縛，不能領會真正的精神之愛。

「第二條須得補充的地方，就是普愛說，或愛仇敵之說。」❻❻所謂普愛就是視仁愛之心如同溫煦的陽光，以仁心普愛一切，猶如日光之普照，春風之普被，春雨之普潤，打破基於世間地位的小己的人我之別，親疏之分。這種普愛一方面可以扶助善人、鼓舞善人，另一方面可以感化惡人於無形。

普愛觀念最極端的表現，乃是耶穌的「無敵惡」、「愛仇敵」的教訓。這種「愛仇敵」之教完全不是從政治、軍事或狹義的道德立場說的。從政治、軍事、道德立場說，應該忠愛祖國，應該報國難家仇，與敵人殊死戰鬥。「凡彼持愛仇敵之教的人，大都是站在宗教的精神修養的觀點來說。因為最偉大的征服是精神的征服，而真正的最後的勝利（《易經》上叫做『貞勝』）必是精神的勝利。惟有具有愛仇敵的襟懷的人方能取得精神的征服或貞勝。」❻❼所以包括「愛仇敵」在內的普愛，看來不是可望一般人實行的道德命令，而是集義集德所達到的一種精神境界。平實地從等差之愛著手，推廣擴充，如同孟子所說的，善推其等差之愛，便是普愛或至

---

❻❺ 賀麟：〈五倫觀念的新檢討〉，載《文化與人生》，頁55。
❻❻ 賀麟：〈五倫觀念的新檢討〉，載《文化與人生》，頁55。
❻❼ 賀麟：〈五倫觀念的新檢討〉，載《文化與人生》，頁56。

少距普愛的理想不遠了。

　　(4)五倫觀念最高、最後、最基本的意義──三綱說。

　　「五倫觀念的最基本意義為三綱說，五倫觀念的最高最後的發展，也是三綱說。而且五倫觀念在中國禮教中權威之大，影響之大，支配道德生活之普遍與深刻，亦以三綱說為最。三綱說實為五倫觀念的核心。」**❻⑧**五倫說只是一種倫理學說，沒有權威性和束縛性。儒家本來是與諸子爭鳴的一個學派，儒家學說被崇奉為中國人獨尊的禮教，應起源於三綱說正式成立之時。三綱的明文，初見於漢代的《春秋繁露》和《白虎通義》等書，足見三綱說成立於兩漢時期，而儒教正式成為中國的禮教也起源於西漢。中國真正成為大一統的國家是自西漢開始的，那時由於需要一個「偉大的有組織的倫理系統」，五倫觀念便被「發揮為更嚴密更有力量的三綱說」和「以三綱說為核心的禮教」，儒教便這樣應運而生了。這充分表明了三綱說在歷史上的重要地位。

　　賀麟說，站在自由解放的思想運動的立場攻擊三綱說，批評其束縛個性、阻礙進步、不合理、不合時代需要等等，都是很自然的事，「但是要用哲學的觀念，站在客觀的文化思想史的立場，去說明三綱說發生的必然性及其真意義所在，就比較困難了。」**❻⑨**而他所要做的，正是「說明三綱說發生的必然性及其真意義所在」的工作。

　　賀麟分以下兩層來說明「五倫說進展為三綱說的邏輯的必然性」。

　　第一，「由五倫的相對關係，進展為三綱的絕對的關係。由五倫的交互之愛、等差之愛，進展為三綱的絕對之愛、片面之愛。」**❼⓪**

　　五倫的關係是相對的。君君，臣臣，父父，子子，夫夫，婦婦。假如君不盡君道，則臣自然就會不盡臣道，也應該不盡臣道。父子、夫妻關係也是如此。這樣一來，只要社會上常有不君之君、不父之父、不夫之夫，則臣弒君、子不孝父、婦不盡婦道之事，在事實上和理論上皆應可以發生。因為這些人倫關係都是相對的、無

---

❻⑧　賀麟：〈五倫觀念的新檢討〉，載《文化與人生》，頁 57。

❻⑨　賀麟：〈五倫觀念的新檢討〉，載《文化與人生》，頁 58。

❼⓪　賀麟：〈五倫觀念的新檢討〉，載《文化與人生》，頁 58。

常的。如此則人倫的關係和社會的基礎仍不穩定，變亂隨時可能發生。三綱說要補救相對關係的不安定，因而要求關係者一方絕對遵守其位分，實行單方面的愛，履行單方面的義務。三綱說的本質在於要求君不君，臣不可以不臣；父不父，子不可以不子；夫不夫，婦不可以不婦。也就是要求臣、子、婦盡單方面的忠、孝、貞的絕對義務，以免陷入相對的循環報復。

第二，「由五倫進展為三綱包含有由五常之倫進展為五常之德的過程。」**⓫**

五常倫之說想維持人與人之間的長久關係，但由於人有生死離合，而且人的品行不齊，事實上的常久關係是不易且不能維持的。因此，人與人之間只能維持理想上的長久關係，而五常之德就是維持理想上的長久關係的規範。不論對方的生死離合，不管對方的智愚賢不肖，我總是絕對守我自己的位分，履行我自己的常法，盡我自己應盡的單方面的義務。不隨環境而改變，不以對方為轉移，以奠定維持人倫的基礎，穩定社會的綱常，這就是三綱說所提出來的絕對的要求。所以自從三綱說興起之後，五常作為「五常倫」之意逐漸被取消，作為「五常德」之意則逐漸通行。「常德」就是行為所止的極限，就是柏拉圖的理念或範型，也就是康德所謂人應不顧一切經驗中的偶然情況，絕對加以遵守奉行的道德律或無上的命令。

「先秦的五倫說注重人對人的關係，而西漢的三綱說則將人對人的關係轉變為人對理、人對位分、人對常德的單方面的絕對的關係。故三綱說當然比五倫說來得深刻而有力量。」**⓬**譬如「君為臣綱」是說君這個共相、君之理乃是為臣這個職位的綱紀；君不仁臣不可以不忠，是說為臣者須尊重君之理、君之名，亦即忠於事、忠於自己的職分的意思。這裏說的完全是對名分和理念的盡忠，不是作暴君個人的奴隸。「唯有人都能在其位分內，單方面地盡他自己絕對的義務，才可以維持社會人群的綱常。……這就是三綱說的真義所在。因為三綱說具有如此深刻的意義，所以才能發揮如此大的效果和力量。所以就效果來講，我們可以說由五倫到三綱，即是由自然的人世間的道德進展為神聖不可侵犯的有宗教意味的禮教。由一學派的學

⓫ 賀麟：〈五倫觀念的新檢討〉，載《文化與人生》，頁59。
⓬ 賀麟：〈五倫觀念的新檢討〉，載《文化與人生》，頁60。

說，進展為規範全國全民族的共同信條。」❼在賀麟看來，「五常之倫」進展為
「五常之德」，「五倫說」進展為「三綱說」，對於維護中國社會人群的綱常發揮
了十分重要的作用。不過，他承認三綱說作為禮教的信條，也曾「桎梏人心，束縛
個性，妨礙進步，達數千年之久」。❼但是他認為這怪不得三綱說本身，因為它是
五倫觀念的必然發展，曾盡了它的歷史使命。因此，「現在已不是消極地破壞攻擊
三綱說的死軀殼的時候，而是積極地把握住三綱說的真義，加以新的解釋與發揮，
以建設新的行為規範與準則的時期了。」❼這表明，賀麟並不認為三綱說可以直接
用於現代社會，他看到其不合時宜之處，因而主張建立新的行為規範與準則。為此
他提出：必須真正認識「為禮教的桎梏、權威的強制所掩蔽」的「三綱說的真精
神」，而加以新的解釋與發揮。這正是賀麟對於五倫觀念進行「新檢討」的宗旨所
在。

　　賀麟還將三綱說與西方的倫理思想進行了比較，結果是他「在這中國特有的最
陳腐、最為世所詬病的舊禮教核心三綱說中，發現了與西洋正宗的高深的倫理思想
和與西洋向前進展向外擴充的近代精神相符合的地方。」❼他說，就三綱說注重盡
忠於永恆的理念或常德而言，包含有柏拉圖的思想。就三綱說注重實行個人單方面
的道德義務而言，包含有康德的道德思想。三綱說的本質是要人盡單方面的愛，盡
單方面的純義務，而西方人之崇尚純道德、純愛情，以及盡職守、忠位分的堅毅精
神，都包含著竭盡單方面的愛和單方面的義務的忠忱在內。所不同的是三綱說的精
神沒有經受西方那樣的啟蒙運動的淨化，不是基於人們意志的自由，出於真情之不
得已。因此，「學術的啟蒙，真情的流露，意志的自主為準」就是今後我們在修
正、充實、發揮三綱說時所應該採取的途徑了。

　　賀麟在總結他對於五倫觀念所作的新檢討時，說：

　　以上所批評闡明的四點：㈠注重人與人的關係；㈡維繫人與人之間的正常永

---

❼　賀麟：〈五倫觀念的新檢討〉，載《文化與人生》，頁60。
❼　賀麟：〈五倫觀念的新檢討〉，載《文化與人生》，頁60。
❼　賀麟：〈五倫觀念的新檢討〉，載《文化與人生》，頁60。
❼　賀麟：〈五倫觀念的新檢討〉，載《文化與人生》，頁60-61。

久關係;㈢以等差之愛為本而善推之;㈣以常德為準而皆盡單方面之愛或單方面的義務。這就是我用披沙揀金的方法所考察出來的構成五倫觀念的基本質素。要想根本上推翻或校正五倫觀念,須從推翻或校正此四要素著手;要想從根本上發揮補充五倫觀念,也須從發揮補充此四要素著手。此外都是些浮泛不相干的議論。為方便起見,綜括起來,我們可試給五倫觀念下一界說如下:五倫觀念是儒家所宣導的以等差之愛、單方面的愛去維繫人與人之間常久關係的倫理思想。這個思想自漢以後,被加以權威化、制度化而成為中國傳統禮教的核心。這個傳統禮教在權威制度方面的僵化性、束縛性,自海通以來,已因時代的大變革,新思想新文化的介紹,一切事業近代化的推行,而逐漸減弱其勢力。現在的問題是如何從舊禮教的破瓦頹垣裏,去尋找出不可毀滅的永恆的基石。在這基石上,重新建立起新人生、新社會的行為規範和準則。**❼**

賀麟對於五倫觀念四個「基本質素」(又稱「四層要義」)的概括以及他給五倫觀念作出的界說,表明了「以等差之愛、單方面的愛去維繫人與人之間常久關係」是五倫觀念的核心,也是中國傳統禮教的核心。以此為核心的舊禮教固然具有「僵化性、束縛性」,但其中自有「永恆的基石」。賀麟對於五倫觀念進行的「新檢討」,正是探尋這種「基石」的一種富於獨特見解和深刻思想的努力。至於賀麟認為應該如何在這「基石」上重新建立起新人生、新社會的行為規範和準則,則有待我們在本節的第二個問題「新道德的建設」中進行考察。

2.「餓死事小,失節事大」的新評價

賀麟對中國傳統道德觀念的省察,主要是集中、深入地考察了五倫觀念。此外,他也對其他傳統道德觀念發表了看法,其中比較有代表性的,是他對程頤的「餓死事小,失節事大」之說的看法。程頤關於寡婦再嫁問題的「餓死事小,失節事大」之說,在「五四」時期的中國思想界無疑被視為封建禮教思想的典型而受到痛斥。但賀麟卻提出:「伊川的錯誤,似乎不在於提出『餓死事小,失節事大』這

---

❼ 賀麟:〈五倫觀念的新檢討〉,載《文化與人生》,頁62。

一概括的倫理原則，只在於誤認婦女當夫死後再嫁為失節。」❼❽近代西方社會不以夫死妻再嫁為失節，中國在唐代之前也不以夫死妻再嫁為失節。而程伊川所生活的時代（宋代）已經形成了以夫死妻再嫁為失節的「禮俗」，他的這句話不過是為當時的禮俗「加一層護符，奠一個理論基礎罷了」。但他這句話的意義並不僅限於婦女貞操一事，這是一個具有普遍性的倫理原則。「若單就其為倫理原則而論，恐怕是四海皆準、百世不惑的原則，我們似乎仍不能根本否認。因為人人都有其立身處世而不可奪的大節，大節一虧，人格掃地。故凡忠臣義士，烈女貞夫，英雄豪傑，矢志不二的學者，大都願犧牲性命以保持節操，亦即所以以保持其人格。」❼❾程頤此語，不過是孟子的「捨生取義」、「貧賤不能移」的另一種說法。「捨生取義」實即「舍生守節」之意，「貧賤不能移」實即「貧賤或餓死不能移其節操」之意。很多愛國志士寧願餓死甚至被敵人迫害致死而不失其愛國之節，可以說都是在有意無意地遵循著程頤「餓死事小，失節事大」的遺訓。當然，凡事以兩全為最好，不餓死、也不失節最為美滿，但當二者不可能得兼之時，則寧願餓死而不願失節，寧可犧牲生命而不可犧牲人格，這也就是孟子「舍魚而取熊掌」之通義。

　　賀麟認為，「伊川那句最為世詬病的話，在應用方面雖有錯誤，而在原則上卻有永久性與普通性，且含有深義。」❽⓪「餓死事小，失節事大」作為一種普通性的道德原則是正確的，它是人們保持自己的氣節和操守的四海皆準、百世不惑的原則。但是程頤不應該將這個原則「應用」到寡婦再嫁問題上，因為寡婦再嫁並不是「失節」。程頤受當時「風俗禮教」的影響，將寡婦再嫁誤認為「失節」，這是他的錯誤之所在。總之，賀麟撇開了「餓死事小，失節事大」的具體「應用」對象（寡婦再嫁問題），而將其視為一種抽象的、普通的道德原則給予了充分的肯定。這一方面與他在總體上對於中國傳統道德觀念所持的肯定態度（他對五倫觀念的評論也表明了這種肯定態度）密切相關，另一方面也與他在抗戰時期對於民族氣節的大力提倡和弘揚密切相關。

---

❼❽　賀麟：〈宋儒的新評價〉，載《文化與人生》，頁 192。

❼❾　賀麟：〈宋儒的新評價〉，載《文化與人生》，頁 193。

❽⓪　賀麟：〈宋儒的新評價〉，載《文化與人生》，頁 193。

(二)新道德的建設

在對中國傳統道德觀念進行省察的基礎上，賀麟提出了建設新道德的設想，即他關於如何在舊道德的「基石」之上「重新建立起新人生、新社會的行為規範和準則」的設想。

首先他指出，道德是變動的：

> 自從中國文化與西洋文化有了密切的接觸以來，自從新文化運動對於傳統的道德觀念和禮教的權威加以大膽的猛烈的攻擊以來，至少使我們有了一種新認識，就是認識道德是變動的。姑不論道德變動的結果是好是壞，即單就這變動的本身而論，我們可以知道，道德不是死的，而是活的；不是沉滯的，而是進展著；不是因循偷惰，率由舊章，而是衝突掙紮，日新不息的：這總算是一個好現象。❸

這無疑是建設新道德的必要前提。因為如果道德不是變動的、可以更新的，則新道德的建設是不可能的。西方文化的猛烈衝擊和「五四」新文化運動的激烈批判，暴露了中國傳統道德觀念的弊端，同時也昭示了它變動、更新的可能性。

在說明了道德的可變性之後，賀麟針對傳統道德的弊端，指出了新道德建設的方向。他說：「概括的講來，道德變動的方向，大約是由孤立狹隘，而趨於廣博深厚；由枯燥迂拘，違反人性，而趨於發展人性，活潑有生趣。由因襲傳統，束縛個性，而趨於自由解放，發展個性，由潔身自好的消極的獨善，而趨於社會化平民的共善。」❸進一步地說，新道德的建設應該遵循著以下四個方向開展：

1.**由孤立狹隘趨於廣博深厚。**

持狹隘的道德觀念的人把道德看成「孤立自足」的，認為道德與知識是衝突的，知識愈進步道德愈退步；道德與藝術是衝突的，欣賞自然、寄意文藝皆是玩物

---

❸ 賀麟：〈新道德的動向〉，載方克立、李錦全主編：《現代新儒家學案》，中冊，頁 360。
❸ 賀麟：〈新道德的動向〉，載方克立、李錦全主編：《現代新儒家學案》，中冊，頁 360-361。

喪志；道德與經濟是衝突的，經濟繁榮的都市就是罪惡的淵藪，士愈窮困則道德愈高尚。此外道德與法律、宗教莫不是衝突的，中國重德治，故反對法治；中國有禮教，故反對宗教。「簡言之，只要有了道德，則其他文化部門皆在排斥反對之列。這種道德一尊的看法，推其極則將認為道德本位的文化，根本與西洋整個文化，與西洋近代的物質文明，與希臘的科學的求知精神，與希伯來的宗教精神，與羅馬的法治精神，皆是根本不相容的。」❸在賀麟看來，這種道德一尊、道德本位的觀念勢必導致認為中國文化與西方文化（包括它的物質文明、科學精神、宗教精神、法治精神等）根本不相容的看法，有了這種看法，當然也就談不上吸取西方文化的長處為我所用了。

　　要改變這種孤立、狹隘的道德觀念，「顯然只能往博大深厚之途」去樹立新觀念。也就是從學術知識中去求開明的道德，從藝術陶養中去求具體美化的道德，從物質建設中去求征服自然、利用厚生的道德，從法治中去為德治建立健全的組織和機構，從道德中去為法治培植人格的精神和基礎，從宗教的精誠信仰去充實道德實踐的勇氣和力量，從道德的知人工夫進而為宗教的知天工夫，由道德的「希賢」進而為宗教的「希天」。一言以蔽之，就是將道德與「其他文化部門」緊密聯繫、結合起來，從「其他文化部門」來充實、提升道德，同時用道德去促進「其他文化部門」的進步。賀麟還特別提到，「西洋文化的介紹與接受，亦足以促進道德的進步。」❹他認為，以上做法可以推動道德觀念由孤立狹隘趨於廣博深厚。

2.由枯燥迂拘、違反人性趨於發展人性、活潑有生趣。

　　舊道德之所以枯燥迂拘、違反人性，主要有兩個原因。「一則因為道德尚未經藝術的美化，亦即禮教未經詩教的陶熔，亦可謂為道德未能契合孔子所謂『興於詩，游於藝，成於樂』的理想。」❺舊道德對於人不從感情上去培養薰陶，不從性靈上去順適啟迪，而只是苛責以森嚴的道德律令和冷酷的是非判斷。「再則因為道德未得兩性調劑，舊道德家往往視女子為畏途。」❻舊道德家一生的道德修養似乎

---

❸　賀麟：〈新道德的動向〉，載方克立、李錦全主編：《現代新儒家學案》，中冊，頁361。
❹　賀麟：〈新道德的動向〉，載方克立、李錦全主編：《現代新儒家學案》，中冊，頁361。
❺　賀麟：〈新道德的動向〉，載方克立、李錦全主編：《現代新儒家學案》，中冊，頁361。
❻　賀麟：〈新道德的動向〉，載方克立、李錦全主編：《現代新儒家學案》，中冊，頁362。

可以敗壞於女子的一笑，女子對於男子的道德生活似乎是一種累贅或障礙。兩性的接觸、男女的戀愛所產生的種種德性，種種美好的生活，均被視為與道德生活無關。人的本性真情，橫遭板起面孔的道德家的壓抑和摧殘。這種枯燥迂拘的道德，毫無活潑的生趣可言。針對這個弊端，賀麟特別強調「今後新道德的趨勢，首須確證女子不是敗壞道德、摧殘人格、傾人城傾人國的妖魔，而是道德的鼓舞者，品格強弱的試金石，衛國衛民的新力量」。❽新時代的男子對於女子在道德生活中的地位要樹立新認識，新時代的女子則應該自覺其在道德生活中的偉大使命。

3.**由因襲傳統、束縛個性趨於自由解放、發展個性。**

「至於舊道德之因襲傳統、束縛個人處，則由於古人權威的盲從，典章制度的僵化，和風俗習慣的強制有以使然。」❽在西方，最束縛人的是專制守舊的教會；在中國，最束縛人的則是作為禮教核心的家庭制度。近年以來，舊的家庭制度日漸解體，舊禮教的束縛似已減輕，青年男女自由發展個性的機會亦似日漸增多。但是扶得東來西又倒，談自由解放之新道德者又多走向狂放與自私的狹義的個人主義途徑，置他人的苦樂於不顧，肆無忌憚地反抗外界的權威，而不按照理性的法則去厲行自己內心的節制。其抹煞他人個性、剝奪他人自由，較之風俗習慣、傳統禮教有過之而無不及。當今社會，正處於「舊道德已毀，新道德未立，東偏西倒，青黃不接的過渡時代」，我們必須建立起理性的新道德。賀麟認為，「欲達此目的，必須基於積漸的學術文化水準的提高，……道德出於學問，人格基於理性。」❽人們隨著學術文化水準的逐漸提高，便會形成「理性規範的有效率，精神生活的充實，內心修養的深篤」，從而具有道德的敏感（如同藝術家具有敏銳的美感一樣），自覺地追求內心之所安的人就會逐漸增多。這樣才能建設起基於學問、基於理性的新道德。

4.**由潔身自好的消極的獨善趨於積極的社會化平民的共善。**

「舊道德還有一個缺點，就是太偏於消極的獨善，而忽視了積極的求共善，太偏於個人的潛修，而缺乏團體生活的共鳴。只知注重從倫常的酬酢，親友的應接，

---

❽ 賀麟：〈新道德的動向〉，載方克立、李錦全主編：《現代新儒家學案》，中冊，頁362。

❽ 賀麟：〈新道德的動向〉，載方克立、李錦全主編：《現代新儒家學案》，中冊，頁362。

❽ 賀麟：〈新道德的動向〉，載方克立、李錦全主編：《現代新儒家學案》，中冊，頁363。

去求道德的實踐，而不知到民間去切實服務，投入大運動，參加大團體，忘懷於共同生活之中，銷融於民族生命之內，而自可產生一種充實美滿的道德生活，養成一種勇往無私的偉大人格。」⑩注重個人道德修養，只不過是消極的獨善；在社會生活中，與廣大的民眾共同實現道德理想，才是積極的共善。賀麟特別強調要與平民、勞苦大眾、顛連無告者接觸和親近，對他們寄予同情並為他們服務。要樹立為團體犧牲、對國家忠愛的精神。這些都是「磨煉品格，培養德性的要道」。道家「往山林去」的清高的隱士生活，是體弱多病、年老體衰之人所為之事。儒家「往朝廷去」執掌政權、得志行道、「達則兼濟天下」的理想，又稍嫌襟懷狹窄、功名之念太重。惟有基督教和墨家「到民間去」服務的宗教精神，倒是最富於積極的道德性、窮達的一致性和當下的實踐性。

對於歷來在中國社會被奉為立身處世信條的儒家「窮則獨善其身」之說，賀麟專門給予了批評。他說這種觀念太近於「各人自掃門前雪」的消極態度，而且這種觀念用在孔子的生活上並不恰當。孔子不得志於政治，則退而刪詩書，定禮樂，教授門徒，無論就動機言還是就結果言，他的態度都是排斥獨善，實行兼善的。總之，道德生活不應該走個人潛修的獨善路向，而應該走社會化、平民化的共善路向，「循社會化，平民化的方向邁進，就是新道德所必取的趨向。」⑪

從以上四個方面指出新道德的建設應如何進行之後，賀麟特別強調了「學術文化」對於新道德建設的重要性。他說：

> 欲求道德內容的具體充實，廣博深厚，新道德如果不僅為其時間上的新道德，而須本質上的真道德，則必須採取學術化，藝術化，宗教化的途徑（……）。就中三者，尤以學術化最為主要。蓋宗教而無學術，則陷於迷信與狂熱，藝術而無學術，則流於奢侈逸樂低級興趣，故學術實為推動宗教藝術道德之主力。以真理指導德行，以學術培養品格，實為今後新道德亦即任

---

⑩　賀麟：〈新道德的動向〉，載方克立、李錦全主編：《現代新儒家學案》，中冊，頁 363。
⑪　賀麟：〈新道德的動向〉，載方克立、李錦全主編：《現代新儒家學案》，中冊，頁 363。

何真道德所必循的康莊大道。❾

　　在此，賀麟提出了「新道德即真道德」的觀念。他所謂「真道德」，指的是理性的、反省的道德，這樣的道德，是以知識、學術作為必要前提的。「真道德」出於學問，基於理性，因而是充實而不空洞、廣博而不狹隘、深刻而不淺薄的。所以賀麟在概括他關於道德變化的趨向的論述時，又說：「由本能的道德到學養的道德，中間經過許多變化進展，就是我所謂道德變動。」❾

　　賀麟特別提出，他所說的新道德是從本質上發揮孔孟的道德理想的。「我們所謂新道德與新文化運動時期所提倡的新道德是大不相同的，那時所謂新道德是反孔的，而本篇（引者按：指〈新道德的動向〉）所指出的新道德的動向，不惟不反孔，而乃是重新提出並且從本質上發揮孔孟的道德理想。而且一般所謂新道德，只是時間意義上的新，以今為新，古為舊，或地域意義的新，以西洋道德為新，中國道德為舊。因此新道德未必即是真道德，或比較更符合真道德標準的道德。而我所謂新道德的新，乃是含有邏輯意義的新，後一較高階段的道德較前一較低階段的道德為新。」❾這表明賀麟所主張的新道德建設，與他提出的「儒家思想的新開展」是緊密聯繫的。他所謂新道德，歸根結蒂是孔孟的道德理想在現代社會的「新開展」。正因為這種新道德在本質上仍然體現中國古代孔子、孟子的道德理想，所以它不是以今為新、以古為舊，也不是以西洋道德為新、以中國道德為舊。新道德之所以較以往的道德為「新」，乃是因為它是孔孟的道德理想在現代社會的重新充實、發揮。這些理念，體現了賀麟對於以儒家道德思想為主幹的民族道德傳統的認同和維護，表明了現代新儒家的學術立場，也反映了他們的道德觀念的文化保守主義性質。

　　韋政通在《倫理思想的突破》一書中，對賀麟的〈五倫觀念的新檢討〉一文給予了高度評價。賀麟在寫於 1987 年的《文化與人生·新版序言》中，以全文的大

---

❾　賀麟：〈新道德的動向〉，載方克立、李錦全主編：《現代新儒家學案》，中冊，頁364。
❾　賀麟：〈新道德的動向〉，載方克立、李錦全主編：《現代新儒家學案》，中冊，頁364。
❾　賀麟：〈新道德的動向〉，載方克立、李錦全主編：《現代新儒家學案》，中冊，頁365。

半篇引用了韋政通的評論，然後說：「我讀了他的這一部分文章，好似空穀足音。國內有的學者，多不加理會，甚至有對它作過左的批評者。而韋先生則稱其『仍然有新鮮之感，一點也不過時，現在我們仍正在朝著這個目標努力』。又如說『不但態度客觀，且確已把握到傳統倫理的本質，尤其對等差之愛的補充，以及對三綱的精神更是作了頗富創意的闡釋』。真令我感到『海外存知己，天涯若比鄰』了。」❾❺這篇〈新版序言〉給人們的突出感覺，除了表明賀麟對於韋政通的評論的認同之外，還表明了賀麟對於〈五倫觀念的新檢討〉在其《文化與人生》一書中的重要地位的肯定，表明了道德學說是賀麟文化哲學思想的重要內容。

　　對於中國傳統道德觀念，賀麟進行了深入細緻的省察。在對「五倫」觀念作出新檢討時，他提出了批評「五倫」觀念的原則，闡發了「五倫」觀念的四層意義，分析了由「五倫」進展為「三綱」、由「五常倫」進展為「五常德」的歷史的與邏輯的必然性。他對中國傳統道德觀念在總體上是持肯定態度的，他關於「五倫」觀念的見解和關於「餓死事小，失節事大」之說的評價都表明了這一點。但同時他反對中國傳統文化的「道德一尊、道德本位的觀念」，並且認為傳統道德觀念存在著嚴重的弊端，因此主張革新道德觀念，促使舊道德觀念由孤立狹隘趨於廣博深厚，由枯燥迂拘、違反人性趨於發展人性、活潑有生趣，由因襲傳統、束縛個性趨於自由解放、發展個性，由潔身自好的消極的獨善趨於社會化平民化的積極的共善。雖然他所說的新道德建設「乃是重新提出並且從本質上發揮孔孟的道德理想」，但是他同時提出「西洋文化的介紹與接受，亦足以促進道德的進步」，主張用西方現代的道德觀念來修正、補充中國傳統道德觀念，從而「重新建立起新人生、新社會的行為規範和準則」，即建立起新的符合孔孟道德理想的行為規範和準則。這裏的必要前提，就在於賀麟認為「道德是變動的」，正如同他關於儒家思想新開展的見解的必要前提在於他認為儒家思想是「不斷生長發展的有機體」一樣。

　　應該承認，賀麟對中國傳統道德觀念的消極方面批評不夠，而且他明顯地具有「道德至上」的觀念，他關於新道德建設的思想表現出道德理想主義的色彩。但我們應該看到，賀麟關於道德問題的論述是與他在抗戰時期對於民族氣節和高尚人格

---

❾❺　賀麟：《文化與人生》，頁 4-5。

的大力弘揚緊密聯繫的，與他強烈的愛國主義思想和情懷緊密聯繫的。這樣，我們就能比較客觀、公允地看待他這些論述的價值與不足。賀麟在〈經濟與道德〉一文中說的一段話，至今對於我們的道德建設，對於我們弘揚民族氣節，仍有可資借鑒之處，就讓我們用這段話來結束本節的寫作：「自從鴉片戰爭以來，我們與帝國主義的武力的鬥爭已經屢次大敗了！自從五口通商、門戶開放以來，我們與帝國主義的經濟的鬥爭，又歷年失敗了！但是在當前新的艱苦的民族抗戰中，我們是否要失掉我們的人格，是否要自己摧毀我們的另一道重要的防線——即道德戰鬥、人格戰鬥的防線，這就全看我們自己的努力如何了！」**96**

五、結語

賀麟從總體上評論自己的《文化與人生》時，說：

> 這書似乎多少可以表現出三個特點：一、有我。書中絕少人云亦云地抄襲現成公式口號的地方。每一篇都是自己的思想見解和體驗的自述，或自己讀書有得有感的報告。也可說每一篇都有自己性格的烙印。有我的時代，我的問題，我的精神需要。這些文字都是解答在我的時代中困擾著我的問題，並滿足我所感到的精神需要。二、有淵源。雖說有我，但並非狂妄自大，前無古人。我的思想都有其深遠的來源，這就是中國傳統的文化和儒家思想。篇中不惟對孔孟程朱陸王有同情的解釋，即對老莊楊墨亦有同情的新評價，以期發展其優點，吸取其教訓。第三、吸收西洋思想。有淵源，發揚傳統文化，卻並不頑固守舊。對於西洋人的文化思想和哲學，由於著者多年來的寢饋其中，虛心以理會之，切己以體察之，期望將其根本精神，用自己的言語，解釋給國人，使中國人感到並不陌生。**97**

---

96 賀麟：〈經濟與道德〉，載《文化與人生》，頁31。
97 賀麟：《文化與人生》，頁1-2。

　　這段話所概括的，不僅是《文化與人生》的特點，而且是賀麟全部文化哲學思想的基本特點。

　　「有我」，是賀麟文化哲學思想在理論風格方面的特點。賀麟善於提出和闡明自己的獨立見解。例如他關於文化的「體」與「用」的見解，關於中國現代思潮的主潮是「儒家思想的新開展」的見解，關於「五倫」觀念的見解以及對「餓死事小，失節事大」的評論，等等，都體現了有主見、有創見的獨立探索精神。賀麟能夠從學理方面將現代新儒家的文化哲學引向深入，也正是基於這種特點。

　　「有淵源」和「吸收西洋思想」，則是賀麟文化哲學思想在基本理論取向上的特點──既繼承、弘揚以儒家思想為核心的中國傳統文化，同時又吸取、融會西方文化的精華。

　　就繼承、弘揚以儒家思想為核心的中國傳統文化而論，賀麟的基本立場是在對儒家思想和傳統文化作出「同情的解釋」、「同情的新評價」的基礎上，「發展其優點，吸取其教訓。」他所說的「同情」，表明的是一種認同、維護的態度，他不僅承認儒家思想和傳統文化在歷史上對於維繫中華民族的生存、發展所產生的重要作用，而且認為民族危機的解決和中華民族的復興就在於儒家思想的復興，就在於國人「盡量同情理解並發揚中國固有文化的優點」。[98]但同時賀麟對儒家思想和傳統文化提出了尖銳的批評，他認為儒家思想偏重於狹義的人倫道德方面，近代以來更是變得消沉、僵化、無生氣，無能應付世界新的文化局勢，並由此導致了民族文化的嚴重危機。因此他主張「融會吸收西洋文化的精華與長處」，通過「哲學化、宗教化、藝術化」的途徑實現儒家思想的新開展，開拓民族文化的新生命。正是這樣的理念，決定了賀麟對於儒家思想和中國傳統文化的基本態度是「推陳出新」，也就是他所說的「從舊事物中推出新事物」。他提出中國現代思潮的主潮必然是、也應該是儒家思想的新開展，他所提倡的「儒者氣象」指的是「近代民主化的」詩禮風度，他所贊同的「儒家態度」指的是對於各種問題的合理、合情、合時代的「新解答」。凡此都是這種「推陳出新」精神的表現。賀麟還將現代新儒家思想稱為「廣義的新儒家思想」，意在表明現代新儒家思想將吸納、融會新的時代內容，

---

[98]　賀麟：《文化與人生》，頁1。

而不狹隘地拘泥、固守傳統儒家思想的內容。

　　就吸取、融會西方文化的精華而論，賀麟的基本立場是反對「全盤西化」而主張「化西」，「儒化（華化）西洋文化」。他高度評價西方文化的長處，讚賞西方的物質文明和精神文明。他認為儒家思想能否實現新開展關鍵就在於中國人能否真正了解和把握西方文化。他所提出的實現這種新開展的途徑，從根本上說就是吸納西方文化的精華以修正、充實、發揮傳統儒家思想，從大的方面說就是「以西洋的哲學發揮儒家的理學」、「吸收基督教的精華以充實儒家的禮教」和「領略西洋的藝術以發揚儒家的詩教」。但是，賀麟反對「被動的西洋化」而贊成「自動地自覺地吸收融化，超越揚棄西洋現在已有的文化」。他不僅站在民族文化自主的立場堅決反對「全盤西化」，而且依據文化的「體用合一」原則堅決反對「中體西用」之說，反對將西方文化的「用」全盤照搬到中國的做法，而主張選取西方文化的精華和長處為我所用，「以體充實體，以用補助用」。賀麟曾批評梁漱溟說：「他一面重新提出儒家的態度，而一面主張全盤接受西方的科學和民主，亦未完全逃出『中學為體，西學為用』的圈套。」❾❾梁漱溟在談到中國人在文化上應持的態度時確曾說過：「對於西方文化是全盤承受，而根本改過，就是對其態度要改一改。」❿他主張在改變西方文化那種一味向前追求、向外逐「物」的人生態度的同時，「全盤承受」其科學和民主。科學和民主屬於西方文化之「用」，因此賀麟認為梁漱溟此種觀念仍然是以中學為體（堅持儒家的態度）、以西學為用（全盤接受西方的科學和民主）。從賀麟的批評中，我們可以感受到他主張吸取西方文化的精華而又堅決否定任何形式的「全盤西化論」的文化立場。

<hr>

❾❾　賀麟：〈當代中國哲學〉，載湯一介、杜維明主編：《百年中國哲學經典・三四十年代卷》，頁 342。

❿　梁漱溟：《東西文化及其哲學》（上海：商務印書館，2005 年版），頁 204。

第四章　生命精神與文化價值
──方東美的文化哲學思想

　　方東美，名珣，字東美，1899 年 2 月 9 日出生於安徽桐城。方姓是桐城望族，「素業儒」，曾經出過方以智、方苞等著名文人。方東美在家鄉的一所「新制學校」讀完小學，與他同學的有後來成為著名美學家的朱光潛。十四歲那年，他與朱光潛一同考入桐城中學。1917 年，方東美考入南京金陵大學，先在預科學習，次年正式進入金陵大學哲學系。

　　方東美擔任金陵大學學生團體「中國哲學會」主席和學生自治會會長。1918 年，美國實用主義哲學家杜威到金陵大學講演，方東美代表「中國哲學會」致歡迎詞。「五四」運動爆發後，南京的學生熱烈響應，方東美是南京地區學生運動的積極組織者之一。方東美還是「少年中國學會」南京分會首批十二個會員之一，並擔任學會刊物《少年世界》的總編輯和《少年中國》的編輯。這時的方東美學術興趣主要在西方哲學，特別是西方的生命哲學。1920 年，他在《少年世界》上發表評介西方生命哲學的論文〈柏格森生之哲學〉、〈唯實主義生之哲學〉。他還翻譯了英國人莫越撰寫的介紹實用主義哲學的小冊子《實驗主義》，這是他畢生惟一的譯著。

　　1921 年，方東美赴美留學，就讀於威斯康辛大學。其間適逢英國著名哲學家羅素來校講學，羅素對柏格森生命哲學的尖銳批評反而激起了方東美進一步深入研究柏格森哲學的熱情。一年之後，他完成論文〈柏格森生命哲學評述〉，並獲得哲學碩士學位。當時，威斯康辛大學和美國哲學界彌漫著反黑格爾的氣氛。方東美對這種現狀頗為不滿，經過與校方交涉，他獲准赴俄亥俄州立大學學習一年，師從黑格爾研究專家藍塞教授，攻讀代表著德國古典哲學最高成就的黑格爾哲學。一年

後，方東美如約返回威斯康辛大學，繼續攻讀博士課程，並完成了博士論文〈英美新唯實論之比較〉。

1924 年 6 月方東美學成回國，先後就職於武昌高等師範學校（武漢大學前身）、東南大學和中央大學。1931 年，他發表論文〈生命情調與美感〉，此文標誌著他已經開始形成自己的生命哲學思想。1936 年，方東美出版了《科學哲學與人生》一書，此書主要是由方東美授課時的講稿整理而成。1937 年 4 月，方東美應邀在廣播電臺發表關於中國人生哲學的演講，激勵青年學生以中國先哲的人格精神武裝自己，英勇地投入抗日戰爭。演講稿被編輯成《中國先哲人生哲學概要》（後更名為《中國人生哲學概要》）一書於同年 6 月出版。這年夏，方東美還在中國哲學會的年會上宣讀了論文〈哲學三慧〉。所謂「三慧」，是指古希臘、近代歐洲和中國三種不同的哲學智慧。此文對這三種不同的哲學智慧進行深入的比較研究，行文恣肆汪洋，內容多有創見，形式別具一格，被當時哲學界視為「奇文」。這篇文章 1938 年 6 月 19 日首次刊於重慶《時事新報》，後被編入方東美的論文集《生生之德》。

抗戰爆發後，方東美隨中央大學西遷重慶，擔任哲學系教授及哲學研究所所長。他和家人居住在中央大學臨時校舍，過著簡樸的生活。他將寓所命名為「堅白精舍」，昭示自己對於堅韌和清白的追求。後來他的詩集也以此命名。由於在西遷途中丟失了很多藏書，方東美原來的研究只得暫時擱置。他研讀在重慶可以搜集到的佛學資料，頗多見地，還曾與熊十力書信往來論辯佛學。同時他致力於《易經》的研究，於 1939 年寫成〈易之邏輯問題〉一文，用現代邏輯方法分析六十四卦的演成，從新的角度對《易經》進行了探討。

重慶期間，方東美的哲學研究方向開始發生轉變。他原來「所讀的書和所教的書都是西方的」，由於抗日戰爭，他深深感到民族文化──尤其是自己民族的哲學思想──對於振奮民族精神的重要意義。他「覺得應當注意自己民族文化中的哲學，於是逐漸由西方轉回東方」。這種轉變的另一個原因是他受到來中國訪問的印度著名學者拉達克里希南的「挑戰」。四十年代初，拉達克里希南在重慶訪問了中央大學，會見了方東美。拉氏因不滿於西方人對印度哲學的介紹，便問方東美是否滿意西方人對於中國哲學的介紹。方東美明確表示不滿意，拉氏便問方東美為何不

用西方文字向世界介紹中國哲學。方東美覺得拉達克里希南是在向自己「挑戰」，於是他下定決心「用西方文字講中國思想」。後來他用英文寫出了《中國人的人生觀》、《中國哲學之精神及其發展》等著作和論文，並多次在國際會議上用英文發表關於中國哲學和文化的演講。

抗日戰爭勝利後，方東美隨中央大學遷回南京，擔任哲學系教授、主任。1947年夏，方東美遷居臺灣。次年 9 月，任臺灣大學哲學系教授，並一度兼任系主任。1952 年，為實現他「用西方文字講中國思想」的心願，方東美寫出了英文專著《中國人的人生觀》（又名《中國人生哲學》）。五十年代，方東美應邀赴美國講學。他在俄亥俄州奧柏林大學神學院發表演說〈從比較哲學曠觀中國文化裏的人與自然〉，並多次到其他一些大學進行學術演講，介紹中國哲學，發表自己關於東西方哲學和文化的見解。

1964 年夏，「第四屆東西方哲學家會議」在美國夏威夷大學舉行。方東美赴會並宣讀論文〈中國形上學中之宇宙與個人〉，受到與會的東西方哲學家的普遍讚譽。當時只有來自英國倫敦大學的哲學教授芬里抱著對中國哲學的偏見，提出挑釁性的質詢。方東美以自己捍衛中國哲學的熱忱和關於東西方哲學的廣博學識作出了令人信服的答辯，引起與會者的強烈反響。方東美的此次講演被稱為「中國哲學家第一次在世界哲壇上就中國哲學的優點發表強有力的宣言」。

1966 年秋，方東美回到臺北。在美國期間，他發現一些美國學生對中國哲學很感興趣，而且對中國古代的幾位大哲學家較為了解。相反，回到臺灣後，他覺得臺灣青年中「不少人忘本」，他們數典忘祖，對於中國傳統哲學與文化思想「有一種內在的貧乏症」。他在呼籲臺灣教育界積極幫助青年一代學習中國傳統文化的同時，自己「放下一切西洋哲學的課程，專門講授中國哲學」。自 1966 年之後，方東美徹底實現了學術研究「從西方回到東方」的轉變，他自己稱此舉為「浪子回頭」。此後的十年裏，他在臺灣大學和輔仁大學專門開設中國哲學課程，講授內容包括原始儒家、道家哲學、魏晉玄學、隋唐佛學以及宋明清新儒家哲學等等。

1969 年，第五屆東西方哲學家會議在夏威夷大學召開，方東美赴會並宣讀論文〈從宗教、哲學與哲學人性論看人的疏離〉。此文提出了他所設想的「人與世界在理想文化中的藍圖」，這標誌著方東美文化哲學體系架構的完成。

　　1973 年 6 月，七十四歲的方東美從臺灣大學退休。退休後，受輔仁大學聘請，講授「中國哲學之精神及其發展」課程。1976 年 8 月，他的英文專著《中國哲學之精神及其發展》歷時十載終於完稿。

　　1977 年 7 月 3 日，方東美先生在臺北逝世，終年 78 歲。他的著作主要有《科學哲學與人生》、《生生之德》、《華嚴宗哲學》（上、下）、《新儒家哲學十八講》、《原始儒家道家哲學》、《中國大乘佛學》、《中國人生哲學》、《方東美先生演講集》、《中國哲學之精神及其發展》（上、下）和《堅白精舍詩集》。

　　美國當代學者瓦賴特科在評論方東美的英文專著《中國哲學之精神及其發展》時，說：「方東美教授能輕而易舉地從一場關於中國佛教理論深奧論點的討論，轉移到對存在主義的現代傾向進行評述，在他的評論中又穿插著對印度佛經的詳細引證。」❶東方和西方的學術思想能被方東美熔之於一爐，並進而形成自己的學術見解。學貫中西、思想活躍、善於綜合各家而加以創造——這可以說是方東美學術思想的最大特點，也是他文化哲學思想的最大特點。

　　方東美在其早年著作如《生命情調與美感》、《生命悲劇之二重奏》、《科學哲學與人生》、《哲學三慧》等中，就開始探討文化哲學問題。這種研究文化哲學的熱忱，他畢生未嘗減退。其結果，是形成了他內容豐富、頗具特色的文化哲學思想。

一、精神文化的不同領域與價值

　　方東美說：「文化之全體結構至難言也。」❷ 1931 年，當方東美發表他文化哲學研究的早期論文〈生命情調與美感〉時，即已表明他不對文化的「全體結構」進行寬泛的研究。這當然並非由於文化全體結構的「難言」。方東美認為：「任何學說，根本就是生命精神的符號。」❸文化哲學作為一種「學說」，同樣應該是生

---

❶　《國外社會科學動態》第 8 期（1987 年）。

❷　方東美：《生生之德》（臺北：黎明文化事業公司，1980 年版），頁 117。

❸　方東美：《科學哲學與人生》（臺北：黎明文化事業公司，1980 年版），頁 182。

命精神的符號，應該體現文化中的生命精神。因此他研究文化，只注重其精神方面，至於文化的物質方面，則基本上不作為自己的研究對象。現代新儒家普遍認為，近代以來中華民族的危機從根本上說是文化危機，這種危機不在文化的物質方面而在它的精神方面。方東美注重精神文化的研究，正體現了現代新儒家的此種共識。

　　方東美認為，精神文化主要由科學、哲學、藝術和宗教構成。

(一)科學與哲學

　　「五四」時期中國思想界的一個重要議題，是科學與哲學的關係問題。科學作為「五四」先驅所高舉的兩面大旗之一，其重要地位和對於中國社會的作用可以說得到思想界普遍的認同。但隨之出現的「科學主義」思潮，卻在思想界激起了不同的反響。現代新儒學思潮的理論特徵之一，是作為「科學主義」思潮的對立面而出現的。這反映在方東美的論著中，就是他總是通過科學與哲學的比較，來闡述自己的科學觀和哲學觀，表明他對於「科學主義」的否定態度。因此，我們也就選取科學與哲學相比較的視角，來說明他對於科學與哲學的理解。

　　方東美認為，科學與哲學的關係，是「平面的宇宙觀」與「層疊的宇宙觀」的關係。

1.「科學是寶貴的」

　　方東美說從歷史的起因看，科學和哲學都起源於遠古人類的神話系統。初民們目睹自然界電閃雷鳴、風雲變幻等現象，以為有一種類似人格的活力隱伏其中，操縱一切，便編織出種種神話來解釋這些現象。此類神話雖極為怪誕，但其解釋宇宙萬象的功能，正相當於今天文化民族的科學和哲學。後世的科學與哲學思想，即脫胎於此。這些神話流傳既久，其中不近情理、不符事實者漸受淘汰，餘下精純的觀念便成為人類生活中的「常識」。

　　隨著人類智力的發展，此種常識更上一層，「則有理性的知識」，形成「真理的系統」，「這些真理的系統即是科學與哲學」。可見科學和哲學都是循著「從神話到理性」的演進過程而產生的。「哲學思想發達的源流，同時亦是科學思想進展

的步驟。」❹

科學思想產生之後就在人類社會生活中起著重要作用。它「幫助人類征服自然，增加我們物質的享受」，而在此之前，人類只能聽命於自然。特別是近代科學「以觀察、實驗、分析及數理的推證為方法，以完成精密的定律系統」。人類掌握了這些「精密的定律系統」，便能戡天役物，制天命而用之。近代歐洲社會正是在這方面取得了金碧輝煌的成就。這種在物質領域中的作用，是科學價值的主要體現。

再從精神領域來看，科學揭示自然之奧秘，可以「使我們領悟宇宙人生的玄機」。例如近代物理學關於時間、空間的理論，不僅進一步揭示了時間、空間之「理」，而且把人們的宇宙觀「從希臘形體有限的宇宙中解放到意味無窮的宇宙裏」，拓展了人們的精神天地。

總之，「科學是世界形態的改造者，人生價值的護持者」，它「改造世界，利進人生」的功績，值得人類讚揚歌頌。但科學雖然如此重要，卻並不能解決人生的一切問題。各種科學乃是不同的「知識」系統，如果提到「智慧」的高度來看，那麼各種科學都有所欠缺。「我們可以拿一種更結實的、更高深的一種智慧，來面臨各種科學知識。」❺這種智慧，乃是哲學。

2.「生命精神才是哲學」

方東美提出，哲學中既有「境的認識」，又有「情的蘊發」。「境」即「宇宙理境」，它是人類的生存環境。境的認識始於「感覺的親驗」，終於「理智的推論」。它只求在時間和空間上對種種事理獲得冷靜的、系統的了解。因此，如果哲學思想僅僅有境的認識，那末所謂哲學只能是「科學的化身」。哲學應該體現人生對於「理」（即境的認識）和「情」兩方面的要求。「治哲學者得了境的認識，當更求情的蘊發（廣義的情，除卻冷酷的理智活動以外都是情）。」❻

哲學中所謂「情」，首先它是廣義的，不等同於人們日常生活中的「七情六

---

❹ 方東美：《科學哲學與人生》，頁 18。

❺ 方東美：《方東美先生演講集》（以下簡稱《演講集》）（臺北：黎明文化事業公司，1980年版），頁 234。

❻ 方東美：《科學哲學與人生》，頁 15。

欲」之情。其次，它與「冷酷的理智活動」（指唯求事理、無視價值的理智活動）鑿枘不容。宇宙人生之進程中不僅有「事理」可尋，而且具有「無窮的價值意味」。詩人對自然和人生予以美化，倫理學家對人類行為予以善化，「我們所謂情的蘊發，即是指這些美化，善化以及其他價值化的態度與活動」。❼可見方東美所謂「情」，是指人們將宇宙人生予以「價值化」（如美化、善化）的態度、意願、精神，它根源於人類對真善美的嚮往。「須知人性是活躍的，創造的，不為現實所拘，處處要找著一種美的善的價值世界，為精神之寄託所。」當「情」蘊藏於人們心中時，是一種價值意識；它抒發出來，則是「價值化的態度與活動」。

　　方東美提出，「哲學的建築」有兩大支柱，一是「客觀的世界」，一是「主體的人類生命精神」。對前者的研究屬於「理」，對後者的探討歸於「情」。「『情』、『理』為哲學名言系統中之原始意象。……哲學意境內有勝情，無情者止於哲學法門之外，哲學意境中含至理，違理者逗於哲學法門之前。兩俱不入。」❽他強調情與理在哲學中融貫而不可分割：「情與理原非兩截的，宇宙自身便是情理的連續體，人生實質便是情理的集團。哲學對象之總和亦不外乎情理的一貫性。」❾情與理「相與浹而俱化」，構成人類生命活動的內容，從而也構成哲學的對象。「總攝種種現實與可能境界中之情與理，而窮其源，搜其真，盡其妙，之謂哲學。」❿這就是方東美給「哲學」下的定義。

　　上述思想，在《科學哲學與人生》中被概括為簡明的哲學思想結構圖⓫：

$$
哲學思想——意境之寫真
\begin{cases}
境的認識——時空上事理之了解 \\
\\
情的蘊發——事理上價值之估定
\end{cases}
$$

　　哲學的功能，包括「時空上事理之了解」和「事理上價值之估定」，即「衡情

---

❼　方東美：《科學哲學與人生》，頁 16。
❽　方東美：《生生之德》，頁 138。
❾　方東美：《科學哲學與人生》，頁 24。
❿　方東美：《生生之德》，頁 138。
⓫　方東美：《科學哲學與人生》，頁 17。

度理」四字。方東美說：「約而言之，哲學的能事盡在於此：(1)本極縝密的求知方法窮詰有法天下之底蘊，使其質相，結構，關鍵，凡可理解者一一了然於吾心；(2)依健全的精神領悟有情天下之情趣，使生命活動中所逞露的美、善、愛等價值循序實現，底於完成。」❿他稱前者為「窮物之理」，後者為「盡人之性」，用他的另一句話來說，就是：「縱覽宇宙理境，發舒人生情蘊。」

應該指出的是，雖然方東美對於「理」和「情」在哲學中的地位雖然同樣予以肯定，但他更強調「情」對於哲學的意義。此中原因，就在於他認為「生命精神才是哲學」❸，而「情」則是生命精神的表徵。「情、理雖是一貫的，然從其屬性上看起，卻可分辨清楚。生命以情勝，宇宙以理彰。生命是有情之天下，其實質為不斷的，創進的欲望與衝動。」❹因此作為生命精神之體現的哲學，無疑應該突出「情」的地位。他還說，我們之所以肯定「理」在哲學中的地位，是為了認識人類生存的客觀環境，以這種認識服務於生命精神之創進。「人類含情而得生，契理乃得存。」人類因其行為契合宇宙之理而得以存在，而人類之所以得「生」——這裏應該理解為生生不息、創進不已，則在於其生命精神對真善美價值理想的不斷追求。所以在哲學中，「理」歸根結蒂服務於「情」，服務於人類對於價值理想的追求。

方東美在其晚年，隨著哲學和文化研究視野的進一步擴大，已不再多談哲學的對象、功能、結構等問題，但他關於哲學應該注重「情」的觀念，始終沒有改變。例如在《新儒家哲學十八講》中，他仍然批評「現代學者尤其是學哲學的人，只是緊緊抓住一個『理』字，而把『情』字疏忽了不去發揮。這對任何一個時代的哲學思想而言，都是一個致命傷。」❺

3.「平面的宇宙觀與層疊的宇宙觀」

基於上述認識，方東美提出：從價值論的角度看，科學是「平面的宇宙觀」，哲學是「層疊的宇宙觀」。

---

❿ 方東美：《科學哲學與人生》，頁23。
❸ 方東美：《原始儒家道家哲學》（臺北：黎明文化事業公司，1985年版），頁7。
❹ 方東美：《科學哲學與人生》，頁25。
❺ 方東美：《新儒家哲學十八講》（臺北：黎明文化事業公司，1985年版），頁96。

　　方東美承認，對於人類文化發展來說，科學和哲學同樣不可或缺，「科哲合作，理情交得，然後人類思想與文化乃臻上乘」。❶但是他和熊十力、張君勱、馮友蘭等人一樣，面對「科學主義」思潮，更加強調科學與哲學的區別。

　　他認為，這種區別主要表現在：

　　⑴科學是「一層同分」的思想體系（hemogeneous thought of Nature ❶），哲學是「雙層異分」的思想體系（heterogeneous thought about the thought of Nature）。所謂「一層」、「雙層」，是說科學「直接針對自然客境」，哲學則「就科學取象自然所已成就的思想再度推敲其意蘊」。所謂「同分」、「異分」，是說科學思想是單質、單相的（hemogeneous），哲學思想則是多質、多相的（heterogeneous）。哲學是批評的知識，它對於科學的成就作更深一層的、形而上的探討，以尋求宇宙人生之「真源」。

　　⑵科學只求形成「客觀的知識系統」，而哲學則要反觀主體，「在人類心性上追求科學所由產生之理性作用的根源」，所以哲學是反省的知識。

　　⑶科學以分析法為原則，通過「構畫各種自然現象的細密結構」而認識事物；哲學則「從一開始，就是以廣大和諧的原則來玄覽一致性」。因此從方法學來看，科學重分析而哲學重綜合。

　　⑷科學研究特定的領域，各門學科恪遵一定的範圍。哲學則會通各類知識，形成統一的「建築學系統」。因而從理論構成來看，科學是專門的、「局部的知識」，哲學是旁通統貫的、「全體的知識」。

　　⑸科學將宇宙各境展布在「邏輯平面」上，作事實構造的探討而不作價值鑒別，表現出「價值學的中立」。哲學則「認宇宙為層疊的構造，所以劃分境界之後，即須鑒別各層價值，以求上達至於最高的價值理想」❶。因而從價值論來看，科學是「平面的宇宙觀」，哲學是「層疊的宇宙觀」。方東美認為，這是科學與哲學最根本的區別。他說：「層疊的宇宙❶平面的宇宙，在理論上有極大的差別。

---

❶　方東美：《科學哲學與人生》，頁1。

❶　此處Nature，特指「擬人化的自然」，下同。

❶　方東美：《哲學三慧》（臺北：三民書局，1970年版），頁57。

❶　原文如此，後一「的」字，疑為「與」或「和」字之誤。

依此差別，我們可以劃分科學的和哲學的宇宙觀。」⓴科學「超人生以立論」，它有著對於宇宙之「秩序的信仰」，而無對於人生之「價值的信仰」。哲學則要追究人類生命之價值，「衡論生命的徑向，以樹立價值的標準」。正因為這樣，「科學家的眼光是銳利而冷靜的，哲學家的心情是強烈而溫存的」。

4.「科學主義是要不得的」

「五四」運動之後，「科玄論戰」對於中國思想界產生了重大影響。論戰中，「科學派」代表人物丁文江、王星拱等人主張「科學方法萬能論」，認為科學與哲學並無界限。王星拱在《科學與人生觀》中說：「科學就是哲學」，科學方法可以解決人生觀問題。「科學是憑藉因果和齊一兩個原理而構造起來的。人生問題無論為生命之觀念或生活之態度，都逃不出這兩個原理的金剛圈，所以科學可以解決人生問題。」這類觀點，無疑混淆了科學與哲學在對象、方法、功能等方面的基本界限。「科玄論戰」發生時（1923 年），24 歲的方東美正求學於國外。但他歸國後，就對科學主義進行批評。而且從出版於 1936 年的《科學哲學與人生》到其晚年著作，方東美都對「科學主義」持反對、批評的態度。

方東美說，自然科學「特具的方法」不是萬能的，它不能用來研究社會人生問題。17 世紀的斯賓諾莎用數理上的靜性結構來解釋人生，認為人的行為如同幾何學上的點、線、面一樣遵循著機械規則。這種見解，是把「活躍的人生當作死沈的僵屍」。近代歐洲哲學對於自然科學「不但是採取它的方法，而且是接受它的原則」，用「因果律」和「齊一律」來看待社會人生。其結果，是導致「哲學問題被化解成數、量、質」，導致哲學講「理」不講「情」，見「物」不見「人」。哲學成了「科學唯物論」、「科學齊物論」。邏輯實證主義者卡爾納普主張所謂知識的統一（unity of knowledge），要把自然科學、社會科學的語言都統一到物理科學語言的基礎上來。方東美認為這是「科學語言的誤用」，「事實上不是講科學的真正精神，而是講『科學主義』」。用物理科學的語言來表現「人性的心理」，無疑只能導致「錯誤的哲學」。他說這種「跨越本位的科學主義」把人類的生命現象、精神現象、價值現象統統化作物質現象，認為物質科學的定律「也支配著生命，也支配

⓴　方東美：《哲學三慧》，頁 57。

著人類的心靈」。它運用「冷酷的理智」，「把人生種種活潑機趣都剝落殆盡」。因此，「『科學』是寶貴的，但『科學主義』卻是要不得的」。❷❶

　　方東美認為，對於「人」的意識乃是一切哲學得以成立的先決條件。他說：「哲學思考至少有三種途徑：(1)宗教的途徑，透過信仰啟示而達哲學；(2)科學的途徑，透過知識能力而達哲學；(3)人文的途徑，透過生命創進而達哲學。」❷❷哲學如果走宗教的途徑，「建構出一套附屬於神學的觀念系統」，那末由於神學「貶抑現世的人類價值」，哲學「也只能促使人們逃避此一玷污的現世」，哲學的本質便成了虛無主義。哲學如果走科學的途徑，如同羅素所說「運用精確與固定的科學方法」，從而成為「科學的哲學」或者說「哲學被科學化」，那末哲學便「只能以科學化的形式聊備一格，成為多餘的存在」。總之，宗教與科學的途徑使哲學「或是成為神學的婢女，作為護教之用」，或是「成為科學的附庸，不談價值問題」。因而，「實在說來，人文主義便形成哲學思想中唯一可以積健為雄的途徑。」❷❸哲學植根於人類的生命精神，探究人的心性，弘揚人生價值，因而它是「人生意義的圖畫」。

　　可見方東美的哲學觀，是一種人本主義的哲學觀，更確切地說，是道德的人本主義的哲學觀。這種哲學觀的形成，一是基於對傳統儒家哲學的繼承。方東美認為，「強調人性之內在秉彝，即價值」自古以來便是「儒家哲學之骨幹」。二是基於對近代以來西方哲學思潮、文化思潮的回應。這種回應，包括肯定的和否定的兩個方面。肯定的方面，是對於具有反對科學主義、實證主義傳統的西方人本主義哲學、生命哲學的認同。否定的方面，是對於近代西方文化「重科學而輕人文」的價值取向的拒斥。方東美認為，近代西方文化發展了科學技術，但忽視了人文理想，特別是忽視了人的道德價值。結果使人只知致力於戡天役物，注重物質利益而缺乏價值理想，在精神上陷入虛無主義。他視此為「近代西洋民族的不幸」。而且，近代以來的西方文化對中國社會的衝擊，無疑影響著中國人的精神面貌和倫理、道德

---

❷❶　方東美：《演講集》，頁236。
❷❷　方東美：《中國人的人生觀》（臺北：幼獅文化事業公司，1984年版），頁1。
❷❸　方東美：《中國人的人生觀》，頁5。

觀念，這也促使方東美鑒於「近代西洋民族的不幸」而抵制、反對「科學主義」。這些，可以說是方東美形成以人的倫理價值、道德意識為核心的人本主義哲學觀的基本原因。

自從熊十力提出科學與哲學「宜各劃範圍，分其種類，別其方法」之後，區分科學與哲學，反對「科學主義」，便成為現代新儒家文化哲學理論中一個經久不衰的重要話題。現代新儒家有關於此的大量論述已為學界所熟知，這裏不必贅引。我們認為，他們的論述歸結到一點，就是熊十力借用佛學概念提出的「俗諦」世界與「真諦」世界的區別。後來，牟宗三將其表述為「事實世界」與「價值世界」的區別。他在〈關於文化與中國文化〉中說，科學「只知平鋪的事實，只以平鋪事實為對象，這其中並沒有『意義』與『價值』。這就顯出了科學的限度與範圍。是以在科學的『事實世界』以外必有一個『價值世界』、『意義世界』，這不是科學的對象。這就是道德宗教的根源，事實世界以上或以外的真善美之根源。」方東美的以上論述，歸根結蒂也正是主張區分科學所探求的「平面的」物質世界與哲學所探求的「層疊」的價值世界，在此基礎上，通過哲學的途徑，使人類文化和個人生命從物質層次提升到精神層次，亦即從物質世界提升到價值世界。熊十力、方東美、牟宗三等人的觀點，都體現了現代新儒家在科學與哲學關係問題上的此種共識。

(二)藝術

作為哲學家的方東美，兼有濃厚的藝術家氣質。他不僅著有《堅白精舍詩集》，而且在其學術論著中，也常以優美典雅的文筆，使讀者置身於特定的「詩意化境」而領略其中哲理。而更值得我們從理論上關注的，是他「依生命之表現，以括藝術之理法」[24]，提出了自己的藝術見解。

1.「一切藝術都是從體貼生命之偉大處得來」

方東美常說，宇宙「美侖美奐」，人生是「充滿純美的太和境界」。那麼，「天地之美」緣何而生？他認為——

(1)美「寄於生命」而「形於創造」

---

[24]　方東美：〈生命情調與美感〉，見《生生之德》，頁117。

「天地之大美即在普遍生命之流行變化，創造不息。……換句話說，天地之美寄於生命，在於盎然生意與燦然活力，而生命之美形於創造，在於浩然生氣與醰然創意。」❷❺美即寓於宇宙的普遍生命之中，它是「生意」、「生氣」、「活力」的表現。生命的活力，就在於它的生生不息、創進不已。「生命之本身即是陽剛勁健，充實為美。」「生命的本性就是要不斷的創造奔進，直指完美。」所謂美，歸根結蒂是生命之美，是充滿「創意」的生命精神。這便是「美」的本質。方東美說倘若沒有豐富的生命充塞其間，那麼宇宙之中無美可言。

既然美寄於生命、形於創造，則人類的「審美的主要意向都是要直透宇宙中創造的生命，而與之合流同化」❷❻。作為人類審美意向之集中體現的藝術，「不論它們是任何形式，都是充分的表現這種盎然生意（一切藝術都是從體貼生命之偉大處得來的）。」❷❼例如，形式上注重格律音韻的詩歌，從內容上說則是一種「生命之律動」。抑揚頓挫的音樂，亦在表現「生命之旋律」和「豐富的生命情調」。再如藝術品，以中國的為例，早自仰韶文化中的白陶，殷墟中的骨器玉器，到歷代的青銅、陶器、雕刻、翠玉、鍾鼎、銅鏡、壁畫等等，其造形、飾紋和色彩，無不「象徵生命的暢然流行與盎然創意」、「表現生命的活動力與蕃殖力」。總之，各種藝術形式皆在於表現「生命之美、及其氣韻生動的充沛活力」。

(2)「以精神染色相」

藝術表現生命，不是生命現象的刻板記錄，而是「以精神染色相，淡化生命才情，而將萬物點化成盎然大生機」❷❽。但方東美提出，這種「以精神染色相」，或曰「以才情點化萬物」，並不是西方美學家所說的「移情作用」，不是「將主觀的感受投射於外」。他說這種「主觀投射論」只能稱為主觀主義，其前提是「心理與物理的二元論」，結果在主體與客體之間造成了隔閡和鴻溝。那麼，「以精神染色相」應如何理解？方東美說：「藝術創作，……即以自然之身心投向自然之懷抱；更將宇宙之奧妙攝入一己之靈臺。……藝術家之理想，成了大自然之範型，大自然

---

❷❺　方東美：《中國人的人生觀》，頁 126。
❷❻　方東美：《中國人的人生觀》，頁 131。
❷❼　方東美：《中國人的人生觀》，頁 132。
❷❽　方東美：《中國人的人生觀》，頁 140。

之條貫，轉變作藝術家之意匠。藝術創造宇宙形象之美，乃竟契合天然；宇宙洩露藝術神機之秘，適以完成自我。藝術天才之神工鬼斧，可以設想人類，趣令別出新樣，剔透玲瓏；又能創建世界，使之提升超拔，脫盡塵凡。」❷可見藝術創作中的「以精神染色相」，既是藝術家對於宇宙萬物的「提升超拔」，卻又能「契合天然」。其前提是：人與宇宙萬物和諧浹化，渾然同體，故而能感受普遍生命流行之機趣。此種機趣，「一方面屬於自身本性，二方面則與身外的大化同流」。藝術家透過慧心，將自己的靈感契合於大化生命，深悟宇宙人生之雄奇，乃能在作品中表現普遍生命流行之機趣。這便是董源所謂「外師造化，中得心源」，李白所謂「攬彼造化力，持為我神通」。這樣的「以精神染色相」，就不會「把生命化成單板的死物」，而是「總有一股神妙的機趣貫注其中，點化萬物，激勵人心」。

2.從中國藝術看理想藝術

方東美認為，「中國人是有史以來所有民族中，最能生活在盎然機趣之中的」❸，中國藝術最能表現「天地之大美」。他論述了中國藝術的特性。透過他的充滿推崇和摯愛的論述，我們可以看出什麼是他心目中理想的藝術形態。

方東美說，中國藝術具有下列特性：

(1)「玄學性重於科學性」

「玄學」即指哲學。方東美引述懷特海的「哲學與詩境相接」，說明藝術與哲學相互貫通。他說中國藝術最能與哲學精神融會貫通，藝術境界包含著哲人的「玄妙神思」。至於科學與藝術的關係，它們既然同為人類精神文化的組成部分，則兩者亦不相悖。「科學理趣之完成，不必違礙藝術之意境，藝術意趣之具足亦不必損削科學之理境。」但科學是用分析法來勾畫自然現象的細密結構，藝術如果也採取這樣的方法表現生命，那就只能「把生命變成單板的死物」。中國藝術則是「玄學性重於科學性」，而不是「透過科學某些一隅之見來看生命與世界」，所以「不論是那一種中國藝術，總有一股盎然活力跳躍其中」❸。

---

❷　方東美：《科學哲學與人生》，頁 221-222。
❸　方東美：《中國人的人生觀》，頁 142。
❸　方東美：《中國人的人生觀》，頁 132。

(2)「象徵性」

「所謂象徵性，一方面不同於描繪性，二方面接近於理想性。」❷關於描繪的藝術，方東美舉希臘人體雕塑為例。他說希臘人觀察自然特具一種敏感力，在雕塑中能把人體的每一部分，以及各部分之間的比例關係，細膩、生動地刻畫出來。但其缺陷在於如同景物「在鏡中一覽無遺」，這種雕刻不能給人以更多的神思遐想。而象徵性、理想性的藝術則不同於此。例如西方的歌特式教堂，其尖鋒直指蒼天，象徵著人類靈魂超升的理想。中國繪畫更是在精神上猶如「太空人」，提神太虛、俯視萬物，咫尺畫幅盡可包天含地，寄託無窮玄妙神思，將觀畫者引至理想勝境。在中國，作品是否具有象徵性、理想性，正是高明的畫家與只知在技巧上下功夫的「畫匠」之分野。

這種「很難傳述」的象徵性，又被方東美稱為藝術的「無言之美」。他引用莊子「天地有大美而不言」，培根「美的最好部分，是筆墨無法形容的」等觀念，來說明「至美」難以描繪。惟有象徵性的藝術，可以使人在理想的層面鑒賞「至美」。

(3)「中國的藝術方法是真正的表現」

所謂「真正的表現」，是說中國藝術的表現手法不重「形似」，而重「神似」，以「傳神來表現事物的真精神、真性情」。方東美說，這表明「中國藝術家貴在表現事物的生香活態」，❸不重事物的表象而重其精神，就是《夢溪筆談》所說的「書畫之妙，當以神會，難可以形器求也」。這種傳神的手法，「不以描繪精確為能事，換句話說，也就是對物質性的超升與否定。」超升於物質性之上，方能表現「生命的活力」和「盎然機趣」，方能「活潑潑地勾畫出一切美感對象」。從這個意義上說，能夠勾畫出事物「生香活態」的中國藝術方法，才是「真正的表現」。

(4)「妙契人文主義的精神」

方東美說此處所稱人文主義，不是普羅塔哥拉所謂「人是衡量一切的標準」，

---

❷　方東美：《中國人的人生觀》，頁133。

❸　方東美：《中國人的人生觀》，頁139。

也不是希臘藝術的「以人體來設想所有性質」、「以人形來表現眾神」，而是指：
「人，作為創造主體，既是生命創造的中心，足以臻入壯美意境，也能綿延奔進，
『直指天地之心』，……怡然體悟萬物與我合一，盎然與自然生機同流，進而奮然
振作人心，邁向壯美。」❸中國藝術的人文主義，不是以人的主觀尺度為標準衡量
一切，也不是宣揚人的感性快樂，而是視人為「生命創造的中心」，認為人與天地
萬物可以合而為一，浹而俱化，同享生命的喜悅、歡欣、美妙。從這種人文主義看
來，「自然是人類不朽的經典，人類則是自然壯美的文字」。

　　方東美的學生、美國夏威夷大學教授成中英，也談過中國的人文主義。他是從
比較哲學的角度來談的：「就中國哲學來說，自然被認定內在於人的存在，而人被
認定內在於自然的存在，這便是中國人文主義的基礎。這樣在客觀和主觀之間、心
靈與肉體之間、人與神之間，便沒有一種絕對的分歧。」❸他認為，西方「外在的
人文主義」認定人與自然是互相對立的，中國的人文主義則認定人與自然是互相內
在、和諧統合的，因而是「內在的人文主義」。在此我們不妨將成中英的見解，視
為對於方東美所說的「中國藝術的人文主義精神」的一種詮釋。

　　方東美認為，中國藝術的以上特性，表現了它的通性。「中國藝術的通性，乃
在表現盎然的生意。」❸他又稱此為「中國藝術的基本原則」，說甚至在中國佛教
的雕塑、壁畫中也不例外。惟其如此，中國藝術能夠「把宇宙之美表現得淋漓盡
致」，中國藝術家以此而「昂然不朽❸於美的樂園之中」。

　　值得注意的是，從方東美的論述中可以看出，實際上他認為具有上述特徵的中
國藝術是一種理想的藝術形態。他還說：「中國的藝術精神貴在勾深致遠，氣韻生
動，尤貴透過神奇創意，而表現出一個光輝燦爛的雄偉新世界，這個世界絕不是一
個乾枯的世界，而是一切萬物含生，浩蕩不竭，全體神光煥發，輝露不已，形成交
光相罔、流衍互潤的一個『大生機』世界，所以盡可洗滌一切污濁，提升一切低
俗，促使一切個體生命深契大化生命而浩然同流，共體至美。這實為人類哲學與詩

---

❸　方東美：《中國人的人生觀》，頁 145。

❸　成中英：《中國文化的現代化與世界化》（北京：中國和平出版社，1988 年版），頁 94。

❸　方東美：《中國人的人生觀》，頁 132。

❸　「朽」字在原文中作「巧」，疑為排版之誤，茲根據上下文意改。

境中最高的上勝義。」❸無疑，昭顯了「人類哲學與詩境中最高的上勝義」的中國藝術，是一種理想的藝術形態。透過方東美關於中國藝術的特性的如上論述，我們可以更深一層地理解他的藝術觀。

3.悲劇的意義

自從王國維率先將康德、叔本華等人的美學思想介紹到中國之後，「悲劇之意義」便成為中國美學和文藝理論中的一項議題。方東美也由肯定人生的「悲壯性」而論及悲劇的意義。他說：「痛苦為生命的根身。」❹人生具有一種「藝術的悲壯性」，「乾坤一場戲，生命一悲劇。」藝術應當表現這種悲壯之美。因此方東美很看重悲劇藝術。

他認為最能表現人生悲壯之美的，是希臘的古典悲劇，它具有以下三重意義：

⑴「啟示人生之悲劇意味」，昭示生命歷程充滿「令人震驚」的災患。

⑵曉喻如下道理：「以痛苦來支持生命庶可取消痛苦」，也就是尼采論希臘悲劇時所謂「用痛苦去換取高貴的人生」。對於痛苦，當「挺起心胸，怡然忍受」。對於人生，既不應持「淺薄的樂觀態度」，尤不應持「畏葸的悲觀態度」。

⑶激勵人類「以艱苦卓絕的精神來操持生命」，捨一己之利害，而於精神上超升至「幻美的境界」，此時便會覺得一切憂患痛苦無非都是「美滿生命的點綴」。所以希臘悲劇之終幕，常是「同聲朗頌生命勝利之歌」。從這個意義上說，「希臘悲劇智慧最後竟得著喜劇精神為之敷彩」。

叔本華認為，悲劇的意義在於展示「生命的可怕」和「人生的不幸」，從而使人們認識到生命不值得追求而毅然「斷念」（resignation）。方東美不贊成這種觀點。他說「悲觀論者叔本華」陷入了自相矛盾：一方面他的「生命哲學」提出「生命欲之確立可以統攝宇宙萬象」；另一方面他竟然又認為悲劇之意義在於指出「生命欲之滅絕乃是人類脫離苦海的『禪門』」。叔本華自知這種見解「頗違反希臘的悲劇精神，……便對這種悲劇精神頗致微詞」。方東美認為，希臘悲劇體現了大安理索斯（Dionysus，又譯狄俄尼索斯，酒神）精神，使人在酣醉中忘卻生命的苦難和驚

---

❸　方東美：《中國人的人生觀》，頁 138。
❹　方東美：《科學哲學與人生》，頁 216。

怖，而感受它的崇高和歡悅，煥發出「雄奇壯烈的詩情」。不難看出，方東美對於悲劇意義的理解，與尼采「崇高」（「壯美」）來自「對於恐怖的克服」之說頗為契合。

對於悲劇意義的理解，表明方東美也把藝術看成人類在精神上的一種「解脫之道」。不過這種解脫不是叔本華所謂「斷念」，而是指在藝術境界中，睥睨人生的憂患煩惱，感受生命的尊嚴和力量，從而獲得精神的超升與歡欣。正是在這個意義上，方東美說，詩的功能確如歌德所說，乃是「作生命之夢」。在《堅白精舍詩集》的〈後記〉中，方天華（方東美長子）翻譯了方東美關於詩的一段英語演講詞：「生命的現實就是苦難！……詩詞的幻象可以幫助我們穿過悲慘生存的圈套，而開墾精神自由的新天地。不僅是希臘的古詩人，現代所有的詩友都應該將生命結束的悲傷，轉認為精神的凱旋。」希臘詩人描寫英雄之死時，總是唱出精神的凱旋之歌，便是一種悲壯之美。借助於藝術幻象而「穿過悲慘生存的圈套，開墾精神自由的新天地」，可以說是方東美對於悲劇意義的概括。

上述表明，方東美藝術觀的基本精神，就是他自己所說的「依生命之表現，以括藝術之理法」。對於「生命」、「美」、「藝術」三者的關係，他的基本理解是：生命的本性在於創造，「美」的本質是生命的創造活力，藝術則是人類生命創造活力的形象化的表現。方東美提出「藝術從體貼生命之偉大處得來」，美「寄於生命」，藝術創作應當「以精神染色相」，他由人生的「悲壯性」論及藝術的「悲壯美」，凡此，無不是從「生命」的角度來理解「藝術」的。他認為，人類通過藝術活動所表現出來的，是積極向上、充滿創造活力的生命精神。無論是把宇宙人生的盎然生意表現得淋漓盡致的中國藝術，還是展示人生苦難而又高唱生命頌歌的希臘悲劇，都是這種生命活力、生命精神的表現。

現代新儒家學者的文化哲學理論中，出於時代思想背景和個人學術興趣等方面的原因，以對科學和哲學的論述為多，次及宗教問題，對藝術的論述則相對較少。這就使得方東美「生命正是藝術，藝術富有生命」❹的藝術觀，成為現代新儒家文化哲學理論中一項頗有特色的內容。

---

❹　方東美：《科學哲學與人生》，頁 167。

㈢宗教

　　畢生致力於「生命精神的高揚」的哲學家方東美，非常看重宗教與人生的關係。他將宗教理解為一種精神生活方式，認為這種精神生活方式所表達的，是人類對於宇宙創造力的無限虔敬之心。人們保持這種虔敬之心，便能與天地相和諧，與他人相友愛，並參贊宇宙之化育。

　　「作為一種崇高的精神生活方式，宗教乃是人類虔敬之心的表達，人藉著宗教可以發展三方面的關係——首先是與神明之『內在融通』的關係，其次是與人類之『互愛互助』的關係，第三是與世界之『參贊化育』的關係。藉著神，我們得以存在於世，並且提升人性；在神之內，我們得知泛愛萬有、尤其普愛人類；經由神，我們更能觀照大千世界的無窮義蘊。」❹方東美最為注重的，是他所謂人與神明的「內在融通」的關係。在他看來，這種關係不僅是人與人的「互愛互助」關係、人與世界的「參贊化育」關係的基礎，而且是宗教對於人類生活的價值之所在，是宗教精神的真諦之所在。

　　方東美的宗教觀，可以說是一種「內在融通」的泛神論。

1.「神明」的超越性與內在性

　　方東美所謂神，不是人格神。他說：「神決非一樣事物；它是一種能力，一種創造力；它是一種精神，充滿了無限的愛，將宇宙萬有消融於愛的汪洋中。」❹「神」乃是廣大悉備、深微奧妙的宇宙創化力，或曰「生生不息的創造力」，它是一種充滿「愛意」的精神力量。

　　神作為「深藏在宇宙裏面不洩露它的深微奧妙及一切秘密的精神力量」，無疑是一種超越性的存在，所以方東美說：「一切宗教，對神的崇拜，總是從現實推到理想，從時間流變推到永恆，推到超越界。」❹但是他認為，神不僅具有超越性，而且具有內在性。

　　方東美曾描繪一幅「人與世界在理想文化中的藍圖」。在這幅藍圖中，人類以

---

❹　方東美：《生生之德》，頁 323。
❹　方東美：《生生之德》，頁 325-326。
❹　方東美：《演講集》，頁 173。

物質世界為基礎和起點，發揚創進不已的生命精神，不斷地向上追求更高的價值理想，從而使人生超升為理想的生命，使宇宙超化為理想的世界。方東美說，人類之所以這樣無止境地追求生命價值的提高，「這就是因為宇宙在最高境界裏面有一個精神的力量，拿那個精神力量去貫注在宇宙每一個角落裏面的人、物、萬有。這樣，宇宙每一個角落裏面的人、物、萬有都貫注有神聖的力量在裏面，這個世界才可以提升，人類的生命價值才可以增進，人類的願望才可以滿足。」❹神既存在於宇宙的最高境界，又內在於人、物、萬有之中，成為萬物的創化動力。方東美舉例說，花之所以開得美妙，就是因為有神奇奧妙的宇宙創化力——即「神」——貫注在花裏面。

因此，神並不是「高居皇天的至尊」，而是「貫注下去，變做無所不在」的精神力量，是既超越而又內在的精神力量。「神為原始之大有，挾其生生不息的創化力，沛然充滿一切萬有，於穆不已，宇宙六合之內因神聖的潛能布護了創化的歷程。」❺方東美說，神明雖不「屬於」此世，卻能將其創造能力「貫注於」此世。這類論述，明顯地表現出方東美宗教觀的泛神論基調。

方東美反對把神描繪成「使人恐懼戰粟的超絕對象」。他說神作為宇宙的創化力，充滿了對萬物的愛。「神明的本質——這本質便是愛」，「神原是仁愛充沛的本源」。❻人類生活在神的愛德之中，神對於人來說是親切、無隔閡的。方東美認為，在現實生活中造成人與神「疏離」的一個重要原因，就是有些宗教傳說和神學理論「以恐怖的超絕界來解釋宗教的神聖界」，使人對於神有敬畏心而無親切感。方東美否定了神的「超絕性」，他認為對於人和宇宙萬物來說，神是既「超越」而又「內在」的。

2.人與神的「內在融通」

既然神對於人不僅是超越的，而且是內在的，則神性與人性亦是相通的。方東美認為，所謂神性乃是「人性典範」。人性中具有「神性本質」，或曰「神性潛

---

❹ 方東美：《演講集》，頁 27-28。
❺ 方東美：《生生之德》，頁 337。
❻ 方東美：《生生之德》，頁 326、353。

能」，人「能把神性的至善至美展現於人性的美善品格中」。他說希伯來教「在人性天賦的偉大中實現神性本質」的觀念，中國大乘佛教的「人人皆有佛性」之說，印度教的「梵我一如」思想，都體現了如下的重要啟示：「人經由發現自己而發現神。」**❼**

人與神的「內在融通」，前提是肯定人性與神性具有共同的本質。費爾巴哈在《基督教的本質》一書中曾提出：神是人的形象，神的本質其實是人的本質。方東美表示贊同費爾巴哈的這種見解。但是費爾巴哈在考察人的本質時，從人本學唯物主義立場強調人作為現實的感性存在是肉體和靈魂的統一，肉體是基礎，靈魂不能脫離肉體而存在，方東美卻因為強調人的本質的精神性，而認為費爾巴哈是「錯將整個的人體視為人的本質」。他說除了這一點之外，可以說費爾巴哈指出了「邁向宗教的正確途徑」──從人的本質來理解神的本質。

方東美說，田立克**❽**曾分辨過兩種「接近神的途徑」。一種途徑是「克服隔閡」，即首先把神當作與人有隔閡的某物，然後通過克服隔閡而接近神。另一種途徑是「會遇陌客」，即視神如同陌生人，認為從根本上說神與人彼此並不相屬，人只能通過「試探與揣測」而接近神、認識神。方東美認為，人之發現神，並不是發現「與他隔閡的某物」，也不是偶然地去會遇「一位陌客」。作為「神性精神具體化身」的人，是通過發現並且拓展、實現自身的「神性潛能」，而接近神、認識神的。這正是田立克所沒有提到的「最重要的第三種途徑」，即人經由自己而發現神的「人性論」的途徑，亦即人與神的「內在融通」的途徑。

如何實現這種「內在融通」？答案就是方東美所說的「提升人性」。人不斷地向更高的價值境界提升自己的生命精神，提升自己的品性。「人類的智慧發展到最高的階段同宇宙的最高精神光明化為一體，就是般若與菩提相應。然後，那個人性發展到達那個程度，不僅是人性，而是佛性。」**❾**人性的昇華，就是神性的實現。方東美認為，西方普羅提諾、奧古斯丁、托瑪斯・阿奎那等人的神學和哲學，中國

---

❼ 方東美：《生生之德》，頁325。

❽ Pall Tillich（1886-1965），又譯「蒂利希」，美國基督教新教神學家。

❾ 方東美：《演講集》，頁29。

原始儒家孔孟荀、原始道家老莊的哲學,以及各派大乘佛學,「最後的目的都是要把人的精神,從自然界的裏面提升到達精神的頂點,然後從人類的智能才性上面變做盡善盡美,變做神聖。」❺⓿可見方東美所謂神性,就是盡善盡美的人性。所謂人與神的「內在融通」,就是人性對於真善美的不斷追求,就是人性的「內在超越」。從人性與神性的關係來看,這是一種相互「融通」的過程;從人性本身來看,這是一種自我「超越」的過程。其結果,是使人性上升到「最高價值統會」的境界,即上升到「神明」之境。

由此還可以看出,方東美所謂通過提升人性而達到神性的途徑,不僅是宗教的,而且是哲學的。在他看來,在宗教中和在哲學中,人都是通過「內在融通」、「內在超越」的途徑,而上臻於「最高價值統會」的境界——這個最高境界,在方東美的宗教理論和哲學理論中,都被稱之為「神明」之境。

3.宗教的情感性

方東美說:「宗教思想與哲學思想中恒有一種提升的衝力。」❺❶他還提出,宗教昭示人類追求「善德」、「美德」,這和道德領域是相通的。宗教和哲學、道德,都具有「提升人性」的作用。但哲學和道德提升人性是通過理性的方式,宗教提升人性則是通過情感的方式。

方東美自謂其宗教理論「特別強調宗教的情感性與宗教虔敬的自發表現」。❺❷所謂「宗教虔敬的自發表現」,也還是基於宗教情感。因此在他看來,宗教作為一種「精神生活方式」,是以情感性為其主要特徵的。這種情感性,又是和宗教的神秘性相聯繫的。「宗教生活就是以熾烈凝煉的情感投入玄之又玄的奧秘之中」,❺❸宗教情感乃是一種「強烈的神秘情感」。

所謂情感性,乃相對於理性而言。「在人類文明的啟蒙時期宗教出現稍早,每易混雜過量的情感而與理性格格不入。」❺❹就是說,宗教產生於人類文明啟蒙、理

---

❺⓿　方東美:《演講集》,頁 30。

❺❶　方東美:《生生之德》,頁 352。

❺❷　方東美:《生生之德》,頁 325。

❺❸　方東美:《生生之德》,頁 323。

❺❹　方東美:《生生之德》,頁 335。

性水準不高的時期，這就使得它自然而然地依賴於神秘情感而遠離理性。這是宗教富於情感性的歷史起因。此後宗教在其發展中，由於那「玄之又玄」的宗教奧秘始終是「超乎理性」或者說「內潛於理性」的，不是理性所能予以解說的，因而宗教作為一種精神生活，便始終不離於情感的方式。

就宗教與哲學而論，方東美說它們本該相輔相成，但實際上二者卻爭端時起。原因就在於宗教超乎理性，而「這理性卻正好構成哲學的本質」。特別是近代以來的哲學，往往與自然科學「深相結納」。自然科學對於宇宙的精神價值「真、善、美、聖」皆視而不見。它對宇宙進行「理性的解釋」，得出科學原理和公式。在自然科學面前，「神明的創化動力顯然退處低潮，神性的豐盈價值竟然遭受漠視」。深受自然科學思維方法影響的近代哲學，則重「理」而輕「情」，「以致不時陷於機械的還原論與獨斷的唯物論，而損及宗教經驗中至為重要的精神價值」。這就使得哲學與特別注重情感作用的宗教「爭端時起」。

就宗教與道德而論，二者都引導人類追求「美德」。從這個意義上說，宗教領域與道德領域相通。但宗教所追求的美德，是黑格爾所指出的「自然靈魂的道德」（Morality of the Natural Soul），而不是「反省的道德」。倘若以理性取代宗教中的神秘情感，將宗教的秘密在理性之光下展示出來，「那麼宗教馬上就變質，……神聖的宗教領域變做理性的道德領域」。這種道德，才是「反省的道德」。方東美說，中國古代的周公正是把握了他那個時代的理性精神，「根據人類的普遍理性，把宗教化成道德」。在《尚書》中，對於「德」有兩種講法。〈洪範〉篇所講的是夏殷時代的道德，即「自然靈魂的道德」。周公在〈周誥〉、〈康誥〉等篇中所講的，則是一種理性的、反省的道德。因此可以說周公在殷周之際的思想領域「起了一個很大的革命」。他突破了夏殷時代道德觀念的眼界──宗教的眼界，建立起新的、理性的道德領域。這也表明，人類（例如中國人）是先產生基於神秘情感的宗教道德觀念，然後才形成以理性為基礎的道德觀念。

通過宗教與哲學、道德的比較，方東美進一步說明了情感性是宗教的主要特徵。

方東美的宗教觀，否定了人格神的存在，但肯定了作為創化宇宙萬物的「精神力量」的「神」的存在。這無疑仍然是一種唯心主義觀念。在指出這一點之後，讓

我們對方東美宗教觀的基本特徵作一簡略分析。

方東美稱自己關於宗教問題的論述，「皆與泛神論（Pantheism）的真理相合，就是肯定神明普遍照臨世界，肯定聖靈寓居人心深處。」❺對於泛神論的基本精神，他作如下理解：「泛神論的觀點是：神明的本質雖然遠超一切經驗界的限度，但仍能以其既超越又內在的價值統會，包通萬有扶持眾類，深透人與世界的化育之中。……神明的理想雖非人間所有，卻生機充盈於此世，且為人類生命之最高指引。」❻神作為宇宙萬物的創化力，作為「深微奧妙」的精神力量，是超越於經驗界之上的；但又正因為它是宇宙萬物的創化力，因而又內在於萬物化育過程之中。所以，神對於包括人在內的宇宙萬物來說，是一種「既超越又內在的價值統會」。人可以通過提升自己的人性，實現與神的「內在融通」。方東美強調神明的超越性與內在性的統一，強調人與神的「內在融通」，所以我們說他的宗教觀是一種「內在融通」的泛神論。

方東美的宗教觀，與他的哲學觀是相通的。他認為，哲學的形而上境界對於現實人生來說，不應該是一種「超絕」的境界（如同西方大多數形上學理論那樣），而應該是一種「既超越又內在」、「即內在即超越」的境界（如同中國傳統形上學理論那樣）。泛神論的「神」則同樣具有這種內在超越性。因此，「泛神論與哲學精神較為相契。……泛神論的神實乃以理性解說之哲學上的神」。❼不同在於，泛神論的「神」是宗教的神，人們對它的認識是基於情感而「超乎理性」的，而哲學的「神」則是「以理性解說」的。共同之處，即二者（泛神論與哲學）的「相契」之處，便在於「內在融通」、「內在超越」的精神。憑藉這種精神，可以使人的生命價值不斷地得到提升。宗教作為一種精神生活方式，其作用無非是通過人與神的「內在融通」，使人性上臻於神性，造就崇高的道德人格。方東美之所以看重宗教，正如他推崇哲學一樣，是為了通過「內在超越」的途徑，解決人在精神方面的安身立命問題。這又體現了現代新儒家共同的致思趨向。

---

❺ 方東美：《生生之德》，頁 329。

❻ 方東美：《生生之德》，頁 336。

❼ 方東美：《生生之德》，頁 336。

二、「人與世界在理想文化中的藍圖」

方東美設計了一張「人與世界在理想文化中的藍圖」，❸對人類的「理想文化」作出了描繪。這張藍圖，首先肯定物質世界是人類生活的基礎（方東美認為這是東方哲學、特別是中國哲學的傳統觀念）。在此基礎上，人類不斷地提升自己的生命精神，追求更高的價值境界。他說：

> 在東方哲學裏面，尤其在中國哲學中各家各派，從來不像希臘的末世，也不像在中世紀的若干時期，在宇宙建築圖裏面沒有物質世界的地位，東方哲學沒有西方這個色彩，印度哲學大部分也沒有這個色彩。假使我們從形而下的境界上面看，我們在建築圖裏面要建築一個物質世界，把這個物質世界當做是人類生活的起點、根據、基礎。把這一層建築起來之後，才可以把物質點化了變成生命的支柱，去發揚生命的精神；根據物質的條件，去從事生命的活動，發現生命向上有更進一層的前途，在那個地方去追求更高的意義、更高的價值、更美的理想。這樣把建築打好了一個基礎，建立生命的據點，然後在那裏發揚心靈的精神；因此以上回向的這個方向為憑藉，在這上面去建築藝術世界、道德世界、宗教領域；把生命所有存在的基礎，一層一層向上提高，一層一層向上提升，在宇宙裏面建立種種不同的生命領域。所以，在建築圖裏面是個寶塔型，以物質世界為基礎，以生命世界為上層，以心靈世界為較上層，以這三方面，把人類的軀殼、生命、心理同靈魂都做一個健康的安排。然後在這上面發揮藝術的理想，建築藝術的境界，再培養道德的品格，建立道德的領域，透過藝術與道德，再把生命提高到神秘的境界，──宗教的領域。因之，在我們宇宙的建築裏面要分成這許多境界。❸

這段話，概括地表述了方東美關於人的生命精神在創造「理想文化」的過程中

---

❸　《生生之德》頁 341、《演講集》頁 18 均載有此圖。
❸　方東美：《演講集》，頁 14-15。

不斷提升的基本思想。具體地說，這種提升的過程要經歷以下五種人格，即他所說的「種種不同的生命領域」，才能達到理想的價值境界。

第一種，是「自然人」的人格。這種人格的最大特點就是能夠「行動」，因而又稱「行動人」或「行能的人」。方東美說，「自然人」能憑自己的行動開闢出物質生活領域，滿足自己在物質方面的需要。但作為人類，我們應該「善於行動」，應該在行動中表現出「創造才能」。就此而論，又分為兩種情形。有些人雖然具有「創造才能」，但由於受錯誤的觀念支配，他們運用了「不正當的才能」，他們的行動變成了「昏念妄動」。對這種昏妄的人，必須予以點化，使之上升為「第二種在行動上表現創造才能的這麼一種人」。這第二種具有創造才能的人，能夠「發揚生命精神，把它指點到真相世界、更高的意義境界、更有價值的境界」⑩。這就真正達到了「創造性的生命領域」，成了「創造行為的人」。

「創造行為的人」要想真正創造出優秀文化，還得進一步地提高自己的生命境界。他們必須「以理性為指導形成各式各樣的系統知識」，使自己的創造行為不至於變成「盲目的創造」，而成為經過「理性考慮、理性支配、理性決定」的創造。由於這種人能夠「以知識為基礎，把他的生命安排在真理世界上面」，因而他在創造優秀文化的同時，也使自己上升為「知識合理的人」。

以上三種人格統一起來，就構成了「完滿的自然人」的人格，他不同於前述第一種有欠缺的「自然人」人格。「這個自然人的生活有軀殼的健康、生命的飽滿、知識的豐富，人生種種方面的高尚成就」。⑪大科學家便是這種人格的典型代表。

但是，「完滿的自然人」仍然處於「自然世界」的層次，處於生命的「形而下」層次。從人類文化領域的角度看，則是處於「科學文化」的層次。科學文化的最大特點，是在有關人類生命的精神價值（如藝術價值、道德價值、宗教價值）問題上「守中立」，不對這些價值作出評判。近代西方文化正是由於片面地發展了科學，雖然在「戡天役物」方面非常成功，但在人生的價值理想方面卻極為貧乏。「藝術才情所欣賞之美，道德品格所珍重之善，哲學宗教所覃思之真，以及其他種種價值

---

⑩　方東美：《演講集》，頁 16。
⑪　方東美：《演講集》，頁 16。

都失其根據而流為主觀的幻想。這卻是文化發展上一種極大的危機。」❻這種文化，如同德國哲學家凱塞林（Hermann Keyserling）所指出的，只是一種「能力文化」。它使西方文化由古希臘「觀念的文化取向」變為「文化中的實感取向」。科學重「利用價值」，這種利用價值在近代以來的西方社會，又變成了純粹的「商業價值」，這是文化價值取向中的「淺薄的利用主義」。它導致了社會文化生活中的價值危機、精神危機，因此現代西方文化並不是人類的「理想文化」。人類生命的本性是不斷創進，「生命除掉物質條件之外，更兼有精神的意義和價值」。❻人要隨著普遍生命的大化流行而追求更高的精神價值。因此，「完滿的自然人」還得向上提升自己的精神人格。「這個自然界是形而下的境界，我們站在形而下的裏面，各方面的要求都滿足了，而且我們還要提升向上，向上去發見形而上的世界的秘密。」❻其結果，是提升成為「符號運用者的人」。這種人能夠運用自己創造的各類符號，去象徵美的事物、美的境界，「拿藝術家的才能做更高的創造，創造了藝術上面美的世界，所謂藝術世界」。所以，這種人又可以稱為「象徵人」。藝術家便屬於這種人。這第四種人格的特點，在於進入了生命境界的「形而上」層次，「他可以創造種種美的語言、美的符號，把一個尋常的世界美化了，使它變成藝術領域，這是形而上世界的開始」。❻

然而，藝術既可以表現美，也可以表現醜。因為藝術之美，是通過藝術家的主觀感受表現出來的，當藝術家受不健康的意志和情緒支配時，它的藝術創作有可能喪失理性，創造出「瘋狂的藝術世界」。可見，在藝術創作中「主觀的感受在價值上面不能代表美滿」，藝術領域「究竟不是完美的生命領域」。所以「符號人」的人格有待於進一步提升、發展為第五種人格，即「道德人」的人格。「那就是具備優美品德、優美人格的這麼一種人，是道德的主體」。❻由於這種「道德人」是經歷了生命價值的逐層提升而形成的人格，他包容了各種不同生命領域的成就，因此

---

❻　方東美：《演講集》，頁 193。

❻　方東美：《中國人生哲學概要》（臺北：問學出版社，1980 年版），頁 12。

❻　方東美：《演講集》，頁 20。

❻　方東美：《演講集》，頁 20。

❻　方東美：《演講集》，頁 21。

「他整個的生命可以包容全世界」。我們可以稱其為「全人」。這種人，就是中國先哲所稱道的可以贊天地之化育、與天地參的人。儒家所謂「聖人」，道家所謂「至人」，佛家所謂「覺者」，都屬於這種偉大的精神人格。

即使達到了「全人」的境界，人的生命價值仍然要「再超越向上」，因為「人生的樞要是新價值」，❻人的價值追求，總是指向更高的理想境界。方東美說，這正像西方歌特式建築的尖頂和中國建築物最高層上的飛簷，總是指向無限悠遠的蒼天，指向「更高妙的境界」。這個價值境界，是神而又神、高而又高的「皇矣上帝」的境界，也可以說是宗教的境界，是真善美高度統一的「神明之境」。所謂「皇矣上帝」，意在表明這種境界是人的生命精神的一種「最高價值統會」，是一種沒有止境的價值境界。而人類生命的意義，也正在於「集中他的全體才能與心性去努力提升」自己的生命價值，去追求這種「盡善盡美的神聖境界」。

上述人的生命精神層層超升的過程，是不斷提高人的「生命地位、生命成就、生命價值」的過程。作為宇宙本體的普遍生命，將其創化動力「貫注到整個人間世來」，「貫注在宇宙每一個角落裏面的人、物、萬有」。這是普遍生命大化流行中的「下回向」。正是通過這樣的流向，宇宙間最高、最神聖的精神力量貫注於人的生命和萬物之中。於是，人的生命精神就隨著普遍生命大化流行中的另一個流向「上回向」，去不斷追求更高的價值、更完善的人格。這表明，人格層層超升的「上回向」之所以能夠實現，是由於作為宇宙本體的普遍生命，通過「下回向」將其創化動力貫注於人的生命精神之中。自古以來，人類之所以世代不息地追求更高的生命價值，正是由於「宇宙創造的大力深植在他精神的本性與創造的生命中」。所以，從「自然人」到「道德人」、到永無止境的「最高價值統會」的人格超升過程，體現了普遍生命那生生不已的本性，而人類正是在這一生命價值、精神境界不斷提升的過程中，創造出自己的「理想文化」的。

---

❻　方東美：《科學哲學與人生》，頁189。

三、民族生命精神與文化形態

方東美認為，哲學作為文化價值結構的核心，具有「批導文化生態」的功能。他說：「吾嘗端居幽思，覺哲學所造之境，應以批導文化生態為其主旨，始能潛入民族心靈深處，洞見其情與理。」❻❽他運用哲學的理論思維，審視不同民族的生命精神對於民族文化形態的影響，並對這些文化形態進行比較研究，從而形成了注重民族生命精神的比較文化學。這是方東美用哲學「批導文化生態」的理論成果，是他的文化哲學思想中的重要內容。

方東美比較文化學最具代表性的著作，是《哲學三慧》。此文最初宣讀於中國哲學會第三屆年會（1937 年），後來被臺北三民書局編入論文集《哲學三慧》出版（1970 年），並被臺北黎明文化事業公司編入論文集《生生之德》出版（1979 年）。《哲學三慧》同時也是方東美研究比較哲學的重要著作。此外，論文〈生命悲劇之二重奏〉（1936 年宣讀於中國哲學會南京分會成立大會，同年作為《科學哲學與人生》第六章由商務印書館出版）、論文〈生命情調與美感〉（1931 年發表於中央大學《文藝叢刊》第 1 卷第 1 期，1970 年被編入論文集《哲學三慧》），都以比較文化學的研究為其重要內容。方東美的其他一些論著，也反映了他的比較文化學思想。

「每種民族各有其文化，每種文化又各有其形態。」❻❾不同的民族，具有不同的文化形態。那麼，文化形態的差異緣何而起？方東美認為，緣於不同的哲學「共命慧」。他說：「哲學智慧生於各個人之聞、思、修，自成系統，名自證慧。哲學智慧寄於全民族之文化精神，互相攝受，名共命慧。」❼❿在一個民族之中，除了個人的哲學智慧——「自證慧」——之外，還有整個民族的哲學「共命慧」。「自證慧」通過個人的聞、思、修表現出來，「共命慧」則通過整個民族文化精神表現出來。「自證慧」依賴個人天才，「共命慧」仰仗民族天才，但民族天才由個人天才積聚而成。二者相比，就對於民族文化形態發生的作用而言，「共命慧為根柢，自

---

❻❽　方東美：《生生之德》，頁 137。
❻❾　方東美：《生生之德》，頁 118。
❼❿　方東美：《生生之德》，頁 139。

證慧是枝幹」。因此，在探討哲學智慧對於民族文化形態的影響問題時，方東美「舍去枝幹，獨詳根柢」，專門研究「共命慧」對民族文化形態的影響。

更深一層的問題是：一個民族的哲學「共命慧」緣何而生？方東美認為，緣於不同的民族生命精神。「共命慧意義深密，常藉具體民族生命精神為之表彰」。**㊼** 從根本上說，哲學所表現的是生命精神。不同的哲學「共命慧」，表現了不同的民族生命精神。換言之，不同民族的生命精神，決定了不同的哲學「共命慧」。

由此可見，在民族生命精神與民族文化形態之間，哲學「共命慧」是至關重要的中間環節。一方面，哲學是生命精神的表現；另一方面，哲學又是文化價值結構的核心。於是，不同民族的生命精神，決定了它們具有不同的哲學「共命慧」；不同的哲學「共命慧」，決定了它們具有不同的民族文化形態。可見歸根結蒂，是生命精神決定了文化形態。

方東美正是依據這種關於生命精神、哲學智慧、文化形態之間關係的基本理解，對於東、西方不同的文化形態進行比較。他以古希臘文化和近代歐洲文化作為西方文化的代表，以中國文化和印度文化作為東方文化的代表。但他認為，印度文化在某些基本觀念（如「原罪」觀念）上，與希伯來文化有相通之處。中國文化則不曾受希伯來文化的任何影響。所以，最能代表純正的東方文化精神的，是中國文化。基於這種看法，方東美的東西文化比較研究，主要考察了古希臘、近代歐洲和中國——即他所謂「三慧」——三種不同的文化形態。

(一)希臘的契理文化

在進行民族文化形態的比較研究時，方東美首先對古希臘文化進行了分析。他說：「希臘民族生命之特徵可以『大安理索斯』、『愛婆羅』、『奧林坪』（Dionysius, Apollo, Olympos）三種精神為代表，……三者之中以愛婆羅精神為主腦。」**㊼** Apollo（又譯阿波羅），即希臘神話中主管光明、青春、音樂、詩歌、醫藥等的神，一說為太陽神。他代表著理智、理性，愛婆羅精神即「理智精神」。這種理智

㊼ 方東美：《生生之德》，頁 140。
㊼ 方東美：《生生之德》，頁 141。

主義的民族生命精神，決定了希臘民族的哲學共命慧是一種「如實慧」。其特徵是「以實智照理」、「援理證真」，通過求事物之理而求其真。「希臘如實慧演為契理文化，要在援理證真。」⓱希臘人「篤信真即是美，真即是善。科學的真確性是希臘人的權衡。他們生命的理想，凡不符合真的標準都是錯誤，都是腐敗。希臘人之根性處處都要把他們所觀察證驗的事象囊括於幾種確鑿的原則之下，以明其系統的關係。我們如說希臘文化之各部都是科學的結晶，或不免過分，然而這些文化產品確是一種符合科學精神的民族性之表現。因此，希臘人的理想隨在都要運用理性以指導人生。」⓲求事物之真，即是求事物之理，因此希臘文化是「契理文化」，一切價值在於契合事物之理，運用理性指導人生。「每一個文化體系都有其主要的決定因素。」⓳希臘文化主要的決定因素，便是「契理」。「太始有名，名孚於言；太始有思，思融於理，是為希臘智慧種子。」⓴「思融於理」是希臘文化的基本特徵。

值得指出的是，希臘文化雖然通過「契理」而求「如實」，但其基本的價值取向，卻始終不是「實感」的取向，而是「觀念的」文化取向，注重的是精神價值的追求。方東美說，在這方面希臘文化和中國文化一樣，「要拿很高的智慧、高超的理想來指導生活」，注重價值理想的追求和人格的提升，嚮往真善美的「絕對價值」。儘管希臘文化中存在著價值理想與現實人生相隔離的弊端（這個弊端後來在近代歐洲文化中被擴大、加劇），但這種追求精神價值的文化取向卻是堅定不移。正因為這樣，希臘的「契理」文化雖然以科學精神為根基，但在哲學和藝術方面卻也都有著高度發展，創造了體大思精的希臘哲學和燦爛輝煌的希臘藝術。我們甚至可以說希臘文化是「以哲學與藝術為其主要樞紐」。希臘文化這種「觀念的」而非「實感的」價值取向，被方東美視為正確的文化價值取向。

「希臘慧體為一種實質和諧，譬如主音音樂中之主調和諧。慧相為三疊現。慧

⓱　方東美：《生生之德》，頁 140。
⓲　方東美：《科學哲學與人生》，頁 39。
⓳　方東美：《生生之德》，頁 394。
⓴　方東美：《生生之德》，頁 140。

用為安立各種文化價值之隆正，所謂三疊和諧性。」❼對於此種「實質和諧」，方東美說明如下：「一種組織，不論體制大小如何，其形式圓滿無缺；其內容充實無漏者，名曰實質和諧。此在希臘謂之宇宙（Cosmos），其式如一體三相太極圖。希臘人之宇宙取象『太極』，太極含三為一，天苞其外，人居環中，國家社會連繫於其間，形成一體三相之和諧。」❽這就是說，希臘人的宇宙是形式圓滿無缺、內容充實無漏的，其結構為一體三相，即由天、人、國家社會共同構成，呈現出「三疊和諧性」。這表明，就內容和結構來說，希臘文化是一種和諧性的文化。這也是方東美所讚賞的。

但方東美認為，希臘文化有其缺陷，這主要表現在：

其一，「希臘全部文化之創造都以物格化的思想為其模範」。❾希臘民族的「如實慧」，導致「希臘人之世界觀只摹仿那種密邇的、極有限的、自滿自足的物體」。希臘人的文化創造，正是建立在這樣的世界觀之上。「希臘思想家（德謨克利塔斯除外）所謂物只是此時此地所習見的具體東西。它們有形態可以識別，有量積可以撫摸，有空間可以轉移，有輕重可以升降，有方位可以局限。人類五官所能接遇者多半是具體的，有限的東西。假使物的存在樣法亦即是宇宙本身的存在樣法，那末，宇宙自不能不是具體的，有限的了。」❿這種受「物的存在樣法」局限的宇宙觀，就是「物格化的宇宙觀」。它是希臘文化思想的一個缺陷。

其二，也是更為嚴重的缺陷，就是希臘人過於注重求「真」的思維方式，導致了「本體」界超絕於「現象」界，「形上」界超絕於「形下」界，真善美的價值理想超絕於現實生活。這種思維方法，使希臘文化發展到後期看不起物質世界，認為它是罪惡的淵藪，在精神上逃避它。因此，希臘文化儘管追求「真」，並由求「真」而及於求「善」、求「美」，卻使得真善美的價值理想難以在現實世界實現。方東美陳述此種情景如下：

---

❼　方東美：《生生之德》，頁 141。

❽　方東美：《生生之德》，頁 142。

❾　方東美：《科學哲學與人生》，頁 55。

❿　方東美：《科學哲學與人生》，頁 55。

現實生存流為罪惡淵藪，不符理想，可能境界含藏美善價值，殊難實現，是
現實與可能隔絕，罪惡與價值乖違，人類寄跡現實，如沉地獄，末由游心可
能，契會善美，故哲學家之理想，生不如死，常以抵死為全生之途徑。

軀體都為物欲所錮蔽，精神卻懸真理為鵠的，身蔽不解，心智難生，故哲學
家必須滌盡身體之涸濁，乃得回向心靈之純真。

遺棄現實，鄰於理想，滅絕身體，迫近神靈，是以現實遮可能，覺此世之虛
無，以形骸毀心靈，證此生之幻妄。世宙冥無論，形體非有說，純屬悲觀論
者之絕命詞，哪能準此歸趨真理，引發高情，產生智慧？從此可知希臘文化
之崩潰，哲學之衰落，實為邏輯之必然結果也。**❽**

　　希臘文化的最大缺陷，便是理想與現實隔絕。「遺棄現實」，方能「鄰於理
想」；「滅絕身體」，方能「迫近神靈」。這種理念，最終導致了對於現實人生的
虛無主義態度，視此生此世為「幻妄」，認為「生不如死」，人在死後才能在精神
上達到真善美的理想境界。方東美說，這種悲觀主義的人生態度，表明了希臘文化
所含藏的「惡性的二分法」，也就是將本體與表象、形上與形下、理想與現實打成
兩橛的思想方法。「希臘人深通二方法，遂斷言『存有』高居超越界，不與表象世
界相涉」，**❷**將「存有」界（指本體界、形上界、理想境界）與表象世界相隔絕，不僅是
希臘文化的主要缺陷，而且對於後來歐洲文化的演變、發展，也產生了非常消極的
影響。

(二)歐洲的尚能文化

　　「歐洲民族生命之特徵可以『文藝復興』、『巴鏤刻』、『羅考課』（The
Baroque, The Rococo）三種精神為代表，文藝復興以藝術熱情勝，巴鏤刻以科學奧理
彰，羅考課則情理相違，鑿空蹈虛而幻惑。兼此三者為浮士德精神。」**❸** Baroque

---

❽　方東美：《生生之德》，頁 148-149。此處略去了原文中每自然段之前的編號。

❷　方東美：《生生之德》，頁 338。

❸　方東美：《生生之德》，頁 141。

（又譯巴羅克），指歐洲 17 世紀一種注重雕琢的、奇異的建築形式和藝術風格。
Rococo（又譯洛可哥），指歐洲 18 世紀一種纖巧、煩瑣乃至浮華的建築形式和藝術
風格。方東美認為，文藝復興精神、巴鑠刻精神、羅考課精神三者的結合，代表了
近代歐洲人生命精神的特徵。這種生命精神培育出的典型形象，便是浮士德。他是
歐洲中世紀傳說中的人物，也是英國文藝復興時期劇作家馬洛和德國詩人歌德筆下
的人物。他不乏進取的熱情，經歷了生活中的愛欲、痛苦、歡樂種種矛盾，曾為了
獲取知識和權力，不惜向魔鬼出賣靈魂，失去了自我。

近代歐洲民族的生命精神，決定了歐洲文化「以方便應機，生方便慧。形之於
業力又稱方便巧」❽❹。近代歐洲民族的哲學共命慧是「方便慧」，它表現在歐洲人
征服自然、謀取福利的事業中，成為「方便巧」，即能夠戡天役物、給人們帶來種
種方便的機巧。這種以「方便巧」為主導的文化，便成為「尚能文化」。「歐洲方
便巧演為尚能文化，要在馳情入幻。」❽❺近代歐洲文化主要的決定因素，便是「尚
能」，即崇尚人類控御自然的知識、技能。「太始有權，權可興業；太始有能，能
可運力。是謂歐洲智慧種子。」❽❻對於「能力」的追求，是近代歐洲文化的基本特
徵。

「尚能文化」所產生的重要成就，是近代歐洲民族在科學技術方面所取得的
「金碧輝煌」的業績。方東美說：「古代希臘是近代歐洲文化之母，傳下了一種重
要的寶物：科學。」❽❼近代歐洲文化繼承和發揚了希臘文化注重求「真」的科學精
神，並將科學精神轉化為戡天役物的實際技能，這表現為近代以來歐洲科學技術的
迅猛發展。歐洲民族的物質生活條件，由此得到極大的改善，生活水準得到大幅度
的提高。應該說，這是值得肯定和贊許的。

但是，近代歐洲文化存在著十分嚴重的缺陷。

首先，近代歐洲文化背棄了希臘文化的基本價值取向──「觀念的文化取
向」，而代之以「實感的文化取向」。近代歐洲人過於追求「權能」，注重「戡天

---

❽❹　方東美：《生生之德》，頁 140。
❽❺　方東美：《生生之德》，頁 140。
❽❻　方東美：《生生之德》，頁 140。
❽❼　方東美：《科學哲學與人生》，頁 39。

役物」，突出物質利益而漠視價值理想，漠視人對於崇高的精神價值的追求。科學居於近代歐洲文化的核心地位，其他一切，惟科學之馬首是瞻。這種重科學利用而輕人文理想的文化，是一種「崇權尚能」的文化，其形態堪稱「權能為裏，業力為表」。❸❸從近代歐洲文化的形成和發展來看，「科學思想系統確立之後，近代西洋人更據以發揮權能，產生技術，控制自然界之質力以為人用，於是工業文明的成就因之而大顯。這……都是我們今日應當誠心嚮往的。但是此中亦有根本困難我們不能置而不辯。近代科學因為要確守邏輯的謹嚴，追求方法的利便，重視客觀的真實，乃遂剝削自然界之內容，只承認時空數量物質之存在，而抹煞人類心理屬性之重要；因此藝術才情所欣賞之美，道德品格所珍重之善，哲學宗教所覃思之真，以及其他種種價值，都失其根據而流為主觀的幻想。這卻是文化發展上一種極大的危機。」❸❾人類對於真善美的價值理想的追求，在近代歐洲文化中已經失去了存在的根據。在方東美看來，「自然界」（此處即指「宇宙」）不僅包括「時空數量物質」，而且包含「人類心理屬性」。近代歐洲文化排除了人類心理對於真善美價值理想的嚮往，使人失去了精神追求，不像希臘文化那樣使人於現實生活中嚮往真善美、注重精神追求。因此他認為：「希臘之悲劇變無入有，故能從心所欲；歐洲之悲劇，運有入無，故不能從心所欲。」❾⓿希臘文化雖然使價值理想超絕於現實人生，但畢竟堅持了「觀念的文化取向」。近代歐洲文化則以功利主義的「實感取向」替代了「觀念取向」，使人在精神上不能「從心所欲」。這是近代歐洲文化最大的缺陷。它表明，近代歐洲文化正是德國哲學家凱塞林（Hermann Keyserling）在其《創造的理解》一書中對之表示不滿的「能力文化」。這種能力文化，「缺少浩蕩艱深的智慧」，表現出「淺薄的利用主義」。

「歐洲方便巧演為尚能文化，要在馳情入幻。」❾❶所謂「馳情入幻」，是說近代歐洲人由於過分追求知識和技能，過分追求人在宇宙中的「權力」，以致企圖「發洩這一個權力來支配其他的人類」，結果導致了種種「昏念妄動」，表現了對

---

❸❸　方東美：《生生之德》，頁 150。

❸❾　方東美：《演講集》，頁 192-193。

❾⓿　方東美：《生生之德》，頁 66。

❾❶　方東美：《生生之德》，頁 140。

於宇宙和人類的一種虛無主義態度。「近代歐洲思想之主要潮流隨處都表現馳情入幻的趨勢，所以我們不妨稱之為虛無主義的悲劇（The Trangedy Of Nihilism）。」❷不過，由於這種虛無主義是與對於自然界乃至人類的強烈的征服欲望、主宰意識結合在一起的，因此準確地說，應該稱之為「進取的虛無主義」。浮士德的精神，就體現了這種「進取的虛無主義」。方東美認為，「馳情入幻」的「進取的虛無主義」，是近代歐洲文化以「實感取向」替代希臘文化的「觀念取向」而招致的惡果。

其次，近代歐洲文化繼承、加劇了希臘文化的「惡性的二分法」，把它推展到了極端。近代歐洲人的哲學共命慧是「方便慧」，其「慧體為一種凌空系統」，「慧相為多端敵對」。❸對於「凌空系統」，方東美解釋說：「一種境界不論範圍廣狹如何，其性質深秘微密，其內容虛妄假立者，名曰凌空系統，此在歐洲謂之二元或多端敵對系統。」❹所謂「虛妄假立」，是說近代歐洲思想看似具有一個龐大系統，然而卻是「真虛妄，假和合」。在這個「凌空」的思想系統中，就學理而論，下列學說無不體現了二元敵對：⑴初性次性分別說；⑵感覺理性功用刺謬說；⑶精神物質勢用相違說；⑷物質生命理體乖舛說；⑸心身遇合無緣說；⑹現象物如並行相悖說；⑺假相真相變現破產論；⑻質能理體矛盾論；⑼體空相續，斷滅和合論；⑽普遍因果似有還無論。總之，在近代歐洲文化中，「一切思想問題之探討，義取二元或多端敵對，如復音對譜，紛披雜陳，不尚協和。舉一內心而有外物與之交迕，立一自我而有他人與之互爭，設一假定而有異論與之抵觸，建一方法而有隱義與之乖違。內在矛盾不圖根本消除，凡所籌度，終難歸依真理。」❺

在近代歐洲文化中，不僅有源自希臘文化傳統的「上界」（真善美的價值領域）與「下界」（世俗生活領域）的對立，而且有笛卡爾的心物二元論所肇始的「內在的心靈世界」與「外在的客觀自然界」的對立。人與自然被剖成水火不容的兩橛，人是自然界的主宰者、征服者，自然界不過是人類戢役、利用的對象。這種人與自然

---

❷　方東美：《生生之德》，頁 66。
❸　方東美：《生生之德》，頁 141。
❹　方東美：《生生之德》，頁 143。
❺　方東美：《生生之德》，頁 151。

界極端對立的觀念，雖然刺激了科學智慧的發達，但也導致了近代歐洲文化重物理
而輕人倫的惡果。

　　總之，「歐洲人之崇尚權能，熏生業力，雖有精純智慧，究屬方便善巧」。**96**
這個總結性的評價，表明了方東美對於近代歐洲文化的基本價值取向所持的批評態
度。他還說：

> 近代整個文化有一種趨勢，就是人在自然界中的地位如一粒塵埃，掉落於無
> 底深淵，感到不可言喻的渺小（德國哲學家尼采對於此層曾痛切言之）。假使以純
> 物質的觀點來分析解剖人的構成，而把人的視聽嗅覺除掉，試問人類對於世
> 界還有什麼興趣呢？再進一步說，連人類文化中哲學上的真，道德上的善，
> 藝術上的美也給剝奪掉，那麼人類還有什麼價值？生活還有什麼意義呢？**97**

　　由此可見，方東美否定近代歐洲文化的「實感取向」，否定其「二元甚至多端
敵對」的思維方式，從根本上說是因為在他看來，這種取向和思維方式忽略了人類
自身的精神價值，忽略了人生的意義。

(三)中國的妙性文化

　　「中國民族生命之特徵可以老（兼指莊，漢以後道家趣入邪道，與老莊關係甚微）孔
（兼指孟、荀，漢儒卑卑不足道，宋明學人非純儒）墨（簡別墨）為代表。老顯道之妙用。孔
演易之『元理』。墨申愛之聖情。貫通老墨得中道者厥為孔子。」**98**中國民族的生
命精神，在中國文化形成和發展的初期，以道家、儒家、墨家為代表；在中國文化
後來的演進、發展中，則主要以儒家、道家、中國大乘佛家和宋明清新儒家為代
表。他們所代表的民族生命精神，從根本上說是一種「愛、悟」精神。「太始有
愛，愛贊化育；太始有悟，悟生妙覺，是為中國智慧種子。」**99**由愛、悟精神所決

96　方東美：《中國人生哲學概要》，頁113。
97　方東美：《演講集》，頁193。
98　方東美：《演講集》，頁141。
99　方東美：《生生之德》，頁140。

定的哲學共命慧,是一種「平等慧」。「中國人以妙性知化,依如實慧,運方便
巧,成平等慧。」⑩對於「如實慧」和「方便巧」,中國人皆有運用,但中國民族
生命精神所孕育的哲學共命慧,則是注重人與自然平等和諧的「平等慧」。「中國
慧體為一種充量和諧,交響和諧。慧相為爾我相待,彼是相因,兩極相應,內外相
孚。慧用為創建各種文化價值之標準,所謂同情交感之中道。道不方不隅,不滯不
流,無偏無頗,無障無礙,是故謂之中。」⑩中國民族哲學共命慧的特徵,便是追
求萬事萬物之間(包括對立的「兩極」之間)的充分和諧。

　　注重人與萬物和諧的哲學共命慧,決定了中國文化「天人合一」(或稱「天人合
德」)的基本精神,或者說最大特色。「中國在遙遠的古代,在對外隔絕,未曾受
到一點外來文化的影響下,早就發展了一種中國文化最大的特色,就是能觀照在人
和世界中生命的全面。古代的三大哲學傳統,儒、道、墨三家,可說都是致力於人
和自然的合一。」⑩在此種天人合一精神指引下,中國文化觀照宇宙萬物,歷來採
取「同情交感之中道」,反對偏執、武斷的「惡性二分法」。這就是中國文化的
「履中蹈和」。「中和之理是中國精神最高深的妙諦,也是要了解中國文化的最高
標準。」⑩方東美還舉例說:

> 此同情交感之中道正是中國文化價值之模範。周禮六德之教,殿以中
> 和,……其著例一也。詩禮樂三科之在六藝,原本不分,故詩為中聲之所
> 止,樂乃中和之紀綱,禮是防偽之中教,周禮禮記言之綦詳,其著例二也。
> 中國建築之山廻水抱,得其環中,以應無窮,形成園藝和諧之美,其著例三
> 也。六法境界之分疆疊段,不守透視定則,似是畫法之失,然位置,向背,
> 陰陽,遠近,濃淡,大小,氣脈,源流出入界劃,信乎皴染,隱跡立形,氣
> 韻生動,斷盡閡障,靈變逞奇,無違中道,不失和諧,其著例四也。中國各
> 體文學傳心靈之香,寫神明之媚,音韻必協,聲調務諧,勁氣內轉,秀勢外

⑩　方東美:《生生之德》,頁140。
⑩　方東美:《生生之德》,頁142。
⑩　方東美:《生生之德》,頁258。
⑩　方東美:《中國人生哲學》(臺北:黎明文化事業公司,1988年版),頁130。

舒，旋律輕重孚萬籟，脈絡往復走元龍，文心開朗如滿月，意趣飄揚若天風，一一深廻宛轉，潛通密貫，妙合中庸和諧之道本，其著例五也。❿

　　這五個方面的「著例」，都說明中國文化的「同情交感之中道」是一種和諧之道。而在人與自然的「同情交感」中，人性備受尊崇，人性的機趣淋漓充盈。因此中國文化是「妙性文化」。在中國文化中，科學誠然發展不足。但是，即使在中國發展科學思想，也不會陷入西方文化「人性被貶抑，機趣被斲喪」的困境。「因為我們充分相信人的生命及工作與外在世界必須和諧一致，內外相孚，所以我們中國文化可稱為『妙性文化』，……貴在契幻歸真，人與自然彼此相因，流衍互潤，蔚成同情交感之中道。」❿就此而論，中國文化與同屬東方文化的印度文化也有明顯區別。印度文化雖然也「視自然、人與歷史渾然一體，浩然同流」，但是由於早期受西方文化的影響，印度文化內在地含有「善惡二分」的傾向，因而在人性問題上主張「神魔同在」。中國文化則主張人性與宇宙最高精神本體「浹而俱化」，人性具有「神性潛能」，人性即是神性。隨著宇宙的不斷超化，人性也不斷得到超升。可見印度文化不能稱為「妙性文化」，惟有中國文化是充分肯定人性之美好、充溢人性之機趣的「妙性文化」。至於西方文化，則完全不具備這個特色，「這是因為西方有個惡性二分法」。❿

　　中國文化是凱塞林所說的「品德文化」，也可以稱為「倫理文化」。這同樣是由中國文化的「天人合一」、「天人合德」精神決定的。由於主張「天人合一」，中國文化不像近代歐洲文化那樣看重外在的「業力」，而是看重人的內在精神，強調「內證聖智」，注重品德修養。這種價值取向，確實一定程度地導致了中國的科學技術沒有得到應有的發展，但是卻形成了提倡人與他人、人與社會協調發展的道德主義思想。在方東美看來，這是值得稱道的。「從道德生命的立場看，天人合一的學說是極好的。」❿在中國文化中，「道德是生命的本質，也是生命價值的具體

❿　方東美：《生生之德》，頁 145-146。

❿　方東美：《中國人的人生觀》，頁 21。

❿　方東美：《中國人的人生觀》，頁 21。

❿　方東美：《中國人生哲學》，頁 183。

表現，我們本著中國人酷愛生命、尊重生命的民族性，不願把生命只看作盲目的本能衝動，所以先要慎重地選擇高尚理想，並且奮發努力，促使這些高尚理想一層一層地完成實現。換言之，我們不僅僅是為了生活而生活——那是任何野蠻動物都能作到的，我們是要不斷地提高生命意義，增進生命價值，再接再厲，以止於至善，我們是為了實現最高的價值而生活。」⑩道德被視為生命的本質和價值所在，人生的意義被理解為追求道德理想，這表明了中國文化是一種道德文化。

方東美還具體闡述了中國人「道德生活的共同標準」，即孔子所說的「忠恕」、老子所說的「慈惠」、墨子所說的「愛利」，認為孔、老、墨堪稱「我們民族的道德發言人」。儒、道、墨「這三家所表現的中國智慧，根據『廣大和諧』或『一以貫之』的原則看來，正是一種『三位一體』的道德精神。」⑩可見中國智慧是道德智慧，中國文化是道德文化。關於中國道德文化的形成過程，方東美也作出了論述。這個過程，簡言之即在夏商至成周時期，主要是通過宗教精神支撐道德觀念。這時的道德，只能是「自然靈魂的道德」。在殷周時期，伴隨著政治腐敗，宗教也趨於衰微，無力維繫人們原有的道德信念，於是出現了「道德革命」。在東周以後，則進一步發生了「哲學革命」。在經過「哲學的制定」之後，原先由宗教精神支撐的「自然靈魂的道德」，便上升為「理性的道德」，道德價值、倫理價值此後便始終是中國文化的基本價值。「由此可見，上古的宗教秘密退隱，顯現出來道德的價值理想，而道德的價值理想要根據人性來發揮人類的善性，才可以推廣道德價值，變成了廣大的人群之中為人人共同遵守的理想標準。所以，中國的文化，在整個的世界上面，平常叫做『倫理的文化』（Ethical Culture）。」⑩中國人以這種富於悠久歷史傳統的「品德文化」、「倫理文化」，區別於近代西方人的「能力文化」、「科學文化」。

此外，方東美還提出，中國文化是「早熟的文化」、「無罪的文化」。

所謂「早熟的文化」，是說中國文化實現「由宗教到理性」的演變，比其他民

---

⑩　方東美：《中國人的人生觀》，頁 108。
⑩　方東美：《中國人的人生觀》，頁 119。
⑩　方東美：《演講集》，頁 175。

族早數百年。中國「在紀元前十一世紀的商周之際，就顯現出一個中國的理性文化初期，我們稱之為『早熟的中國文化』，宇宙的秘密好像都在理性之光下被揭開來了。」⑪而這一點，「在其他文化中最需要長時期的演變才能達到的」，如希臘、埃及、印度等民族，「都經過了長時期的神話時代，直到紀元前八、九世紀才逐漸昇華」。⑫這表明了在中國文化中，理性精神是很早就形成了的。

所謂「無罪的文化」，是相對於西方文化（以及東方的印度文化）中的「原罪」觀念而言的。西方文化傳統中的「原罪」說，基於宗教觀點而執意認為人類有先天的罪孽。中國先民固然也有宗教，卻從來沒有此種觀念。而且中國文化因其早熟，「一開始便是以理性開明的倫理文化代替神秘宗教」。因此中國人不把世界看成「罪惡的淵藪」，不把自身看成「先天的罪人」。相反，中國文化歷來肯定人性具有「可使之完美性」，堅信人只要盡其本性，就可以遠離罪孽，趨向完美。這表明了在中國文化中，「人性」是絲毫不受貶抑的。

從上述見解中，我們可以提煉出方東美對於中國文化精神的一種更深層的基本理解。他在談到自己所設計的「人與世界在理想文化中的藍圖」時，曾說過這樣的話：「這一張圖片中所畫的是我所謂的廣大悉備的和諧。由於這種和諧，人和世界上的一切生命結成一體，而享受到和平、安寧和妙樂。要把這個理想化為現實，惟一的條件就是我們要確信人和自然（也即是宇宙），都是生元所發，都是中和的，這樣才能從根本上拔除矛盾及不幸。」⑬我們不妨借用這段話，來進一步說明方東美對中國文化精神的理解。在他看來，中國文化的「天人合一」精神，從實質上說，歸根結蒂無非就是「確信人和自然（也即是宇宙）都是生元所發，都是中和的」。中國文化的「同情交感之中道」，中國文化的「妙性」和注重道德倫理，中國文化之所以是「早熟的」和「無罪的」，都可以從「確信人和自然都是生元所發」中找到根據。

方東美將「確信人和自然都是生元所發」，視為實現「人與世界在理想文化中

---

⑪　方東美：《原始儒家道家哲學》，頁 90。
⑫　方東美：《原始儒家道家哲學》，頁 15。
⑬　方東美：《生生之德》，頁 263。

的藍圖」的「惟一條件」。就中國文化而論,當然不能說已經實現了這張藍圖。但無疑方東美認為,中國文化的基本精神是符合這個「惟一條件」的。倘若我們要進一步追問:中國文化何以會「確信人和自然都是生元所發」?那麼,答案將回溯到前文所說的中華民族的哲學「共命慧」──注重人與自然平等和諧的「平等慧」;回溯到導致這種「平等慧」的中華民族生命精神──以老、孔、墨為代表,基於「愛悟心」的民族生命精神。

　　上述內容,是方東美所理解的中國文化的特徵,同時也是中國文化的長處。關於中國文化的缺陷,方東美曾說:「中國人悟道之妙,體易之元,兼墨之愛,會通統貫,原可轟轟烈烈,啟發偉大思想,保真持久,光耀民族。但一考諸史乘,則四千年來智慧昭明之時少,闇昧錮蔽之日多,遂致文化隳墮,生命沓泄。」[114]尤其是近現代的中國文化,終至出現了嚴重的危機。究其原因,方東美從歷史和現實兩方面,作出了多項分析。[115]其中屬於中國文化自身內在缺陷方面的分析,主要是:「中國哲學家之思想向來寄於藝術想像,托於道德修養,只圖引歸身心,自家受用,時或不免趨於藝術誕妄之說,囿於倫理錮蔽之習,晦昧隱曲,偏私隨之。原夫藝術遐想,道德慈心,性屬至仁,意多不忍,往往移同情於境相,召美感於俄傾,無科學家堅貞持恒之素德,頗難貫穿理體,鉅細必究,本末兼察,引發邏輯思想系統。」[116]這個缺陷,簡單地說,就是「藝術遐想」和「道德慈心」在中國文化中得到充分發展,而「貫穿理體」的科學思維則明顯不足。用方東美自己的語言來說,就是中國文化長於「神聖理性」而短於「自然理性」,亦即長於道德理性而短於科學理性,這是中國文化在其演變、發展過程中日益表現出來的缺陷。這種認識,也正是現代新儒家們的一個基本觀念。

---

[114] 方東美:《生生之德》,頁 154。
[115] 詳見方東美:《生生之德》,頁 154-156。
[116] 方東美:《生生之德》,頁 156。

四、中國文化的復興與人類文化的重建

在理論闡述之外，方東美還設計了一個戲劇場景，以「希臘人」、「近代西洋人」和「中國人」為劇中人物，通過場景中各方面的不同景象❶，來形象地「比觀三種生命情調」，展示「希臘文化之契理，歐洲文化之尚能，中國文化之妙性」。方東美描繪這一場景的文字，凝煉、深沉地表達了他關於希臘文化、近代歐洲文化和中國文化的基本理念。

我們接下來要考察的問題是：方東美的這種比較文化研究，歸結於一種什麼樣的見解？

方東美說：

> 希臘思想實慧紛披，歐洲學術善巧迭出，中國哲理妙性流露，然均不能無弊。希臘之失在違情輕生，歐洲之失在馳慮逞幻，中國之失在乖方斁理。矯正諸失，約分兩途。一者自救，二者他助。希臘人應據實智照理而不輕生，歐洲人當以方便應機而不誕妄，中國人合依妙悟知化而不膚淺，是為自救之道。抑有進者，希臘人之所以逃禪，歐洲人之所以幻化，中國人之所以穿鑿，各有歷史根由深藏於民族內心，僅憑自救，或難致果，他山取助，尤為切要。希臘人之輕率棄世，可救以歐洲之靈幻生奇，歐洲之誕妄行權，可救以中國之厚重養生，中國之膚淺蹈空，又可救以希臘之質實妥貼與歐洲之善巧多方，是為他助之益。❶

希臘文化、歐洲文化、中國文化各有其弊。希臘文化之弊在於「違情輕生」，也就是「逃禪」，否定現實人生的意義和價值。歐洲文化之弊在於「馳慮逞幻」，也就是「誕妄行權」，追求知識和權能而陷於虛幻妄行。中國文化之弊在於「乖方斁理」，也就是「膚淺蹈空」，過分執著於形而上的道德層面而輕視形而下的自然

---

❶　詳見方東美：《生生之德》，頁115-116。
❶　方東美：《生生之德》，頁157。

世界之理（即科學之理）。

如何克服人類文化這三種代表形態所具有的缺陷，方東美提出的方案是「自救」和「他助」。

所謂「自救」，就是消除本民族文化的弱點和弊端。「古代希臘人——我是指他們的靈魂❶——應當紆尊降貴到凡俗世界，以拯救俗世之表象。中國人應當從形上與道德的層次落實到自然世界的層次，以學習欣賞現代科學的成就。……現代西方人應當引導群眾在人生奮鬥中走向較高尚的水準，以明瞭並理解精神價值，那些價值在古典時代是全世界各民族所曾致力實現的。」❷所謂「他助」，就是取他民族文化之長以補本民族文化之短。以歐洲人對於生活的「靈幻生奇」態度補救希臘文化的輕率棄世之弊，以中國人對於天地萬物的厚重養生精神補救歐洲文化的誕妄行權之弊，以希臘人對於自然界的質實妥貼認識補救中國文化的膚淺蹈空之弊。方東美認為，與「自救」相比，「他助」的作用更為切實、重要。

通過「自救」和「他助」，希臘文化、近代歐洲文化、中國文化可以消除各自的弊端，恢復和發揚各自的優點。當今人類就可以通過這三種文化形態之間的互相補益、互相融合，創造出新的、統一的文化形態。這就是方東美通過比較文化研究而提出的見解、主張。

他的這一見解，包含著兩個前提性的認識：

從歷史看，人類社會曾經出現過多元文化相統一的時代。這個時代，就是德國哲學家雅士裴（Karl Jaspers，又譯雅士柏爾斯）所說的人類文化的「軸心時代」。大約相當於中國的先秦時期，「當時各方面的天才都湧現出來，形成各民族裏面最高度的文化精神成就。以後的人類還沒有第二個時期，像那一時代在希臘、埃及、印度、中國，有那麼光輝燦爛的高度的文化同高度的哲學，同時出現。」❸希臘的哲學、印度的興都教和佛教、中國的儒家和道家思想、以色列的猶太教等，共同構成了當時人類輝煌的「軸心文化」。既然如此，那麼消除了弊端、恢復和發揚了各自

---

❶ 引者按：因為希臘文化已經成為一種歷史文化，故方東美如是說。

❷ 方東美：《生生之德》，頁339。

❸ 方東美：《中國大乘佛學》，頁8。

優長之處的希臘文化、歐洲文化、中國文化，完全可以再度共同構成整個人類的「軸心文化」，迎來人類文化的新時代。

從現實看，當今人類文化面臨著有待拯救的危機。方東美歷來認為，當今人類處於文化上的「黑暗時代」。近代以來的西方文化，由於過分追求「權能」，導致了科學技術與人文精神發展的失衡，出現了嚴重的精神和價值危機。作為東方文化典型代表的中國文化，其固有的不足，已經使中國文化在現代世界面臨危機。而在西方科技文化的猛烈衝擊之下，一些中國人竟認為「西化」乃是中國文化的惟一出路，完全否定了自己民族文化的根基和精神傳統。這更使得中國文化陷入嚴重的危機之中。因此無論從西方文化或東方文化來看，都表明人類已經陷於文化危機。

基於上述看法，方東美認為當今人類必須、並且完全可能通過三大主要文化傳統之間的互相補益和融合，重建統一的世界文化，以克服當前的文化危機，為人類開闢光明的未來。

關於未來的文化形態，方東美曾採用尼采的「超人文化」觀念加以說明。但他認為，尼采的「超人」理想失之空洞，特別是「據其臆斷，超人應鄙夷一切過去人類，毋乃誣妄特甚」。⓬他反對尼采對於歷史文化的虛無主義態度，而認為：「希臘人，歐洲人，中國人各在生命領域中創獲如許燦爛文化價值，堪受推崇，殊難抹煞。超人空洞理想更當以希臘歐洲中國三人合德所成就之哲學智慧充實之，乃能負荷宇宙內新價值，擔當文化大責任。……所謂超人者，乃是超希臘人之弱點而為理想歐洲人與中國人，超歐洲人之缺陷而為優美中國人與希臘人，超中國人之瑕疵而為卓越希臘人與歐洲人，合德完人方是超人。試請澄心邈想，此類超人若能陶鑄眾美，起如實智，生方便巧，成平等慧，而無一缺憾，其人品之偉大，其思想之優勝，其德業之高妙，果何如者！」⓬此處所塑造的「超人」形象，乃是希臘人、歐洲人、中國人三者優點的結合體。所謂「超人文化」，則是希臘文化、歐洲文化、中國文化三種文化形態優秀之處的結合體，方東美稱之為「三者合德」。他在對希臘文化、歐洲文化、中國文化這「三慧」進行比較研究之後，提出的重建世界文化

⓬ 方東美：《生生之德》，頁158。
⓬ 方東美：《生生之德》，頁158。

的主張，便是這「三者合德」。他認為通過「合德」，可以「形成統一的科學思想系統、統一的宇宙構造理論、完整的哲學思想體系，終至道德、藝術、宗教領域之次第完成」。❷這樣的「陶鑄眾美」的文化，才是他心目中的人類未來文化，才能擔當為人類開闢光明未來的「大責任」。

值得注意的是，方東美認為，從中國文化來看，這一與希臘文化、歐洲文化「合德」而解救世界文化危機、重建人類文化的途徑，也正是中國文化復興的途徑。在這一過程中，中國文化既要「自救」──克服自身的不足，又要「他助」──吸納希臘文化、歐洲文化的長處；既要恢復優良的傳統文化精神，又要補充必需的現代文化內容。而這，也就是中國文化的復興。以復興了的中國文化參加世界優秀文化傳統的重建，就可以克服當前的世界文化危機，為人類開闢新的文化道路。因此中國文化的復興，與解救世界文化危機、為人類創造新的文化形態是一致的。「使哲學在我們的時代，尤其是在中國能夠復興，然後拿中國復興的哲學思想去面對西方，也促使西方衰退的哲學精神能夠復興。」❷這是方東美關於復興中國哲學與西方哲學的主張，也是他關於復興中國文化與重建人類文化的主張。

在這一復興中國文化、同時亦是重建人類文化的過程中，方東美認為有兩點須認識清楚：

就中國文化與西方文化的關係來說，中國文化的復興和現代化固然需要「他助」，特別是需要學習西方的科學技術，但我們千萬不能「把現代化只看成西化」，不能拋棄中國文化的根基和精神傳統。在此，方東美再次表現了現代新儒家在中國文化現代化問題上的基本立場，即以中國文化為本位的立場。方東美「現代化不等於西化」的觀點正是現代新儒家的一種反覆申明的基本觀點。

就中國文化內部各流派的關係來說，我們講中國文化的復興，千萬不可「衛道統」──衛儒家思想之道統。中國文化的根基和優良精神，存在於儒家、道家、墨家、大乘佛家、宋明清新儒家等流派之中。「在現代講文化復興，我們要留心中國整個文化的發展。凡是對於這整個民族文化有光榮與偉大貢獻的思想，我們須是一

---

❷　方東美：《原始儒家道家哲學》，頁39。
❷　方東美：《演講集》，頁12。

體欣賞，千萬不能抱持一個偏見，而陷入錯誤的道統觀念。」⑫這種要復興中國文化、卻又不講儒家「道統」的觀念，再次表現了方東美與現代新儒家其他代表人物相比所具有的特色。

五、結語

　　方東美的文化哲學思想包括文化價值觀和比較文化學兩方面的內容。

　　方東美的文化價值觀，是一種以哲學思想為核心的人文主義文化價值觀。近代以來，特別是「五四」以後，西方的科學文化猛烈地衝擊著中國傳統文化。對於這種衝擊，一方面，現代新儒家承認它暴露了以道德為本位的中國傳統文化的不足。例如，方東美承認中國傳統文化應當「從形上與道德的層次落實到自然世界的層次，以學習欣賞現代科學的成就」，⑫即發展科學技術。而另一方面，現代新儒家又堅持認為近代西方文化漠視了人文價值，存在著「科學與人文之間不平衡」的弊病。中國文化在發展科學技術的同時，應該避免蹈此覆轍。西方科學技術的高度發達給人們帶來了物質利益，但西方社會又面臨著精神、道德方面的危機。這種弊病使近代西方人只知道「戡天役物」，注重物質利益而漠視價值理想，在精神上陷入虛無主義。特別是西方文化對中國社會的巨大衝擊、影響，更促使現代新儒家鑒於西方文化「科學與人文之間的不平衡」，而主張中國文化在發展科學技術的同時，必須堅持人文主義的精神傳統。牟宗三在《人文主義的完成》中提出，倫理本位的「儒家式的人文主義」只要適應現代社會的需要，「轉出」民主和科學，那就「足以成為文化生命前進之最高原則」。方東美則提出：「我們這一個時代，最需要所謂人文學者來談人生上面各種不同的價值理想。」⑫他強調科學與哲學的劃界，認為「人」的價值問題應是哲學思想關注的中心，提出藝術是人生情趣的象徵，宗教的意義在於實現人與神的「內在融通」。他認為精神文化是文化價值的集中體現，

---

⑫　方東美：《演講集》，頁 119。

⑫　方東美：《生生之德》，頁 339。

⑫　方東美：《中國大乘佛學》，頁 293。

將藝術、哲學、宗教的「三者合德」視為文化的價值結構，而以哲學為文化價值的「主要的決定因素」。他設計出「人與世界在理想文化中的藍圖」，以闡述人的生命價值、精神境界不斷超升的過程。凡此，都表明了方東美文化價值觀的人文主義取向。

方東美的注重民族生命精神的比較文化學，選擇從生命精神看文化形態的視角，對希臘文化、近代歐洲文化、中國文化進行了比較研究。方東美認為這三種文化作為人類文化類型的主要代表，各自都創造了輝煌成就，同時也各有缺陷。在他對於這三種文化形態的評論中，我們可以看出，按照他的文化價值觀，他認為「觀念取向」的希臘文化和中國文化，在價值上高於「實感取向」的近代歐洲文化。而作為古代歐洲文化的希臘文化之所以在價值取向上高於近代歐洲文化，或者反過來說近代歐洲文化之所以在價值取向上反不如古代希臘文化，是因為近代歐洲文化的「實感取向」，使它沒有達到希臘文化的精神高度。這也反映了方東美關於人類文化發展的一種見解：就文化價值而論，現在未必勝於過去，因為人類文化史不是「直線發展」的。

在方東美看來，中國文化作為東方文化最純正的代表，不僅在精神價值上高於近代西方文化，而且與希臘文化相比，也有勝出之處。那就是中國文化和希臘文化雖然都推崇真善美的價值理想、注重形而上境界的追求，但中國文化不像希臘文化將價值理想與現實人生、形而上領域與形而下領域相互隔絕，而認為價值理想可以內在於現實人生得到實現，形而上「超越」而不「超絕」於形而下。因此中國文化不贊成對於人生的虛無主義態度，而堅信人性和世界在本質上都是美好的。可見中國文化表現了比希臘文化更為積極、健康的生命情調。中國文化以其基於「愛悟心」和「平等慧」的廣大和諧精神（即天人合一精神），不僅消除了人與自然界的隔閡，而且消除了價值理想與現實人生、形而上領域與形而下領域之間的隔閡。方東美在談到他的「人與世界在理想文化中的藍圖」時，說「這一張圖片中所畫的，是我所謂的廣大悉備的和諧」。而這種「廣大悉備的和諧」，正是他所理解的中國文化的基本精神。因此可以說，方東美所設計的人類未來文化，雖然是希臘文化、近代歐洲文化、中國文化的「合德」，但卻是貫穿著中國文化的基本精神的。這實際上是方東美的文化哲學思想的一個重要的基本觀念，他關於復興中國文化與重建人

類文化相一致的思想，正是建立在這個基本觀念之上的。

不過，方東美雖然認為中國文化精神是最優良的文化精神，卻並不認為在未來的人類文化中應當以中國文化為「獨尊」。他不像梁漱溟在其《東西文化及其哲學》一書中那樣，通過文化的比較研究，得出了全世界的文化發展最終都必然走「中國的路、孔家的路」的結論。方東美儘管將中國文化精神視為人類未來文化的基本精神，卻同時認為人類未來文化的形成有賴於三大文化傳統的「合德」，東西方文化的「合德」，像人類曾經有過的「軸心文化」那樣，而不是某一個文化傳統的復興和「獨攬天下」。這也反映了方東美這一代新儒家，與現代新儒家開創人物在思想觀念方面的差異。應該說，這體現了文化哲學理念的一種進步。

值得思考的是，在方東美提出的人類文化建設方案中，如何才能真正實現不同的文化形態之間的融合？按照方東美的文化哲學理論，不同的文化形態決定於不同的哲學「共命慧」，不同的哲學「共命慧」根源於不同的民族生命精神。那麼，不同的民族生命精神怎樣才能趨向一致？不同的哲學「共命慧」怎樣才能合為一體？倘若不同民族的生命精神和哲學智慧未能統一起來，又如何建立統一的人類文化形態？這些，在方東美的文化哲學思想中，是沒有解決的問題。這表明，方東美關於通過希臘文化、歐洲文化、中國文化的「三者合德」重建人類文化的理論，與唐君毅等人關於通過多元文化的融合，建立「天下一家」的人類文化的理論一樣，雖然提出了關於當前人類文化建設的方案，卻無法真正解決實現這一方案的途徑問題，他們的方案因此而表現出強烈的理想主義色彩。

第五章　道德理性與文化價值
──唐君毅的文化哲學思想

　　唐君毅，1909 年 1 月 17 日出生於四川省宜賓縣柏樹溪，祖籍廣東五華。父親唐迪風是前清秀才。唐君毅 6 歲開始讀《老子》。10 歲時入成都省立第一師範附小高小，12 歲時隨父親就讀於重慶聯中。1925 年，唐君毅赴北京求學，先入中俄大學，後考入北京大學。在北大，他聽過梁啟超、梁漱溟、胡適等人的演講，對梁漱溟弘揚中國傳統文化的精神非常敬佩。儘管當時梁漱溟的思想遭到左派學生的強烈抨擊，唐君毅還是頂著壓力去聽梁漱溟的演講。

　　1927 年唐君毅轉讀南京東南大學（後改名為中央大學）哲學系，受業於方東美、湯用彤、宗白華諸先生，並有機會聽熊十力到中央大學講授「新唯識論」。他還閱讀了微積分、物理學、心理學乃至生物學方面的西方科學書籍。這時的唐君毅除了讚賞傳統的儒家思想，還對懷特海、康德、黑格爾、費希特等人的唯心論思想感興趣。1932 年唐君毅畢業回成都，執教於多所中學，1934 年回到中央大學任教。他先後在哲學系任講師、副教授、教授及系主任，主講哲學概論及中國哲學史課程。1949 年春，唐君毅與錢穆應華僑大學聘請南下廣州執教，後因時局動盪，沒有多久他便離穗赴港。

　　四十年代，唐君毅的學術思想主要圍繞道德自我的建立問題而展開。1944 年他完成了《道德自我之建立》一書。該書提出，人既是物質身體的存在，也是心靈精神的存在，人生的本質是心而不是身體。心是身體的主宰，人生的活動本質上是心的活動，所以人生的目的在於實現內在的精神價值。此後的《人生之體驗》、《人生之體驗續篇》、《心物與人生》、《文化意識與道德理性》等著作，均是他這一基本理念的展開和深化。

　　唐君毅到香港後，與錢穆、張丕介等人創辦亞洲文商專科學校。1950 年春，該校改建為新亞書院，書院「上溯宋明書院講學精神，旁采西歐學府導師制度，以溝通中西文化，謀求人類福利和平為旨」，後來它成為現代新儒學在海外傳道授業的大本營。唐君毅在新亞書院發起並主持新亞學術文化講座，邀請著名學者主講，歷時五年，共一百三十九次，新亞書院由此蜚聲學界。唐君毅還多次應邀前往美國、日本、韓國及歐洲參加學術會議或作演講。1958 年他同張君勱、牟宗三、徐復觀聯名發表了〈為中國文化敬告世界人士宣言──我們對中國學術研究及中國文化與世界文化前途之共同認識〉。

　　五十年代，唐君毅的學術思想由主要關注人生問題、倫理問題轉向關注中國文化問題。他以人文精神為主線，探討中國文化的價值和人文世界的重建問題，闡發自己的文化理想。這一方面的代表作，有 1953 年完成的《中國文化之精神價值》，1955 年完成的《人文精神之重建》和 1958 年完成的《中國人文精神之發展》。在《中國文化之精神價值》中，唐君毅提出，中國文化的基本精神在於「天人合一」的心性之學，它一方面視天心即人心，另一方面以人心見天心。中國文化固然需要吸收西方文化的優良精神，但是中國文化自有其至高無上的精神價值，這種精神價值終將在未來的世界文化中得到顯現。在《人文精神之重建》中，唐君毅肯定了不同民族的文化各有其價值，提出重建人文精神，開創一個理想的人文世界，並對中國傳統文化的人文精神進行了多角度的闡釋。《中國人文精神之發展》則論述中國傳統人文精神的發展歷程與中國人的文化理想，探討中國人文精神與科學及宗教思想如何相融相通，以重建現代社會的道德生活。

　　1963 年，港英當局將新亞書院與崇基書院、聯合書院合併成立香港中文大學。唐君毅受聘為哲學系講座教授、系務委員會主席，並被選為中文大學第一任文學院院長。1974 年他從中文大學退休後，與牟宗三、徐復觀等人在新亞書院舊址重建新亞研究所，唐君毅任所長。

　　六十年代以後，唐君毅進一步對東西方哲學進行了系統、深入的研究，完成了 6 大冊 200 多萬字的巨著《中國哲學原論》。1975 年秋，他應臺灣大學之聘，出任哲學系客座教授。這時期，唐君毅為介紹、弘揚儒家思想和中國傳統文化，多次出訪講學和參加國際性學術會議。

唐君毅的最後著作《生命存在與心靈境界》於 1977 年由臺灣學生書局出版。在該書中，唐君毅借用佛家體、相、用三分法考察心靈自身的主觀活動與心靈觀照的客觀對象，並以不同的體、相、用分別對應於客觀、主觀、超主客觀三界，由此提出心靈活動的九種境界，認為人生的真實意義在於精神境界的不斷昇華和永恆超越。這就是他著名的心靈「三界九境」之說。此說「建立了一個新的哲學體系，將宇宙萬事萬物看作都是求超越的過程，生命的存在不僅是為存在而存在，乃是為超越自己而存在；心靈的活動也是在這個基礎上，從現實的生命逐漸向上求更高的價值，最後止於天德與人德一致的最高價值世界」。❶

1978 年 2 月 2 日，唐君毅先生在香港逝世，終年 69 歲。除上述著作外，他還有《哲學概論》、《中華文化之花果飄零》、《中華人文與當今世界》等著述，並發表學術論文 300 餘篇，故學術界有曰「先生著述之豐，在當代學人當中，可謂無出其右者」。

唐君毅的文化哲學思想十分豐富，它主要包括以下幾方面的內容：人類文化與道德理性的關係；中西文化基本精神的比較；中國文化的精神價值；中國文化的問題及其解決之道。

一、一切文化活動皆表現道德價值

唐君毅說：「蓋文化之範圍至大，論文化最重要者，在所持以論文化之中心觀念。如中心觀念不清或錯誤，則全盤皆輸。」❷唐君毅論文化所持的「中心觀念」，就是：文化是人類道德理性的表現。

(一)文化是人類道德理性的表現

文化包羅萬象，唐君毅將其區分為「社會文化」、「純粹文化」和「保衛文化的文化」。所謂「社會文化」，包括家庭生活、經濟活動、政治活動。所謂「純粹

---

❶　《簡明不列顛百科全書》（北京：中國大百科全書出版社，1985 年版）第 7 卷，頁 677。
❷　唐君毅：《中國文化之精神價值》（桂林：廣西師範大學出版社，2005 年版），頁 1。

文化」，包括哲學、科學、文學、藝術、宗教、道德。所謂「保衛文化的文化」，包括體育、軍事、法律、教育。這三種文化，都是人類道德理性的表現。唐君毅說：

> 人類一切文化活動，均統屬於一道德自我或精神自我、超越自我，而為其分殊之表現。人在各種不同之文化活動中，其自覺之目的，固不必在道德之實踐，而恒只在一文化活動之完成，或一特殊的文化價值之實現。如藝術求美，經濟求財富或利益，政治求權力之安排……等。然而人類一切文化之所以能存在，皆依於一道德自我，為之支持。一切文化活動，皆不自覺的，或超自覺的，表現一道德價值。道德自我是一，是本，是涵攝一切文化理想的。文化活動是多，是末，是成就文明之現實的。❸

在此，唐君毅的著眼點是人類的「一切文化活動」，而他所說的「分殊」表現，是相對於各種不同的文化活動領域而言的。因此從根本上說，唐君毅在此所表達的觀念是：文化是人類道德理性的表現。人在各種文化活動中，其主觀目的未必是實現道德價值，但是一切文化活動得以進行，則必然有賴於人的道德理性的支持。這種支持，是不自覺的，或超自覺的。唐君毅分別就上述三種文化，論證文化是人類道德理性的表現。在《文化意識與道德理性》一書中，他通過「家庭意識與道德理性」、「經濟意識與道德理性」、「政治與國家與道德理性」、「哲學科學意識與道德理性」、「藝術文學意識與求真意識」、「體育軍事法律教育之文化意識」等問題的闡述，來說明「社會文化」、「純粹文化」和「保衛文化的文化」都是人類道德理性的表現。

在「社會文化」方面，人類的家庭生活並非基於所謂性本能，而是基於男女之愛和孝悌意識。在家庭生活中，在父子、夫婦、兄弟之間，充分體現著人類道德理性的存在。人類的經濟活動並非基於人的生存欲望，而是基於人的精神理想。各種生產、分配、交換、消費活動，無不以道德理性為之支持。人類的政治活動並非基

---

❸　唐君毅：《文化意識與道德理性》（北京：中國社會科學出版社，2005年版），頁3。

於權力欲望、權力意志，而同樣是基於人的道德理性。在各種社團政治活動中，都貫穿著人的至善精神，政治活動離不開人類道德理性。

在「純粹文化」方面，從表面上看，哲學、科學、文學、藝術活動不同於道德活動。但實際上，哲學、科學的求真，文學、藝術的求美，都不是無善惡的或者超善惡的。既然有善惡之分，就不能脫離人類道德理性的支配，就要受到道德評價的制約。因此哲學、科學、文學、藝術活動是道德理性的表現。至於道德活動和宗教活動，前者是人的道德理性或道德自我的表現自不待言，而後者亦與人類道德密切相關，因為人們在宗教活動中所信奉的神明，就是最完滿的道德化身。

在「保衛文化的文化」方面，從表面上看，體育、軍事、法律、教育活動本身的價值似乎僅僅是形式的、工具的，它們僅僅是為實現其他文化活動（「社會文化」和「純粹文化」）的價值而存在。但實際上，這些活動在其形式的、工具的價值之中，各自有其獨特的道德價值，而這才是它們自身的本質目的。因此體育、軍事、法律、教育活動實質上也是人類道德理性的表現。

由此可見，人類的全部文化活動都是道德理性或道德自我的表現。

唐君毅關於人類文化是道德理性之表現的論述，典型地體現了現代新儒家文化哲學的道德本位思想。在現代新儒家代表人物中，也有其他學者從不同方面闡述過道德理性在人類文化活動中的重要意義，但他們都沒有像唐君毅那樣全面、深入地探討道德理性與文化活動的關係問題。唐君毅專門探討這一問題的著作《文化意識與道德理性》，堪稱現代新儒家文化哲學道德本位思想的代表作。在這部著作中唐君毅從家庭、經濟、政治、哲學、科學、文學、藝術、宗教、體育、軍事、教育等不同方面，論述了道德理性與文化意識的關係，闡明了他關於文化是道德理性的表現、人類一切文化活動都根源於人的「道德自我」的見解。

(二)文化活動與現實環境

人類文化是道德理性的表現，即道德理性的現實化。既是現實化，那就離不開一定的現實環境。「此所謂現實環境，即指精神欲實現其理想於其中之一切。不特我之外之自然界與社會現狀，為我所欲實現理想於其中之現實環境。即我之已成之心理習慣、性格、自然生命力與身體，對吾人當下之文化道德理想，或遷善改過之

精神言，亦為其現實環境。」❹在唐君毅看來，精神──即人的道德理性──藉以實現其理想的一切環境都是人類文化活動所需要的現實環境。這種現實環境不僅包括自然界和社會狀況，而且人的業已形成的心理習慣、性格、生命力與身體，相對於他當下的文化創造活動（也就是實現「文化道德理想」的活動）而言，也是既定的現實環境。

　　人類文化活動離不開一定的現實環境。譬如說，人在從事文化活動時要通過口的動作發出語音，通過身體的動作製造器物或寫出文字，這些動作和語音、器物、文字等等乃是有形相之物，屬於物質世界。在這種物質性的現實環境中，作為人的主觀精神的道德理性才能夠客觀化、社會化。「道德之實踐，內在於個人人格。文化之表現，則在超越個人之客觀社會。然而，一不顯為多，本不貫於末，理想不現實化，內在個人者，不顯為超越個人者，則道德自我不能成就他自己。」❺道德自我是「一」，是「本」，它必須在現實環境中超越自我而客觀化、社會化，這就是人的文化活動的實質。

　　雖然現實環境對於人的文化活動如此重要，但是它只能「規定」而不能「決定」人的文化活動。「決定」就是主宰，意味著被決定者完全沒有自由，「規定」則只是現實環境對人的文化活動的影響。在這種影響之下，人們在文化活動中仍然有自己決定如何行動的自由。因此現實環境只是文化活動的「必要條件、規約條件」，而非「充足條件或實現條件」；只是文化活動的「外緣」，而非「第一因」。「第一因」只能是人的道德理性或曰道德自我、精神理想。「故吾人欲了解人之文化活動，必先透入人之精神或人之理想之本身之了解，視此精神理想為決定人之文化活動之第一因，而不能以人所接之現實環境，為決定人之文化活動之第一因。……吾人今之所欲主張者，即此一切現實環境，皆不能真決定吾人之理想之形成，決定吾人之精神活動。而唯吾人之理想與精神活動之自己生發與形成，可以逐漸決定此一切現實而表現為文化。」❻

---

❹　唐君毅：《文化意識與道德理性》，頁4。
❺　唐君毅：《文化意識與道德理性》，頁3。
❻　唐君毅：《文化意識與道德理性》，頁4。

就哲學思想而論，以道德理性作為人類文化活動的根源和本質，無疑是一種主觀唯心主義觀念。唐君毅把精神性的道德理性視為文化的根源和本質，視為文化活動的決定性的因素，這與他的唯心主義哲學思想是完全一致的。唐君毅曾指出自己關於道德理性是人類文化本原的見解，與「世俗之人所想及之主觀唯心論之說」有所不同，因為他承認「現實環境」在文化活動中的重要作用，承認文化創造的過程離不開一定的現實環境，而不像一般的主觀唯心論學說那樣只承認精神性的思想觀念的作用。但歸根結蒂，唐君毅關於「現實環境」在人類文化活動中的作用的觀念，是以精神性的道德理性對於人類文化的第一性的、決定性的作用為基本前提的。在他那裏，「現實環境」對於人類文化活動來說不過是「第二因」和「外緣」。

(三)文化活動的自決性

人的文化活動是自決、自主、自由的，其所以如此，根本原因在於道德理性對於人來說屬於「心之能」，可以自動自發、自作主宰，而非被動地、機械地由現實環境決定。

例如近山之人樸厚，近水之人靈巧；健康之人思前進，多病之人恒想後；男性強而自尊，女性弱而自謙；老人好靜，少年好動；農業之人保守，商業之人好新奇；富者習奢華，貧者習儉約；氣質剛者好鬥，氣質柔者喜和平。按照唐君毅對「現實環境」的理解，這種種不同都屬於人們的「現實環境」的差異。這些差異影響著人的精神狀態，「由人之精神狀態各不相同，而人之文化活動，亦各不相同。」❼近山之人樸厚則睦宗族厚鄰里，長於組織政治社會；近水之人靈巧則長於工藝；健康之人信樂觀之哲學，多病之人信悲觀之哲學；男性強而自尊可為軍事政治之人物，女性弱而自謙則宜於處家；老年好靜，愛田園山林文學，少年好動，則愛讀冒險小說；農業之人保守而重歷史，商業之人喜新奇而輕歷史……這些似乎可以證明「人之現實環境之為如何，遂致人之精神狀態或文化活動亦為如何」，❽但

---

❼　唐君毅：《文化意識與道德理性》，頁7。
❽　唐君毅：《文化意識與道德理性》，頁7。

其實不然。唐君毅說：

> 然吾人仍反對現實環境對吾人精神或文化活動之決定者，則在吾人認定吾人
> 之精神活動或文化活動，畢竟依於吾人對現實環境所表現之一態度，而對此
> 態度，吾人乃始終能自己加以批判，而估量判斷其價值，對之有所好惡者。
> 吾人如透過吾人自己對自己之態度，加以估量而判斷其價值之一超越的活動
> 以觀，則是現實環境實未嘗真決定吾人對之之態度，亦未嘗真決定吾人之精
> 神或文化活動之形態。而真正決定之者，唯是發出此態度，並能估量判斷其
> 價值之精神自我，或超越自我。此精神自我、超越自我，不僅可以決定吾人
> 對現實環境之態度，不僅可求改變我與現實環境之關係，且可求對現實環境
> 本身，加以改變。❾

　　人在文化活動中，要對現實環境採取一定的態度，要作出一定的價值判斷，這
就決定了文化活動的狀態。因此，「發出此態度，並能估量判斷其價值」的道德理
性，才是人的文化活動形態的真正的決定者。道德理性不僅可以決定人對現實環境
的態度、人與現實環境的關係，而且可以導致現實環境的改變。近山之人之所以自
愛其樸厚而願意保其樸厚，是因為其良知（亦即道德理性）視樸厚為善德而加以肯
定。如當其覺得過於樸厚而近於呆笨時，便會改變原來的態度而欲學靈巧，以致尋
求近水之地以養其心靈之活潑靈巧。近水之人在覺其靈巧流於圓滑時，也會改變原
來的態度，居山地以養樸厚。可見，「人任何精神文化或活動被保存，亦初無不賴
人自覺該精神或文化活動有某一價值，而自覺的加以愛好之態度。而當吾人沉溺於
一精神或文化活動，而覺此足致吾人精神之偏蔽於一面，以抹殺其他，而近於過惡
時，吾人亦將立覺其當改變，或取他人之長以自輔。或去求擺脫自己之現實環境，
以致一新環境，以便啟發吾人其他精神或文化之活動。」❿總之，道德理性決定人
在文化活動中的價值取向，決定其與現實環境的關係，乃至決定現實環境的改變，

---

❾　唐君毅：《文化意識與道德理性》，頁7-8。
❿　唐君毅：《文化意識與道德理性》，頁8。

這就體現了人類文化活動的自決性。人在文化活動中是精神自主、自由的，至於人們往往會感到自己在文化活動中不自由，那是由於他們主觀地覺得現實環境是一種桎梏，束縛著自己的精神，限制著自己的理想，其實這只是一種「幻覺」。

　　唐君毅所說的人類文化的「自決性」（或曰「自主性」、「自由性」），歸根結蒂是指由精神性的道德理性決定文化活動的方式、過程、形態和價值。而且他所說的「現實環境」，還包括文化活動的主體（人）業已形成的思想、心理乃至性格，這些其實仍然是精神性的存在。由此可見，唐君毅關於人的文化活動「自決性」的觀念，同樣是深深植根於他精神至上的唯心論思想之中的。

二、中西文化特點之比較

　　唐君毅認為，從歷史上看，「原來東西的思想雖然不同，然而其傳統的思想正流，都表現同一的向上的人性。東西的傳統的思想正流，同承認人不只是一自然的存在，而是一精神的存在、文化的存在。人不只有外部的社會生活、自然生活，而且有個人在內部開闢的精神生活、文化生活。……這一種人生觀保持了人類的尊嚴和向上心。」[11]唐君毅所說的東方和西方「傳統的思想正流」指的是人文主義思想。他說中國和西方文化原本都具有人文主義傳統。在西方，人文主義傳統在中世紀曾遭受嚴重摧殘，直至文藝復興運動使之得到恢復和發揚。然而，近代西方的科學文化興起之後，西方文化慢慢來了一個天旋地轉，「走背離人文、面向自然、物化人生的路」，[12]形成了科學主義思潮。

　　「中國文化中之人文精神，與西方科學精神以至宗教精神，實實在在是人類心靈，傾向不同道路發展而生之二種精神。」[13]唐君毅認為，當今人類文化應該將中西文化的這兩種精神融合起來，「現在我們的理想是要把此兩個打成一個，但我們

---

[11]　唐君毅：《人文精神之重建》（臺北：臺灣學生書局，1974 年版），頁 42-43。

[12]　唐君毅：《人文精神之重建》，頁 45。

[13]　唐君毅：《中國人文精神之發展》（桂林：廣西師範大學出版社，2005 年 10 月版），頁77。

卻須先承認在事實上原是兩個」，⑭我們對於中西文化必須「洞澈其差異所在」。因此唐君毅的中西文化比較論，著重闡明的是中西文化的不同特點。

(一)中西文化的主要不同

唐君毅在《人文精神之重建》中說：「以中西文化相較而論，可以各種之觀點論其異同。吾昔年嘗以天人合一、天人相對之別，論之於一書（引者按：指唐氏 1943 年由正中書局刊行的《中西哲學思想之比較論文集》）……然今將另取一觀點，直就中西文化所重視之文化領域之不同，以顯示其精神之差別。」⑮關於中國文化之「天人合一」與西方文化之「天人相對」，唐君毅在論述中國文化的根本精神及其價值時多有論列，本書將其列入下一節「中國文化的根本精神及其價值」中予以闡述。在《人文精神之重建》和《中國人文精神之發展》、《中國文化之精神價值》等論著中，唐君毅著重就中西文化所注重的不同方面，闡明了中西文化的主要差異。

1.中國文化注重人，西方文化注重物。

「中國的文化，根本上就是一個人的文化。」⑯唐君毅認為這是中國文化的最重要的特點。「中國思想與西方思想不同的地方，關鍵在於中國思想，很早便特注重『人』的觀念。大家知道，中國最早經典當推六經，六經主要講的是人道。」⑰中國古代經典也講「天」和「天道」，但總是結合著「天象」、「天時」講天道，意在治「曆」明「時」，其目的還是為了治「人事」。可見「中國古代之特重『人』的觀念，尤為中國思想之特色」。⑱

唐君毅進一步指出，中國文化注重「人」的觀念「是由於中國人之自覺的反省自己之為人而起的」。⑲按照孔子的思想，人在精神上應該由「小人」修養成為「大人」。因此中國人特別重視如何「做人」，特別重視人生修養。中國文化所講

---

⑭　唐君毅：《中國人文精神之發展》，頁 77-78。
⑮　唐君毅：《人文精神之重建》，頁 83。
⑯　唐君毅：《中華人文與當今世界》（下）（臺北：臺灣學生書局，1975 年版），頁 418。
⑰　唐君毅：《中華人文與當今世界》（下），頁 450。
⑱　唐君毅：《中華人文與當今世界》（下），頁 450。
⑲　唐君毅：《中華人文與當今世界》（下），頁 451。

的「人道」，就是人生修養之道。西方文化則不然，它所注重的是「物」而不是「人」。西方文化雖然也研究人，但西方的生理學是將人當作「活的機器」來研究，西方的心理學是將人的心理當作外在的客觀對象來研究。近代以來西方科學技術的發展固然很有成就，但也帶來一個極大的弊病，那就是視人如物，見物不見人。而且由於重物質享受不重精神追求，近代以來的西方文化還導致了人生的「物化」，例如不少美國人所嚮往的無非是多掙錢，今天換一輛汽車，明天換一部電視機。針對西方文化的「人之物化」現象，唐君毅說：「一個人不是一個物，人總要從物化裏解放出來。人一方面不能視人如物，把人當作物來安排，另一方面我們自己的生活也不能物化。只有人從物化裏解放出來，然後人才能成為人。講到這裏，我就覺得我們中國幾千年來先聖先賢、列祖列宗文化遺產的可貴。他們對於人所以為人，不可物化，是言之再三，念茲在茲的。」❷⓿西方文化的「人之物化」包含著「視人為物」和「物化人生」兩個問題。這兩個問題之間有區別：「視人為物」指的是西方文化將人當作「物」來看待和研究，「物化人生」則是指西方文化引導人們在生活中注重物質利益、輕視精神追求。唐君毅認為，「視人為物」和「物化人生」乃是「今天西方文化上的兩大問題」。❷⓵西方文化的根本弊端，被唐君毅概括為「背離人文，面向自然，物化人生」，這也可以說是現代新儒家的共識。唐君毅用「物化」二字說明西方文化之弊病的癥結所在，並且進一步分析了西方文化的「人之物化」的兩個方面的表現，即「視人為物」的觀念和「物化人生」的價值取向。在唐君毅看來，「今天西方人之文化的主要問題，就是如何從『人之物化』裏解放出來」，❷⓶也就是從「視人為物」的觀念和「物化人生」的價值取向中解放出來。

2.中國文化注重倫理關係，西方文化注重個人意志自由。

「中國古代之文化，又皆由人群之實際生活中所形成，及周而嚴倫理宗法。」❷⓷中國文化注重人與人之間的倫理關係，自周代開始就嚴格地確立了倫理規範。這

---

❷⓿　唐君毅：《中華人文與當今世界》（下），頁418。

❷⓵　唐君毅：《中華人文與當今世界》（下），頁415。

❷⓶　唐君毅：《中華人文與當今世界》（下），頁415。

❷⓷　唐君毅：《中國文化之精神價值》，頁44。

種倫理規範存在於父子、兄弟、夫婦、朋友以及君臣各種關係之中,表現於每個中國人身上。在父子、兄弟關係中,中國文化推崇孝悌,不像西方文化視父子如朋友。在夫婦關係中,中國文化推崇互相敬愛,認為結婚乃是「合二姓之好」,不像西方文化視婚姻僅是男女之間的契約。人與人之間,中國文化提倡忠信,不像西方文化導致人與人的疏離。……這些倫理規範表明了中國人能夠替對方著想,能夠將心比心,超越一己的私心而從對方心中發現自己的價值。唐君毅高度評價中國文化這種注重人與人之間倫理關係的價值取向,認為:「中國傳統文化所重之個人對個人之一對一的倫理關係組織,實涵一至高無上之價值。」❷❹

在這方面西方文化的價值取向是「尊重個體自由意志」。唐君毅對此作出分析說,古代希臘文化已經表現出對個性自由的尊重。基督教則宣揚人人皆由上帝創造,皆有自由意志。但是由於「亞當犯罪」,使人的自由意志「趨向於惡」,於是中世紀的基督教「不重個人之自由意志之價值」。真正尊重個體自由意志之價值,乃始於西方近代。隨著社會分工的發展,西方人不斷地被個體化。人們崇尚自由,提出了天賦人權、人人生而自由的口號。「故近代西方哲學中,特以意志自由之證明,為最重大之問題。近代復有各種社會上、政治上、法律上之爭個人之自由平等之權利之運動,經濟上近代有自由企業之資本主義之產生。」❷❺這是西方文化與中國文化一個重要的不同之處。從西方哲學看,從西方社會生活和政治、法律、經濟看,都表明了「西方近代人所重之個體之意志自由,亦非中國文化大統中所重之精神」。❷❻

3. 中國文化注重道德和藝術,西方文化注重科學和宗教。

在周代中國文化就富於禮樂精神,「關於中國文化之以道德精神與藝術精神為主,吾將謂其自周代已然。周代之禮樂,乃古代文化之二幹。」❷❼唐君毅說,後來孔子教人以六藝,更表明了對於道德和藝術的重視。「孔子之功績,……在承繼以

---

❷❹　唐君毅:《中國人文精神之發展》,頁 177。
❷❺　唐君毅:《中國文化之精神價值》,頁 3。
❷❻　唐君毅:《中國文化之精神價值》,頁 44。
❷❼　唐君毅:《人文精神之重建》,頁 101。

前中國之六藝之文化。」❷❽唐君毅對「六藝」作出如下解釋：「原始之六藝為：
禮、樂、射、御、書、數。禮即道德法律，樂為藝術、文學，射御即軍事體育，書
是文字，數是科學。後來之六藝為：詩書禮樂易春秋。詩屬文學藝術，禮屬道德倫
理、社會風俗、制度。書屬政治、法律、經濟。易屬哲學宗教。春秋即孔子依其文
化理想所以裁判當世，垂教當世之教育法律也。」❷❾「六藝」所體現的禮樂精神就
是道德精神和藝術精神。在儒家所宣揚的「四德」——仁義禮智——之中，「智」
德居於末德，更加表明了中國文化以道德和藝術為先的精神。而且道、墨諸家同樣
以論人生德性為事。至於名家和荀子所討論的知識論、邏輯學，莊子的齊物論，乃
是由諸家之間的論辯所引起，為諸家的末流所崇尚，並非中國文化的主流。

　　唐君毅還從中國文化的天人合德理念，說明中國古代宗教和科學何以不發達。
就宗教而言，中國人基於天人合德的理念，「以道德眼光看天，則天心內在於人
心，而謂有超越外在之神意或天命，故與人意相違，而與人以災難之思想，亦宜不
能有。而人對天，亦可不負其良心自覺所昭示者以外之責任。」❸❿天心內在於人
心，在中國文化中沒有外在於人心的「神意」、「天命」，人對於天也沒有宗教方
面的責任，因此中國古代宗教自然不發達。就科學而言，科學精神要求肯定「客觀
必然之自然律」，「人必須認識此超越於道德外之必然之自然律，科學精神乃得舒
展。然中國人以天心即內在於人心，遂使人之道德律以外無超越外在之神聖
律。……於是科學之求客觀必然的自然律之純理動機，不得滋長，而改造自然之科
學的實用動機，或被阻塞也。」❸❶這使得科學在中國文化中也難得發展。西方文化
與此不同。從古希臘直到近代的西方人總是把自然視為與人類對峙的客觀對象。西
方文化所注重的是理智的理性活動。西方哲學總是將知識論、邏輯學、形而上學置
於人生倫理之前。西方人談道德，不像中國人重在改變自己的氣質，而是多談道德
行為與宗教的關係。這就導致了以自然律為研究對象的科學和以外在超越為目的的
宗教在西方文化中特別地得到發展。由上述可知，「西洋文化之中心在宗教與科

---

❷❽　唐君毅：《文化意識與道德理性》，頁4。
❷❾　唐君毅：《文化意識與道德理性》，頁4。
❸❿　唐君毅：《人文精神之重建》，頁101。
❸❶　唐君毅：《人文精神之重建》，頁101。

學，……中國文化之中心在道德與藝術」。㉜

4.中國文化注重統緒，西方文化注重類分。

唐君毅將這種差異謂為「中西文化之面目之不同──重文化之類別，與重文化之統」。㉝西方文化的分類精神「在社會則顯為階級之分立、職業之對峙，在文化則成各種類之文化領域、主義、派別」。㉞而在中國，社會的階級區分不明顯，人們的職業改換很容易，因而「學術文化中亦重統緒而略類分，重各類學術文化之精神之融和」。㉟現在中國文化中宗教、藝術、哲學、科學、政治、經濟、文學等不同領域的劃分，是從西方輸入的。每種文化領域中存在著各種主義，科學又截然區別為不同的門類，也是中國文化原本沒有的。「中國人亦不重視分辨各種門類之學術文化之價值意義，而重於不同之學術文化活動中見同一之道之表現。」㊱中國學術文化的派別，只是表明源流、師承和地域的不同，而罕有像西方學術文化那樣按照「抽象之主義」區分派別者。中國各宗派、家派的學術文化當然也各有其所重之宗旨，如哲學中程朱重主敬窮理，陸王重悟本心良知；詩文中王漁洋重神韻，袁枚重性情。但這些宗旨無非是表明其學術的重心所在，而不表示「主義」的根本不同，因此在中國文化中「不同宗旨之學術文化，常可以互相涵攝而並存」。㊲

在西方，不同學派、宗旨的學術文化「對峙顯然」，「故論西洋學術文化史之發展，吾人最易見一時代之學術文化之精神，為某一特殊之文化領域所主宰」。㊳例如古希臘文化精神以文藝、哲學為主，中世紀西方文化精神以宗教為主，近代西方文化精神以科學技術為主。而且在同一時代中，宗教的宗派或為一神，或為多神，或為超神，或為泛神；文學的宗派或為浪漫的，或為寫實的，或為古典的；哲學的宗派或為主唯心論，或為主唯物論。特別是近代以來，西方文化的分類愈來愈

㉜　唐君毅：《人文精神之重建》，頁 83。
㉝　唐君毅：《中國文化之精神價值》，頁 12。
㉞　唐君毅：《中國文化之精神價值》，頁 12-13。
㉟　唐君毅：《中國文化之精神價值》，頁 13。
㊱　唐君毅：《中國文化之精神價值》，頁 13。
㊲　唐君毅：《中國文化之精神價值》，頁 15。
㊳　唐君毅：《中國文化之精神價值》，頁 15。

細，不同的主義和派別愈來愈紛繁，各種學術文化人物各執一端、逞其所長、顯其偏至。這都表明了西方文化「重文化之類別」。就中國文化史而論，很難說各個時代的文化精神究竟為哪個特殊的文化領域所主宰，「辨章學術之同異，尤為古今人所難，而言三教合一，異唱同歸，則易於振振有詞。此皆中國學術文化精神，重融合貫通於一統，較不重以概念之分析辨其類別之證也。」❸唐君毅認為這是中國文化與西方文化最主要的區別，這個區別表明了中國文化「重融合貫通於一統」的根本精神。

西方文化「有分途開展之人文領域，而缺綜攝貫通之禮樂精神」。❹唐君毅將「西方文化之特殊精神」概括為以下四項：「向上而向外之超越精神」、「求知的理性活動之精神」、「尊重個體自由意志之精神」和「學術文化上之分途的多端發展之精神」。「此四種精神，相依為用，以表現於西洋文化歷史中」。❹他又將中國文化綜攝貫通的精神稱為「圓而神」的精神，將西方文化分途發展的精神稱為「方以智」的精神，「圓而神」精神的核心是仁，「方以智」精神的核心是智，這也正是中國與西方人文精神的區別所在。「中國之社會人文世界，是著重在內部和融貫通的社會人文世界。而西方的社會人文世界，則是各種學術分途開展的社會人文世界。前者主要表現仁的性情，後者主要表現智的條理。」❹可見「圓而神」代表「仁的性情」，「方以智」代表「智的條理」。唐君毅還認為，西方文化之所缺（仁的性情）正是中國文化之所長，西方文化的「悠久之道」應該是「以禮樂精神之圓而神，運於其人文分途之方以智之中」。❹

中西文化精神的基本差異，又被唐君毅概括為「自覺地求實現」與「自覺地求表現」，他說：

吾人回顧中國文化數千年之發展，吾人在此章（引者按：即《中國文化之精神價

---

❸　唐君毅：《中國文化之精神價值》，頁 15。

❹　唐君毅：《人文精神之重建》，頁 480。

❹　唐君毅：《中國文化之精神價值》，頁 3。

❹　唐君毅：《中國人文精神之發展》，頁 77。

❹　唐君毅：《人文精神之重建》，頁 480。

值》第十六章）將先姑用二名詞，論說中西文化精神重點之不同，即中國文化
根本精神，為自覺地求實現的，而非自覺地求表現的。西方文化根本精神，
則為能自覺地求表現的，而未能真成為自覺地求實現的。此處所謂自覺地求
實現（……），即精神理想，先全自覺為內在，而自覺的依精神之主宰自然
生命力，以實現之於現實生活各方面，以成文化，並轉而直接以文化滋養吾
人之精神生命、自然生命。而此所謂自覺地表現的，即精神先冒出一超越的
理想，以為精神之表現，再另表現一企慕追求理想，求有所貢獻於理想之精
神活動，以將自己之自然生命力，耗竭於此精神理想前，以成就一精神之光
榮，與客觀人文世界之展開，而不直接以文化滋養吾人之精神生命、自然生
命。中國文化精神為前者，西洋文化精神為後者。❹

　　這段比較深奧難解的文字，表達了如下的基本思想：認為人的文化理想內在於
人，它通過人的自然生命力而實現於人的生活的各個方面，從而形成文化，並轉而
培育著人的精神生命和自然生命，這是中國文化自覺地求「實現」的精神；認為人
的文化理想外在於人，它是人的精神向外追求超越的一種表現，這種表現通過人的
自然生命力而得以不斷展開，卻並不直接地培育人的精神生命和自然生命，這是西
方文化自覺地求「表現」的精神。唐君毅強調說：「自覺地重實現之精神，乃先有
一具足文化理想全體之心性在上，並視人文世界一切，唯是此心性之實現或流露，
同時為此心性所包覆涵蓋。」❺不難看出，重統緒的價值取向、天人合一的理念
（以心性之學為代表）是唐君毅所謂中國文化「自覺地求實現」精神的核心，而重類
分的價值取向、天人二分的理念則是西方文化「自覺地求表現」精神的核心。

(二)中西文化何以不同

　　唐君毅不僅指出了中西文化精神的主要差異，而且探討了導致這種差異的原
因。他認為，中西文化精神的不同主要起因於文化來源的一本性與多元性的差別，

---

❹　唐君毅：《中國文化之精神價值》，頁 361。
❺　唐君毅：《中國文化之精神價值》，頁 361。

其次起因於農業社會環境與商業社會環境的差別。

1.文化來源的一本性與多元性

　　唐君毅說：「關於中西文化之差別，吾人今將首提一義：即西方文化形成為多元，其所歷之文化衝突多，而中國文化之形成，幾可謂一元，其所歷之文化衝突少。」**❹⑥**西方文化源於希臘文化，而希臘文化受埃及文化、巴比倫文化、敘利亞文化、愛琴文化多種文化的影響。羅馬精神融攝希臘文化，形成了羅馬文化，它也是西方文化的來源。希伯來的猶太教、基督教精神與阿拉伯精神侵入羅馬世界而有中古文化。此後再加上義大利文藝復興和日耳曼精神之發揮，形成了西方近代文化。其中基督教精神雖曾主宰中古文化，浸成西方文化之統，但基督教精神畢竟為後起，與希臘精神不能水乳交融，因而出現文藝復興時期的人以希臘文化對抗希伯來精神之事。正因為西方文化之來源為多元，現代西方英、美、法、德、俄之間文化思想方面的衝突極多。

　　「中國文化之來源，近人因受西方文化之來源為多元觀念之暗示，亦有論其為多元者。」**❹⑦**但實際上自中國有史以來，夏、殷、周三代在文化上是一貫相仍的。中原民族用以表達學術文化思想之文字的統一，就是一個證明。後來中原民族對於其他民族的文化雖然時有所取，卻都無損於文化之「大本大原」。漢唐以後印度佛教文化的傳入，唐代中原文化與回教、景教文化的接觸，「亦未嘗生文化之衝突，且未影響中國文化精神之核心。」**❹⑧**明代西方傳教士輸入西方科學和基督教教義，也沒有對中國文化發生大的影響。只是近百年來中國文化在與西方文化的接觸中，由於這種接觸最初為通商和帝國主義侵略所促成，才有種種文化衝突發生。可見中國歷史上沒有文化衝突，完全不像「西方之文化史，則整個為一不同文化之接觸衝突、迄今未能融合之歷史」。**❹⑨**

　　總之，唐君毅認為中西文化精神之所以存在著差異，「主要者即在西方文化之來源為多元，其文化之接觸，恒與衝突相俱，而中國文化之來源，則可謂一元，其

---

❹⑥　唐君毅：《中國文化之精神價值》，頁 1。
❹⑦　唐君毅：《中國文化之精神價值》，頁 2。
❹⑧　唐君毅：《中國文化之精神價值》，頁 2。
❹⑨　唐君毅：《中國文化之精神價值》，頁 2。

與印度文化之接觸，亦未嘗有大衝突之故。」❺他在此提到印度文化，意在以中國文化與印度佛教文化的「接觸」為例，說明中國文化在接受外來文化時不發生文化衝突。❺在唐君毅看來，中國文化「所歷之文化衝突少」而西方文化「所歷之文化衝突多」，歸根結蒂在於中國文化的來源為一元而西方文化的來源為多元。文化來源上的一元性（或稱一本性）與多元性的差別，是導致中西文化精神不同的主要原因。

2.農業社會環境與商業社會環境

唐君毅認為，西方文化興起於商業而中國文化興起於農業。「吾人由西方文化之發展史以觀，吾人皆知希臘土地磽瘠，農業不足以營生，故其民族早業商，而其文化之興起亦始於商業。」❺而從中國文化的發展歷史看，「中國人經濟生活之所托命，實在農業而非商業。」❺農業社會生活與商業社會生活對於文化產生了不同的影響。農業生活求定著而安居，商業生活則求遠遊而易方。遠遊者周行四方，見上天下地之相懸隔；農業之人向地工作，地上之植物上升於天，則見上天下地之相連通。農業之收穫為實用具體的農產品，商業之獲利則在貨幣和帳簿上數字的增多。農產品重在質之美，可以量計而難以確定之數計，商業之貨幣則可以確定之數計。農業之人定著而安居，生於斯而食於斯，熟悉自然環境，驚奇之心少；商業之人遠遊異地，易見新鮮事物，驚奇之心強。求定著安居以勤力生產者自然愛和平，僑居異邦者則易滋生爭鬥之事。而且，定著安居、和平穩定的農業生活促成民族文化來源為一元，遠遊異方、多有爭鬥的商業生活則促成民族文化來源為多元。總之，「商業之生活，必使人傾向於外，多所希慕於人，而自我中心之情顯。其精神之向上，則易為向一超越性之神，致其崇敬，並重純粹求知之理性活動，及數之計算等。農業之生活，則使人傾向於內，重盡己力，求人我各安其居，互不相犯之願

---

❺　唐君毅：《中國文化之精神價值》，頁 5。

❺　唐君毅如下一段話可資參考：「在西方歷史中，不同文化之接觸，皆復為實際利害之情勢所促進，故接觸恒與衝突相俱。非如中國人之過去接受印度文化，純出內心之嚮往要求，而易如水乳之交融也。」（見《中國文化之精神價值》，頁 2。）

❺　唐君毅：《中國文化之精神價值》，頁 6。

❺　唐君毅：《中國文化之精神價值》，頁 10。

濃；其精神之向上，則易為向一有內在性而周行地面之神致其崇敬；而對環境中之人物，易有悠久之情誼；倫理之念篤，藝術之審美心強，此皆促成上所謂超敵對性致廣大之精神之實現者也。」❺❹可見中國社會的農業環境與西方社會的商業環境，也對中西不同文化精神的形成產生了作用。

三、中國文化的根本精神及其價值

　　唐君毅身處中西文化強烈頡頏而又交融會通的時代，面對各種關於中西文化會通、融合的言論，他認為國人首先應該認識中國文化的根本精神及其價值。他說：「現代世界上的人多有融合東西文化之理想。但至少在我們中國人之立場，則須以中國文化為主為本。我們更先有重新去講出中國學術文化之精神之必要。」❺❺以中國文化「為主為本」，體現了他作為現代新儒家的立場。他正是站在這樣的立場去闡釋中國文化的根本精神及其價值的。

(一)中國文化的根本精神

　　唐君毅論中國文化的根本精神，「不取時賢之無宗教之說」，也不取諸如剛健有為（正面）和缺乏科學與民主（負面）等說法。他認為「人性即仁」的天人合一思想才是中國文化的根本精神。「中國思想，真為本質上之天人合一之思想。孔、孟之精神，為一繼天而體仁，並實現此天人合一之仁於人倫、人文之精神。由孔、孟之精神為樞紐，所形成之中國文化精神，吾人即可說為：依天道以立人道，而使天德流行（即上帝之德直接現身）於人性、人倫、人文之精神仁道。此意，依宋明理學言之，即依太極以立人極，而於人極中見太極。依西方理想主義思潮之術語言之，即為直接依絕對之生命精神，以成就主觀生命精神，而使絕對精神生命，內在於主觀生命精神，而再通過主觀生命精神，以表現於客觀生命精神，即表現於人之各種對

❺❹　唐君毅：《中國文化之精神價值》，頁11。
❺❺　唐君毅：《人文精神之重建》，頁6。

人對物之感應關係（人倫）及精神文化之活動（人文）上。」❺中國文化的根本精神是「天人合一」，其真諦是依天道以立人道，而於人道中見天道，或者如宋明理學家所言，依太極以立人極，而於人極中見太極。唐君毅借用黑格爾關於絕對精神的理念，說明作為中國文化精神核心的「天人合一之仁」，既內在於「主觀生命精神」，又體現於「客觀生命精神」，是主客、內外合而為一的精神本體。他說：「余以中國文化精神之神髓，唯在充量地依內在於人之仁心，以超越的涵蓋自然與人生，並普遍化此仁心，以觀自然與人生，兼實現之於自然與人生而成人文。此仁心即天心也。」❺所謂「神髓」，指的是中國文化的根本精神。在唐君毅看來，這種根本精神就是「超越的涵蓋自然與人生」的「天人合一」、「天人合德」精神。

一言以蔽之，「天人合德、天人合一、天人不二、天人同體之觀念」體現了中國文化的根本精神，表明了中國文化真正是通天人、合主客、融內外的高明博厚的文化。唐君毅曾從倫理道德、政治經濟、文學藝術等不同方面探討中國文化精神之表現，而在他看來，中國文化的根本精神乃在於此。

(二)中國文化精神的價值

對於中國文化精神價值的闡釋，是唐君毅文化哲學思想的重要內容。

世界上惟有中國文化有四、五千年的歷史，而且這四、五千年的歷史文化有其一以貫之的統緒，這足以表明中國文化「有不容磨滅之價值」。這種「統緒」，正是中國文化不同於西方文化而又高明於西方文化之處。唐君毅說：

> 中國文化精神，至少在一點上，實有其至高無上之價值。此即依於人者仁也
> 之認識，以通天地、成人格、正人倫、顯人文是也。吾似不能謂：唯中國文
> 化能知重人、重仁，因西方基督教之愛與佛教之慈悲，亦是重仁。基督教以
> 上帝必命其子化生為人，以救人同入天國，並教人以在地若天之道，佛教以
> 佛法主要為人而說，皆「重人」之精神。然中國思想之不以仁只為超越而外

---

❺ 唐君毅：《中國文化之精神價值》，頁348。
❺ 唐君毅：《中國文化之精神價值》，頁4。

在於上帝之心或佛心，而以人性即仁，以至以一切善德，皆直接內在於人性；則特為數千年來之中國思想，萬變而不離其宗者。❺❽

　　中國文化萬變不離其宗的統緒，在唐君毅看來就是「人性即仁」的天人合一思想。他說西方文化也包含著「重仁」的思想，印度的原始佛教也「重仁」，但是它們都把「仁」看成「超越而外在的」，都把人性與天道相分離。惟有中國文化以其「人性即仁」的思想，體現了「性與天道合一之智慧」。這是一種「極高明」、「極敦厚篤實」的智慧，是中國文化精神價值的根本所在。「吾人……論中國先哲對於心性與天道之智慧，並與世界之其他文化思想中，對於心性與天道之智慧比觀；即可見在細密分疏方面，中國學術文化，雖不如西方與印度，然在潔淨精微與高明一面，確有對人類文化永遠不磨之價值。」❺❾就「細密分疏」（或曰「分殊發展」）而論，中國文化未見高明。中國文化的高明之處，在於它「潔淨精微」──以「人性即仁」的觀念將性與天道合而為一，從而使天道不外於人性，人性不離於天道。唐君毅認為，由孔、孟創立而在宋明理學中得到高度發揚的「天人合一之仁教」代表著中國文化的根本精神。此「仁教」的核心觀念是「人性即仁」，它將「天道」與「人道」統一起來，依「天道」以立「人道」，於「人道」中見「天道」，充量地涵蓋自然與人生，形成無比「寬平舒展」的人文主義精神。

　　西方的基督教和印度的佛教沒有「人性即仁」的觀念，因而它們使天道與人性相分離。基督教「重仁」，提倡博愛，說上帝命其子化生為人拯救人類，但是又宣揚人人皆有「原罪」，只有被拯救入「天國」，靈魂方能淨化。印度的佛教「重仁」，以慈悲為懷，但又認為人作為「有情眾生」，必須被「超度」，而後方能成佛。因此從基督教的原罪說看孔子和釋迦牟尼，則孔、釋都是有罪之人；從印度佛教的有情眾生說看孔子和耶穌，則孔、耶都是未度之人。但是從中國文化「人性即仁」的天人合德之說看釋迦牟尼和耶穌，則釋、耶都是聖人。唐君毅認為，此中根源就在於西方的基督教和印度的佛教都將「仁」看成超越人之心性的外在之物，中

❺❽　唐君毅：《中國文化之精神價值》，頁 347。
❺❾　唐君毅：《中國文化之精神價值》，頁 348-349。

國文化則認為「仁」既是天地之大德而又內在於人的心性。這與西方基督教、印度佛教將「仁」視為超越於人心、人性的上帝之心或佛心，有著根本的不同，這正是中國文化精神的「神髓」。中國歷史上之所以沒有文化衝突，中國文化之所以延續數千年而能保持一貫的統緒，皆植根於此「神髓」之中。惟其如此，中國文化具有包容天地萬物的情懷，具有極強的寬容性、統攝性。這是世界上其他民族文化所不能比的。

基於這種見解，唐君毅說中國文化的根本精神不僅對於中國社會有其巨大價值，而且對於當今人類社會亦有其重要價值：

> 至於觀中國文化精神之致廣大而極寬平舒展一面，則吾人必須一方自中國儒者，對於天地萬物之有情而不傲視；對於一切人之平等的禮敬仁愛，對於一切人倫關係、一切文化活動、一切人生之富貴、貧賤、死生、禍福之遭遇，均一一肯定其價值；而使此心之仁無所不運，不有絲毫之缺漏，而又能安仁而樂等見之，一方亦可自中國社會之大體而言，無階級之對峙；社會之政治系統、家庭宗法系統、文教系統，與宗教系統，不相凌駕，而並行不悖；朋友尚和而不同等見之。而中國藝術文學精神之重游心於物，尚自然流露，重表虛實相涵之意境；中國民間日常生活中，寬閑自得之情趣；與中國人格世界中，俠義之士之宅心公平，豪傑之士之宏納眾流，風流文人之倜儻不羈，與僧道隱者高士之游世而超世忘世，皆見一廣大寬平舒展之文化精神之表現。此廣大而寬平舒展之精神，即中國所以能成一廣土眾民國家，常能以太平、太和之世為理想，而亦真能樂天以安居於世界者。今日誠欲停息人類之相爭，而達天下一家之境，則中國過去人之致廣大之心量與胸襟，與寬平舒展之氣度，終將當普及於今之世界而後可。……則中國文化有其永遠之價值亦明矣。⑥

中國儒者對於天地萬物、人倫、人生的態度，中國社會的政治系統、家庭宗法

---

⑥　唐君毅：《中國文化之精神價值》，頁 349-350。

系統、文教系統、宗教系統，中國的文學藝術，中國人的日常生活和人格世界，都表明了中國文化的「廣大而寬平舒展之文化精神」。這種極具融攝性的文化精神基於「人性即仁」的天人合一思想。從歷史看，「廣大而寬平舒展之文化精神」使得中國成為廣土眾民的國家而立於世界。從當今人類看，要停止爭鬥而實現「天下一家」的理想，就需要使中國文化的這種精神普及於當世，為世界上其他民族文化所資借。由此可見，中國文化「廣大而寬平舒展」的天人合一精神，對於人類文化「有其永遠之價值」。對於中國文化的這種根本精神，我們今日仍要「保守」之、發揚之。這不僅是今日中國重建人文精神的需要，而且是當今人類救治「物化」之病和停息爭鬥、共達「天下一家」之境的需要。由此不難看出唐君毅對於中國文化的精神價值的高度推崇。惟其如此，他對否定中國文化價值的論調，總是給予堅決、有力的批駁。

唐君毅在探討中國文化精神及其價值時，還對「中國心性之學」作了專門的論述。他認為儒家心性之學典型地體現了中國文化的根本精神及其價值。著者在此本該對唐君毅關於中國心性之學的見解作出闡述，但本書下一章將專門研究唐君毅參與撰寫的〈為中國文化敬告世界人士宣言〉一文，而該文中則有著關於「中國心性之學的意義」的專門論述。因此，著者擬在下一章評述唐君毅等人關於中國心性之學的見解。

(三)「不能將中國文化精神加以否定」

既然中國文化精神有其不可磨滅的永恆價值，則「我們不能將中國文化精神加以否定」。❻我們不能將近代以來中國社會的混亂、落後歸罪於中國文化精神。唐君毅提出了「我們之所以不能將中國文化精神徹底加以改造及否定」的理由，主要是以下三條：

「第一是在勢上不能。」❻貫穿五千年歷史的中國文化精神，不是用幾十年時間就可以徹底加以改造、否定的。過去數十年提倡富國強兵之說者，提倡科學民主

---

❻　唐君毅：《人文精神之重建》，頁 274。
❻　唐君毅：《人文精神之重建》，頁 273。

之說者，均以富國強兵為至上，科學民主為至上，以期徹底改造中國文化精神，然而他們都一一失敗了。「這失敗，是由於中國文化之精神，乃直接貫注於想否定中國文化精神者之生命心靈與意識之底。」**❻❸**你想徹底否定中國文化精神，那只是你的意識、你的觀念，然而你的存在本身，卻必然要從你的生命心靈與意識之底透露出來，使你終於不能否定中國文化精神。也就是說，中國人——包括主張徹底改造、否定中國文化精神的中國人——的心靈與意識本身就貫注著中國文化精神，因而不可能對中國文化精神加以徹底的否定。

「第二是理上不能。」**❻❹**否定中國文化精神的觀念、思想是外來的，人們在接受這種觀念時，必須經過自身意識的認可，使之成為自己的觀念，「然後此觀念理想，對你個人乃有真力量。」**❻❺**而從全民族來看，這種否定中國文化精神的觀念要被整個社會接受，必須得到社會意識的認可，「必須合於整個民族社會歷史之文化精神之真正要求。」**❻❻**也就是說，真正能夠否定中國文化精神的觀念、思想，必須是植根於中國文化而又符合中國文化精神內在發展要求的。但實際情況是，否定中國文化精神的觀念、思想是由外來的西方文化的衝擊引起的。這種外來的觀念不可能真正否定中國文化精神。

「第三是義上不當。」**❻❼**從文化方面看，中國社會之混亂是「由於世界文化與中國文化之相衝擊」而造成的，正如瀑布落於大江之中，水花四濺，江水之流動因以錯亂，這責任是雙方面的。「中國文化精神自有其好的方面。此好的方面，原則上是應當保存的。其悲劇所以產生，乃由於一種好與另一種好之相矛盾衝突，而未配合得好。」**❻❽**也就是說，由於中國文化好的方面與西方文化好的方面未能配合得好，才導致了近代以來中國的社會和文化問題。因此我們所應致力的是「實現更高的配合和諧之要求」，而不是對中國文化精神加以否定。正如瀑布落於江中使水花

---

❻❸ 唐君毅：《人文精神之重建》，頁273。

❻❹ 唐君毅：《人文精神之重建》，頁273。

❻❺ 唐君毅：《人文精神之重建》，頁273。

❻❻ 唐君毅：《人文精神之重建》，頁273。

❻❼ 唐君毅：《人文精神之重建》，頁273-274。

❻❽ 唐君毅：《人文精神之重建》，頁274。

四濺的力量，轉瞬就變為與江水和諧的、順流而下的力量。其順流而下，乃是順著江水自身的流動方向，而不是改變原來的方向。

「中國數千年之混亂所表現之一切文化意識上之矛盾，皆可由中國文化精神之自覺的充量發展，而加以化除，由此而同時通接於世界文化精神之有價值的方面，如科學精神、民主精神之類。」❻❾所謂數十年，指的是「五四」新文化運動對傳統文化進行激烈批判以來的數十年。唐君毅認為，中國文化精神有著永不磨滅的價值，至於它所存在的「矛盾」和「錯亂」，是完全可以通過自身的充分發展去化除的，而不能由我們人為地對之加以否定。

針對否定中國文化精神及其價值的言論，唐君毅「不惜冒市俗之大不韙，申保守之義」，❼❶闡述自己關於「保守」中國文化的思想。

「人類進步創造，必須先能保守，人要追求未來之價值，必須先肯定過去已存的價值，現在已有之理想，而守之保之。」❼❶所謂保守，乃是人類進步創造、追求新價值和新理想的必要前提。唐君毅說，人類求進步只是為了實現更有價值的理想，創造更有價值的事物，倘若對已知其有價值的舊事物和已有的理想尚且不能保守，那麼所謂求進步就沒有價值意識。而且，未來只是抽象的可能，過去和現在之已經存在者，才是真實的存在。因此我們「不要只談進步，談進步亦當先為保守而談進步」。❼❷必須「有所守」，方能有所進步。猶太人對其宗教最為保守，並未妨礙其民族產生無數科學、宗教、哲學、文學天才。英國人重保守，政黨中有保守黨，亦不妨礙其「煊赫一世」。東方國家中，日本人接受西方科學技術最有成績，而其所保存的傳統風俗禮儀也最多。凡此皆可以表明，任何民族對於其文化傳統，皆不必恥言保守。

面對「五四」以來中國傳統文化受到激烈抨擊的局勢，唐君毅不無感歎地說：「不管有好多中國文化中有價值的東西破壞了，但總還有一些東西存在著，還值得

---

❻❾　唐君毅：《人文精神之重建》，頁 275。

❼❶　唐君毅：《中華人文與當今世界》（上）（臺北：臺灣學生書局，1975 年版），頁 22。

❼❶　唐君毅：《中華人文與當今世界》（上），頁 23。

❼❷　唐君毅：《中華人文與當今世界》（上），頁 22。

我們加以保持守護。」❼❸所謂「保守」，就是「保持守護」。而在唐君毅看來，中國文化中最值得加以「保持守護」的「有價值的東西」，莫過於中國文化的根本精神。這種精神如今雖遭受挫傷，但本質上卻是中國文化正在充實和完成自身，並終將走向中華民族之光明前途。對此，唐君毅充滿信心：

> 中國文化之「精神」，乃一真實不虛之存在，乃貫注於中國過去歷史中，表現於中國過去文化，亦貫注於中國當前之現實之歷史中，而必再表現於中國未來文化之形成之一大力。此「精神」從未衰微，亦永不會衰微。其流行與運動，可以有曲折，有波瀾，而表現為好好壞壞的形態。然而在本質上，則只是在求充實自己，而完成自己。……此精神在外表看來，似已無力，而實潛在一大力，冥權密運，以主宰中國之前途。❼❹

為了實現中國文化和中國社會的美好前途，唐君毅懷著強烈的使命感，苦心孤詣地思考中國文化存在的問題、探索中國文化的復興之道。

四、中國現在的文化問題

唐君毅說：「如吾人以上對於中國文化精神之解釋為不誤，則吾人可以進而討論：中國現在之文化問題，中國文化將來應發展之趨向。」❼❺他所謂中國現在的文化問題，指的是近代以來中國文化所出現的問題。由於中國文化出現了嚴重的問題，我們便有必要加以認識和解決，從而使中國文化得以繼續發展。

唐君毅多次聲明自己「不諱言中國文化之短」。他說中國文化固然有其不可磨滅的寶貴價值，卻也存在著缺點和問題。例如中國文化「抽象的分析概念之理性活動不著，個體性之自由意志之觀念不強」。❼❻中國文化注重統緒，但是「分殊發

---

❼❸ 唐君毅：《中華人文與當今世界》（上），頁 25。
❼❹ 唐君毅：《人文精神之重建》，頁 255。
❼❺ 唐君毅：《中國文化之精神價值》，頁 343。
❼❻ 唐君毅：《中國文化之精神價值》，頁 12。

展」不夠。中國文化「多只見精神之圓而神」，卻有欠於「方以智」。而且有清一代，整個中國學術文化精神呈現「退步」和「下降」之勢，等等。而唐君毅最為關注的，乃是「中國現在」——即他所說的「近百年來」——的文化問題，因為這個問題的解決與他努力追求實現的中國文化復興的理想密切相關。

唐君毅認為中國現在的文化問題主要是：西方文化的衝擊和中國人未能對這種衝擊採取正確的回應態度。

㈠西方文化對中國文化的衝擊

「中國近百年來之文化問題，皆表現於西方文化對中國之衝擊。」**⓱**這種衝擊，起自鴉片戰爭、太平天國時代。唐君毅說太平天國假藉西方宗教中的上帝信仰宣傳農民革命，平定太平天國則表明了曾國藩、左宗棠、李鴻章所代表的中國文化傳統的勝利。然而曾、左、李等人已知中國文化缺少西洋之堅甲利兵和富強之術，於是通過洋務運動向西方國家學習。清末國人又知非變法不足以圖存，遂有西方式的君主立憲和民主立憲運動之發生。康有為、梁啟超所領導的君主立憲運動不能滿足中國民族推翻滿清政府的要求，孫中山領導的民主立憲運動取得了勝利，遂有中華民國之建立，這是中國政治在西方文化衝擊下發生的大改變。中國文化的其他方面也在西方文化衝擊下發生改變，諸如清末之廢科舉、興學校，民國初年學習日本教育，新文化運動時提倡英美式個性教育，鼓吹語體文代文言，以科學與民主口號批判中國傳統文化，打倒孔家店，提倡婦女解放、自由戀愛、勞工神聖和思想自由等等，「皆若為革中國傳統文化之命者」。此後國民黨之民族主義、民權主義、民生主義思想，原本力求包括西方近代政治思想潮流，亦力求合乎中國文化精神。但是三民主義只是政治領域的主義，它對中國文化精神的繼承只限於一定的方面，所以在國民政府時期，中國社會的文化思想其實仍是鄙棄中國學術文化精神、崇拜西方新思潮的。「由此以觀，則中國近百年之文化，至少在表面上可謂之為西方文化次第征服中國傳統文化之歷史，或中國文化在西方文化之衝擊前，一步一步退卻，

⓱ 唐君毅：《中國文化之精神價值》，頁 343。

而至於全然崩潰之歷史可也。」⑱在唐君毅看來，近百年來中國文化的歷史，就是不斷受到西方文化衝擊而不斷退卻的歷史。

唐君毅還說，在物質文明方面，中國文化原來的色彩「由消退而進於虛無」。在學術上，科學幾乎全是西方來的。中國傳統哲學與西方哲學在現代中國的地位相比較，「至多只到平分秋色」。在宗教上，基督教的社會勢力已經「遠盛於原有的佛教道教」。在文學藝術上，中國社會過去普遍崇尚的一種藝術——書法首先被忽視。中國民族樂器中的七弦琴無處可買。此外諸如元明的水墨山水畫，建築物中「最代表中國精神」的迴廊、飛簷、牌坊、亭子、重門深院與園林，皆很少有人能品賞。中國傳統文化所欣賞的「幽嫻貞淑的女性，慈祥愷悌的老人，垂拱而立的童子」亦難得一見。社會文化生活中諸如此類的現象都表明了西方文化對中國傳統文化的衝擊。

(二)中國人回應西方文化衝擊的態度

唐君毅認為，面對近代以來西方文化的猛烈衝擊，中國人沒有採取正確的回應態度，這是中國現在的文化問題的癥結所在。

「唯中國近百年來，人接受西方文化之意識態度，恒出於一欲望之動機，而顯一卑屈羨慕之態度。同時西方文化之長，又常不能真正皆為中國人所傾心接受。人恒一方以為要接受西方文化之科學與民主自由等精神，必須打倒否定傳統文化；然又終為傳統文化之精神所牽掛。於是今之中國文化思潮，乃陷於種種矛盾，而無出路。」⑲近百年來中國人出於求富強的目的而接受西方文化，便是唐君毅所謂「欲望的動機」。他說在這種動機的驅使之下，中國人對西方文化表現出「卑屈羨慕」的態度，以致有些人為接受西方文化而徹底否定中國傳統文化。這種「以打倒中國文化之傳統，作為接受西方文化之代價」⑳的態度，最典型地表現了國人面對西方文化的衝擊而產生的怯弱、卑屈、羨慕之情。但實際上，這種態度使我們不能以誠

---

⑱ 唐君毅：《中國文化之精神價值》，頁 344。
⑲ 唐君毅：《中國文化之精神價值》，頁 345-346。
⑳ 唐君毅：《人文精神之重建》，頁 287-288。

摯之心真正地認識和學習西方文化精神，因為「凡以卑屈羨慕之態度學習他人之文化精神，皆不能真曲盡其誠」。**⑧**

　　西方文化的猛烈衝擊，中國人對於這種衝擊的惶然不能正確回應，被唐君毅視為中華民族的悲劇。他在〈中華民族之花果飄零〉一文中說：「中國社會政治、中國文化與中國人之人心，已失去一凝攝自固的力量，如一園中大樹之崩倒，而花果飄零，遂隨風吹散；只有在他人園林之下，托蔭避日，以求苟全；或牆角之旁，沾泥分潤，冀得滋生。此不能不說是華夏子孫之大悲劇。」他以旅居海外的華人為例，說早年到美國等西方國家謀生的華人「仍保存中國社會之風習」，婚喪慶弔用中國禮儀，商店用中國字作招牌，房屋建築用中國形式，回國結婚，告老還鄉，設同鄉會、宗親會，過舊曆年和舊節氣，不信洋教，設立僑校以中國語文教學，用中國語言交談、通信……，都表現了「不肯忘本之文化意識」。然而在今日旅居西方國家的華人社會中，中國之傳統風習保存無幾。試看他們作交談之用的語言情況，便知「今非昔比」。在美國和歐洲的許多中國高級知識分子家庭中，多用英文而不用中國語文交談。「一民族之無共同之文化與風習語言，加以凝攝自固，一民族之分子之心志，必然歸於日相離散。」近代以來，中國人懷著「卑屈羨慕」的心態接受西方文化，在精神上托庇於西方文化而不能以民族傳統文化「凝攝自固」，以致民族成員心志離散。唐君毅說這不僅表明中國文化「枝葉已離披，花果已飄零」，而且意味著中國文化「本根將斬」，這是「不可不為痛哭而長太息」的。

　　不過，唐君毅認為近百年來中國人在接受西方文化方面也表現出值得讚賞的精神，那就是「向上」和「向善」的精神。問題在於這種「向上」和「向善」的精神始終夾雜著對西方文化的「卑屈羨慕」之情，其根源即在於中國人學習西方文化太注重於功利的目的。這一方面導致了對於西方文化的盲目崇拜，不對西方文化的長處與短處作出區分而主張全盤接受。另一方面則導致了對於中國傳統文化的盲目否定，因為以儒家思想為核心的中國傳統文化不以「富強」為最高義，如今國人太偏重於「富強」的功利主義目的去接受西方文化，勢必要否定中國傳統文化。這樣，我們既不能真正學得西方文化的精華，也不能保存自己民族文化的傳統。「其結

---

⑧　唐君毅：《中國文化之精神價值》，頁 352。

果，是造成整個民族之精神上的虛怯。」**❷**

應該指出的是，唐君毅在批評近百年來中國人對待西方文化的「卑屈羨慕」的態度時，將這種態度的產生歸因於中國人向西方文化求富強之術的「功利主義」的動機，這個觀點是難以成立的。人類任何行為都基於一定的功利動機，完全「超功利」的行為是不存在的，問題在於這個「功利」是為了什麼。以近代以來的中國人學習西方文化而論，為求得民族昌盛、國家富強而向西方學習，此「功利主義」的動機是無可非議的。而且，基於求富強之術的動機學習西方文化，本身並不會必然地導致中國人在西方文化面前的「卑屈羨慕」的態度。

五、中國文化的復興之道

唐君毅雖然認為由於西方文化的衝擊和中國人對於這種衝擊的不能正確回應，中華文化已經到了「花果飄零」的境地，但是他對於民族文化的復興並沒有喪失信心。他說「中華民族之文化之樹之花果飄零」的時代，同時也就是中國文化「自激流中拔出，而真正向前伸展的時代」，即中國文化走向復興的時代。

唐君毅在論述其文化活動是道德理性之表現的觀念時，強調人類的文化活動具有「自決性」、「自主性」、「自由性」。其目的，是為了說明國人通過自覺的努力，可以重建以儒家人文精神為核心的中國文化，使民族文化得以復興。他在闡釋中國文化的精神價值時，高度稱頌中國文化的優良精神及其對於今日中國乃至人類社會所具有的重要價值，同樣是為了說明民族文化可以復興，國人應該為中國文化的復興而不懈努力。

中國文化怎樣才能復興？唐君毅認為：「中國未來立國之文化思想，必須有待於吾人一面在縱的方面承前啟後，一面在橫的方面，作廣度的吸收西方思想，以為綜攝的創造。」**❸**這可以說是唐君毅關於中國文化復興的綱領性觀念。圍繞著這個綱領性觀念，他提出了以下復興中國文化的基本途徑。

---

❷ 唐君毅：《人文精神之重建》，頁 283。
❸ 唐君毅：《人文精神之重建》，頁 292。

(一)返本開新

「人類文化潮流之進展，常由返本以開新。」❽④中國文化的復興同樣如此。返本，才能開出中國文化的「新機運」。唐君毅明確地提出「復古方能開新」的觀點，說：「在文化思想中，除了科學思想以外，無論哲學、宗教、文學、藝術、政治、社會之思想中，不能復古者，決不能開新。這中間決無例外。」❽⑤他認為「復古」乃是「開新」的前提，是革除當前社會文化種種弊端的必經之途：

> 實際上，一切被認為復古主義者的人，常正是最富於開新的創造精神之理想主義者。一切被認為復古主義的人，都是因感於當前現實的社會文化之種種弊端，在具另一文化精神之前一代，則不存在。反之，救治此一時代之弊端之文化精神，恒恰巧在前一時代；於是便重加以提出，以為改造現代的文化之缺點，而推進時代向更合理之路上走的借鑒。所以真正被認為復古者守舊者的，實際上總是最富於開新創造的精神之理想主義者。反之，口口聲聲趕上時代，以今為是，以古為非的人，常正是只順著潮流，牢執現實時代之一切，而不肯加以改造，亦莫有未來文化之遠景嚮往的現實主義者；或只是以打倒歷史文化一切有價值者之破壞性的懷疑主義者。❽⑥

中國古代政治家中，不僅孔、墨俱道堯舜，即便王莽、王安石也是要復古的，而他們都是最要改造時代的。法家李斯、韓非和漢代王充都反對以古為法，因此他們思想的價值也都只在破壞與懷疑方面。就中國文學而論，提倡古文古詩者都是開創一代新風之大文豪；而只講時文者，卻是輕薄之輩。西方文藝復興，就是要復希臘、羅馬之古。啟蒙運動時期的政治、法律思想，是復斯多喀派之自然法、自然理性觀念之古。德國的浪漫主義文學運動，則一直要復到原始的神話歌謠之古中去。

---

❽④　唐君毅：《人文精神之重建》，頁 105。
❽⑤　唐君毅：《人文精神之重建》，頁 309。
❽⑥　唐君毅：《人文精神之重建》，頁 308。

「復古者之動機，只在去當今之弊，其精神在底子上正是開新的創造的」。❽反之，一味頌今而非古的人，並不能革除當今時代的社會文化之弊，並不能解決中國現在的文化問題。

中國文化的返本，要回歸宋明理學的學術文化精神。宋明的學術文化精神是心性之學。清代三百年的學術文化精神是反宋明理學的，其核心是事功之學。以事功之學反對心性之學，注意了事功問題，這表現了清代學術文化的進步。但清代學術將心性義理之學完全遺棄，矯宋明理學之偏而過正，導致三百年來的學術文化過於強調事功，使國人心靈流蕩而不能凝聚，這又表現了學術文化的退步。因此今日復興中國文化，必須矯正清代以來學術文化之偏弊，「回念清以前之精神」，弘揚宋明心性之學，從而開出民族文化的「新機運」。

中國文化的返本，歸根結蒂則是「充量發展其仁教」，「從中國文化中之仁教自身上立根」。在中國文化觀念中，「仁心是人之價值意識的根源，亦即人之良知良心自己，或一般所謂良知良心的判斷的根源。……仁心即人之最廣大的價值意識。人在不同時空之價值意識，可能只偏於某一方面，而蔽於另一方面。而人之仁心要求補其所偏，而彰其所蔽。因而仁心亦即為能判斷一切價值意識之高下偏全之良知，或良心，與人之一切價值意識，得不斷生長擴大，而充滿成就的根源。因而他可以為人生在世之行為活動之至高主宰。」❽仁心，是人的價值意識的根源和行為活動的主宰，這就是中國文化之「仁教」的根本思想。這個根本思想，是孔子、孟子確立而又在宋明理學中得到高度發展的。唐君毅提出的「復古以開新」或者說「返本以開新」，旨在讓中國文化精神首先回歸到「仁教」這個根本上來，再去謀求它在現代社會的新發展。

唐君毅認為，中國文化的優良精神都是可以而且應該在現代社會保存並發揚的。他說：「縱然中國過去文化中，比較缺乏科學精神民主精神，然而亦盡有其他的文化精神如道德精神、藝術精神、歷史精神、人文精神值得保存於現代者。」❽

---

❽ 唐君毅：《人文精神之重建》，頁309。
❽ 唐君毅：《中國人文精神之發展》（二），頁107。
❽ 唐君毅：《人文精神之重建》，頁288。

他對這些精神均有所論列，但是在闡述中國文化返本開新的途徑時，他所強調的是保存和發揚「仁教」所體現的中國文化的根本精神。

(二)依本成末

中國文化之復興不僅必須「返本」，而且尚需「成末」，「本」指文化的根本精神，「末」指文化的分途發展。前者是「體」，後者是「用」；前者為「全」，後者為「分」。唐君毅認為中國文化強於「本」而弱於「末」，倘若僅知「返本」而不能「成末」，「則中國文化之傘，仍未撐開也。……故吾人今日必須自覺的依本以成末，依全以定分。」❾⓿

在唐君毅看來，中國的先哲偏重於「視人文為人之心性之實現或流露」，「直接為陶養人格精神之用」，從而使得中國文化未能「展開為一分途發展之超個人的人文世界」。文化之「本」與「末」、「體」與「用」、「全」與「分」的關係，如同人之身軀與四肢，樹之主幹與枝葉的關係，「夫四肢不靈，枝葉凋零，則軀幹日以孤寒，此中國文化之危機。」❾❶捨本而逐末固然不對，但重本而輕末同樣導致文化的危機。為了消除此危機，「吾人可把穩中國文化精神之本源，以為軀幹，知人之整全之心性，其高明廣大，原足以涵蓋天地，其敦厚篤實，足以頂天立地，以保任吾人上所謂通於道之大全之識度氣量，則人之各獻身於特殊之文化領域，以共求人文世界多方分途發展。」❾❷中國文化注重「人」，從這個角度來說，「依本以成末」就是國人依據中國文化之「仁教」涵養心性、增長識度，同時投身於不同的文化領域，促成中國文化的多方分途發展。

唐君毅所提出的「依本以成末」，實質上就是「從內聖開出新外王」，這是現代新儒家的一個基本思想綱領。不過「依本以成末」是從文化的根本精神與分殊發展之關係的角度提出問題的。唐君毅說：「中國儒家所謂內聖外王之道之全部展開，正亦當涵攝整個西洋文化之重分途發展之精神於其內。」❾❸這裏說的，就是立

---

❾⓿　唐君毅：《中國文化之精神價值》，頁 377。
❾❶　唐君毅：《中國文化之精神價值》，頁 377。
❾❷　唐君毅：《中國文化之精神價值》，頁 377。
❾❸　唐君毅：《人文精神之重建》，頁 169。

足於中國文化的根本精神，促成它的分途發展。外王的基礎在內聖，內聖應當化為外王。孔子言仁道，顏子、曾子、子思、孟子言性與天道，他們的內聖之學，是為事功奠定內在之根據。沒有這一基礎和根據，外王事業便不能長久。然而漢唐之儒不懂得這個道理，以至漢唐國力雖盛，卻終至衰亡。宋明之儒起而糾其弊，發揚顏、曾、思、孟內聖之學，正是為世人立千年的外王事業。後人不解於此，懷疑宋明儒者只知內聖、不知外王。其實在宋代，就連邵康節這樣最無所事事的人，也把自己的書命名為《皇極經世》，表明時時不忘「經世」之業。宋儒固然在理論上偏重內聖之學，但未曾忘記外王事業。今日中國學術文化吸取西方文化的分途發展精神，「依本以成末，依全以定分」，則是全面地體現儒家的內聖外王之道。

(三)綜攝超越

如前所述，唐君毅認為中國現在的文化問題是西方文化的衝擊和中國人未能對這種衝擊採取正確的回應態度。針對這個問題，他提出：「中國以後之接受西方文化，必須徹底改變以往之卑屈羨慕態度，而改持一剛健高明之態度。仍在自己文化精神本原上，建立根基。」[94]他的主張是：在自己民族文化精神的根基之上，綜攝西方文化的優良精神而超越之、轉化之。

對於接受西方文化，國人首先要做的是以剛健高明的態度取代卑屈羨慕的態度，表現出自尊自重的志氣。人不必因窮與弱而志氣衰，國家民族亦然。唐君毅特別強調，「國家民族之氣概，即繫於其中之知識分子之氣概。」[95]百年來中國知識分子對於西方文化的態度固然表現了「好人之善」之心，卻同時不免於「恐怖，怯懦，羨慕，卑屈」之情。克服這種卑屈之情，「這是中國今日知識分子真要接受西方文化思想，必須徹底覺悟，自己懺悔，而正心誠意的工夫之第一步。」[96]中國歷史上，知識分子推崇「衣敝縕袍，與衣狐貉者立而不恥」（孔子），「說大人，則藐之，勿視其巍巍然」（孟子），「志意修則驕富貴，道義重則輕王公」（荀子），

---

❹ 唐君毅：《中國文化之精神價值》，頁346。
❺ 唐君毅：《人文精神之重建》，頁285。
❻ 唐君毅：《人文精神之重建》，頁284。

「麻鞋見天子，衣袖露兩肘」（杜甫）。這種「堂堂正正、頂天立地」的氣概，正該是今日中國知識分子對待西方文化應持的態度。我們要消除中國百年來與西方文化之矛盾衝突，以創造中國民族之前途、文化之前途，必須依賴這種氣概。總之在唐君毅看來，百年來中國在對待西方文化的態度上，「一切的毛病，還是出在百年來中國知識分子之在精神上、意識上、心靈之所嚮往者上，不能頂天立地而站住。」**❾❼**因此當務之急是中國知識分子持剛健高明的態度對待西方文化，使中華民族面對西方文化的衝擊能夠自作主宰、頂天立地。

　　那麼，在樹立了對待西方文化的正確態度之後，又該怎樣去接受西方文化呢？唐君毅主要提出了以下兩點。

　　一曰「綜攝」。唐君毅主張吸取西方文化中一切優良精神，而不限於學習西方的科學思想和民主思想，「放開胸懷，以涵蓋今日之西方文化思想中一切有價值者，而加以綜攝」。**❾❽**他承認科學思想、民主思想對於現代中國社會的重要作用，贊成「接受西方文化之一切向上的科學、民主、自由等精神於中國文化精神未來之發展中」，**❾❾**但是認為國人從「現代化」這一目的出發，對於西方文化只知接受其科學和民主思想，則純是「功利主義」的表現。這不僅忽略了西方文化在哲學、文學、藝術、道德、宗教等領域有價值的思想，而且更為嚴重的是，一味注重西方的科學技術，便會像西方社會那樣無意間引導人民走「背離人文，面向自然，物化人生」的路。如果社會文化只講民主，社會則將走到只重視個人人格而忽視倫理關係的地步。因此對於西方文化，我們不應該片面接受其科學和民主思想，而應該對其一切優良精神加以採納。「我們不能蔽於現代化之一名，而只注意西方近代文化中之科學精神、工業精神等，而看輕西方文化中由中古傳來之宗教精神，及由希臘下來之審美精神與哲學精神。我們先有此一涵蓋西方文化思想之全局的風度，然後再去擇善而從。」**❿❿**

　　近代以來中國人學習西方文化主要學習西方的科學思想和民主思想，這是一種

---

❾❼　唐君毅：《人文精神之重建》，頁283。
❾❽　唐君毅：《人文精神之重建》，頁290。
❾❾　唐君毅：《中國文化之精神價值》，頁356。
❿❿　唐君毅：《人文精神之重建》，頁293。

歷史的必然，是合理的、應該的。但是唐君毅認為，中國人學習西方文化如果僅僅限於學習其科學思想和民主思想，將會導致中國社會和文化的偏弊，正確的做法應該是「綜攝」西方文化的一切優良精神為我所用，而不限於學習西方科學思想和民主思想。這是有見地的。

二曰超越、轉化。在「綜攝」的基礎上，唐君毅進一步提出了「轉化」的要求，即吸納西方文化的優良精神，然後通過中國文化的禮樂精神（亦即人文精神）的接引、陶冶，使之超越原來的形態，使之「中國禮樂化」、「中華人文化」，從而讓西方文化的優良精神真正成為中國文化的有價值的內容。

唐君毅對此作出了較多的闡述。他說近代以來西方文化的輸入，其實是對中國文化的挑戰，中國文化必須作出回應。西方文化的挑戰主要來自它的科學思想和民主思想。西方的科學思想代表的是一種為求知而求知的精神，它把一切人與物置於客觀的研究對象的位置，這與中國傳統文化的「天人合一」思想迥然異趣。因此西方科學思想的輸入，使中國文化發生了一個如何重建人文精神的問題。西方的民主思想特別尊重個人的人格尊嚴，給中國傳統的倫理思想帶來了很大的衝擊。因此西方民主思想的輸入，使中國文化發生了一個如何重建倫理道德的問題。這都表明了近代西方文化對中國文化的的挑戰。

如何回應西方文化的挑戰？唐君毅說：

> 須知中國之民族生命文化生命，亦自有其數千年的傳統。此一民族，乃世界上唯一於其本土之綠野神州中，自己創造延續其文化的神聖民族。外來的民族入侵的挑戰、外來文化的挑戰、內部問題的挑戰，它都分別在一時期經驗過，亦都回應過去了。其能身經百戰，屹立至今，即證明其中有一冥權密運的真實生命，真實力量。現在所經的挑戰，雖好似過去所經之挑戰全部再來，以前遭遇之一切磨難，結合成一大磨難；但是中國民族亦可回顧其過往之經驗，將其過往之回應方式，亦來一大綜合，以應付其今日所遭遇之大磨難……，以自求回應之道。則我們之祖先能對一切磨難，有成功的回應，我

們當自信其亦能以更大的努力，求其能。🄋

　　飽經磨難的中華民族在歷史上就經受過各種挑戰，其中包括外來文化的挑戰。對這些挑戰，我們民族都成功地一一給予了回應。這表明了我們的民族生命、文化生命是堅強有力的。今日我們遭遇了前所未有的嚴重挑戰，但只要我們將以往回應挑戰的經驗加以綜合，就能找出對於今日之挑戰的回應之道。「此回應之道，簡單說，即當如中國人之接受印度佛學，更超過印度佛學，創中國佛學而轉化佛學之道，以接受今日所遇之世界文化有價值的部分，而超越之轉化之。」🄌在歷史上，中華文化接受印度佛學，而加以超越、轉化，形成中華佛學。今日中國文化則可以綜攝世界文化有價值的內容而加以超越、轉化，形成今日的中國文化。對於西方的科學技術，我們可以接受而加以藝術化，使之具有中華文化的「樂意」，以超越和轉化西方文化的「純技術主義」。對於西方的民主思想，我們可以接受而加以超越、轉化，使之具有中華文化的「禮意」。也就是說，接受西方文化中有價值的內容，「加以『中華禮樂化』、『中國人文化』的理想，……使西方來之科學技術、民主、宗教人文化、禮樂化，以形成一莊嚴闊大之人文世界、禮樂世界。」🄍

　　總之，改變國人對於西方文化「卑屈羨慕」的態度而持「剛健高明」的態度，「綜攝」西方文化的優良精神而「超越之、轉化之」，這應該是今日國人對於西方文化挑戰的回應之道，是中國文化復興的必經之途。他的這個觀點，反對了對於西方文化照搬照套、食洋不化的膚淺做法，體現了一種合理的、務實的學習西方文化的態度。

　　唐君毅又說：

吾人今日必須一反此數十年以卑屈羨慕心與功利動機鼓吹西方科學與民主自由之態度，而直下返至中國文化精神本原上，立定腳跟，然後反省今日中國

─────────────────

🄋　唐君毅：《中華人文與當今世界》（下），頁 702-703。
🄌　唐君毅：《中華人文與當今世界》（下），頁 703。
🄍　唐君毅：《中華人文與當今世界》（下），頁 703。

文化根本缺點在何處，西方文化之精神異於中國者，畢竟有何本身之價值，
而自一超功利之觀點，對其價值加以肯定尊重，最後再看，中國文化精神自
身之發展，是否能自補其不足，而兼具西方文化精神之長。⑩

　　在此，唐君毅所謂「超功利」地對待西方文化的說法，顯然是不切實際的。其
實，他自己所提出的中國文化的復興、中華民族的復興，本身也就是一種「功利」
的目標。為了實現這個目標而對西方文化的優良精神加以綜攝、為我所用，自然不
可能是一種「超功利」的行為。

　　此外，唐君毅還提出了海外中華兒女通過「回流反哺」的途徑促進中國文化復
興的主張。「各地區之中華兒女之共同發心與努力，終可形成一社會文化上的包圍
圈，建立一海外的中國文化長城，再形成一社會文化上之回流反哺的運動；……此
一工作，是海外三千萬中華兒女共有的責任。」⑩這個通過「回流反哺」影響大
陸、促進中國文化復興的主張，是就海外華人而言的，它不是唐君毅關於中國文化
復興之全局的根本性主張。

　　上述「返本開新」、「依本成末」、「綜攝超越」三項，是唐君毅關於中國文
化復興的根本性主張。其中最具特色的，是他就學習西方文化問題提出的「綜攝超
越」的主張。在闡述這個主張時，唐君毅首先提出了必須改變近百年來中國人對待
西方文化的態度，即在西方文化面前的「怯弱、羨慕、卑屈」的態度，「改持剛健
高明的態度」，以頂天立地、自作主宰的氣概去接受西方文化。他認為只有這樣，
才不會導致對於自己民族文化的背棄。而且也只有這樣，才能真正學得西方文化的
優良精神。這個觀念，是對於全盤西化派盲目稱頌西方文化、否定中國傳統文化的
言論的否定。雖然唐君毅在闡述這個觀念時或有偏激之處，但是他所提倡的對於西
方文化的「態度」和「氣概」，在總體上是值得肯定的。

---

⑩　唐君毅：《中國文化之精神價值》，頁 355-356。
⑩　唐君毅：《中華人文與當今世界》（下），頁 64。

六、結語

　　唐君毅被視為現代新儒家陣營中「文化意識宇宙的巨人」，這表明了他的文化哲學思想在現代新儒家文化哲學中佔有重要位置。就學術傳承而論，唐君毅文化哲學的道德本位思想，基於他對傳統儒家思想的繼承。唐君毅說：「中國哲人之論文化，開始即是評判價值上之是非善惡，並恒是先提出德性之本原，以統攝文化之大用。所謂明體以達用，立本以持末是也。」[106]中國古代哲人視「德性」為文化的根源，為文化之「體」和文化之「本」。他們首先關注的，乃是「是非善惡」問題，即道德問題。這就決定了從古代開始，中國傳統文化就是以「德性」——即「道德理性」——為中心的文化。惟其如此，中國文化被一些西方學者稱為「道德文化」、「倫理文化」。唐君毅也正是這樣一位「中國哲人」，他在現代社會繼承、維護和弘揚傳統儒家的道德本位思想。對此他是有著十分自覺、明確的認識的。他說自己的「文化哲學之系統」所繼承的是「中國儒家論文化之一貫精神，即以一切文化皆本於人之心性，統於人之人格，亦為人之人格之完成而已。」[107]儒家傳統的以德性（亦即「心性」、「人格」）為本的觀念，為唐君毅所繼承和弘揚，成為他的道德本位的文化哲學思想的核心理念。

　　唐君毅雖然承認以儒家思想為核心的中國傳統文化有其缺點乃至弊端，並且對此作過分析，但總的說來，他對中國傳統文化的缺點認識不足。勞思光先生在〈成敗之外與成敗之間〉一文中，曾就唐君毅等現代新儒家對中國傳統文化的缺點認識不足的問題，發表評論說：「一個能成功的中國文化運動，必須以克服傳統文化的缺點為基本觀念之一，以配合弘揚傳統文化優點的觀念。倘若不重視克服缺點一義，則振興中國文化的要求，在當前歷史階段中即無法落實。」方克立先生也認為，「唐君毅一輩新儒家，對傳統儒學缺乏分析和批判的精神，有過多的溫情和敬意，甚至抱著一種宗教崇拜的心理。」[108]應該承認，他們的評論是符合實際並且切

---

[106]　唐君毅：《文化意識與道德理性》，頁5。
[107]　唐君毅：《文化意識與道德理性》，頁4。
[108]　方克立、李錦全主編：《現代新儒家學案·代序》，上冊，頁37。

中要害的。

　　唐君毅認為，中國文化的人文精神與西方文化的科學精神、宗教精神是人類心靈傾向不同道路所產生的兩類精神。「圓而神」的中國文化重在表現「仁的性情」，「方以智」的西方文化重在表現「智的條理」。他指出了中西文化根本理念的不同（即「天人合一」與「天人相對」），闡述了中西文化的不同特點，並且分析了中西文化之差異的形成原因。他的論述既包含著合理的、深刻的見解，也存在著值得探討之處。他認為導致中西文化精神差異的主要原因有二：一是文化來源的一本性與多元性，即中國文化的來源為一元而西方文化的來源為多元；二是中西社會環境的不同，即中國的農業社會環境與西方的商業社會環境對各自的民族文化產生了不同的影響。這種見解無疑有其合理之處，特別是他能夠用社會環境的不同來說明民族文化精神的差異，儘管他的某些論述在理論上並不深刻，卻是值得肯定的。然而需要指出的是，文化來源和社會環境這兩方面的差別，都是唐君毅所說的民族文化精神形成的「外緣」、「輔助因」，而不是「第一因」、「決定因」。按照他關於文化是道德理性的表現、道德理性是文化形態的決定者和「第一因」的觀念，他本該通過中國民族與西方民族的道德理性的差異，來說明中西文化精神的差異。由於不能做到這一點，在理論上就必然地導致了唐君毅關於中西文化精神差異的形成原因的見解，與他「所持以論文化之中心觀念」——文化是道德理性的表現——之間的矛盾。而唐君毅之所以不能做到這一點，根本原因在於用不同民族的「道德理性」的差異來說明它們文化精神之間的差異，在理論上還是有待證明的。

第六章

中國文化的永恆價值與現代意義

——〈爲中國文化敬告世界人士宣言〉

的文化哲學思想

　　二十世紀五十年代以後，現代新儒學主要是在港臺地區得到發展，現代新儒家的文化哲學同樣如此。

　　在港臺地區現代新儒家文化哲學的發展過程中，一個十分重要的事件就是牟宗三、徐復觀、張君勱、唐君毅聯合署名發表了長篇論文〈中國文化與世界〉，又名〈為中國文化敬告世界人士宣言——我們對中國學術研究及中國文化與世界文化前途之共同認識〉（以下簡稱〈文化宣言〉）。

　　牟宗三，宇離中，1909 年 4 月 25 日出生於山東省樓霞縣牟家疃村一耕讀世家，祖上係由湖北公安遷至樓霞。牟氏在當地原為望族，至牟宗三這一代，已經家道衰微。牟宗三 9 歲入鄉村私塾，三年後轉入當地的新制小學，15 歲時考入樓霞縣立中學。1927 年，牟宗三考入北京大學預科，兩年後，升入哲學系。

　　當時傳入中國的西方哲學，有許多流行的思潮，諸如柏格森的生命哲學、杜里舒的生機主義、杜威的實用主義、羅素的數理哲學、邁農等人的新實在論等等。儘管各種思潮對牟宗三都有影響，但他最感興趣的是懷特海的有機哲學，同時喜愛中國傳統的易學。1932 年，讀大學三年級的牟宗三完成了《從周易方面研究中國之元學及道德哲學》（又名《周易的自然哲學與道德函義》）一書，該書深受懷特海的有機哲學論和科學哲學觀的影響，採用西方哲學觀念和思維方式研究中國「純粹的哲

學」和科學的哲學。

1932 年冬，經人引薦，牟宗三拜謁熊十力。牟對熊十力的為人和學問深為欽佩，感慨自己「始見了一個真人，始嗅到了學問與生命的意味」。熊十力對牟宗三的才識也甚為欣賞，乃至認為「北大自有哲系以來，唯此一人為可造」。1934 年在一次討論中，馮友蘭與熊十力談到王陽明的「致良知」，認為良知只是個假設，其存在與否未為可知。率性的熊十力當即給予一通反駁，說「良知是真真實實的，而且是個呈現，這須要直下自覺，直下肯定」。牟宗三後來回憶這次討論時，深有感觸地說，熊十力的這「振聾發聵」的「霹靂一聲，直復活了中國學脈」。

1933 年，牟宗三大學畢業，回山東任教。1936 年，赴廣州私立學海書院任教，同年書院因故解散。他經熊十力介紹，與當時在山東鄒平從事鄉村建設運動的梁漱溟相識，後因觀念相左，不歡而散。1942 年，牟宗三在經過幾年的顛沛流離之後，由唐君毅引介，赴成都華西大學任教。1945 年，應中央大學之聘，赴重慶任教，與唐君毅共事。次年，隨中央大學遷回南京。1947 年，他離開中央大學，同時受聘於金陵大學和無錫的江南大學。第二年秋，應熊十力之邀，赴杭州任教於浙江大學哲學系。1949 年春夏之交，他隻身乘船去臺灣。這一時期，牟宗三完成了他早期的代表作《邏輯典範》和《認識心之批判》。

1950 年秋，牟宗三任教於臺灣師範學院（今臺灣師範大學）。次年夏，開始主持該校的人文講習會，探討「中國的命運和前途」問題。1954 年，他發起成立「人文友會」，每兩周聚會一次，旨在「疏導時代學風病痛之所在，以及造成苦難的癥結之所在」，「重開價值之門，重建人文世界」。1956 年秋，赴任東海大學人文學科系主任。1958 年元旦，牟宗三與徐復觀、張君勱、唐君毅聯名發表〈為中國文化敬告世界人士宣言——我們對中國學術研究及中國文化與世界文化前途之共同認識〉，全面闡述現代新儒家關於中國文化和西方文化的見解。

1960 年秋，牟宗三應香港大學之聘，離臺赴港任教。在港大任教的 8 年期間，他發表了一系列著述，完成了代表作《心體與性體》的寫作。1968 年，他應唐君毅之約，由香港大學轉入香港中文大學新亞書院任教。

1974 年，牟宗三由香港中文大學退休。1975 年，新亞研究所脫離香港中文大學，牟宗三任教於該研究所，直至 1992 年 6 月辭任。在香港從事教學和研究的同

時，牟宗三多次外出講學。

1995 年 4 月 12 日，牟宗三先生在臺北逝世，終年 86 歲。他的主要著作有
《邏輯典範》、《理性的理想主義》、《道德的理想主義》、《認識心之批判》、
《歷史哲學》、《政道與治道》、《中國哲學的特質》、《生命的學問》、《名家
與荀子》、《才性與玄理》、《佛性與般若》、《心體與性體》、《從陸象山到劉
蕺山》、《智的直覺與中國哲學》、《現象與物自身》、《圓善論》、《中國哲學
十九講》、《時代與感受》等，另有《康德的道德哲學》、《康德純粹理性之批
判》、《康德判斷力之批判》等譯作。鑒於牟宗三的學術成就，他被英國《劍橋哲
學詞典》譽為「當代新儒家他那一代中最富原創性與影響力的哲學家」。

徐復觀，原名秉常，字佛觀，後由熊十力更名為復觀。1903 年 1 月 31 日生於
湖北省浠水縣一戶貧窮的耕讀之家。少年時代的徐復觀備嘗農村生活的艱辛和勞
苦，這段記憶在他一生中難以磨滅，以至於他後來常以「一個農村的兒子」自稱，
並說自己「真正是大地的兒子，真正是從農村地平線下面長出來的」。而他將勞苦
大眾稱為「中國文化的母親」，也是與童年的農村生活感受密切相關的。

徐復觀 8 歲時在教私塾的父親的指導下讀書，12 歲時考入浠水縣高等學堂，
15 歲那年考入省立第一師範。1923 年畢業後考入湖北省立國學館，師從國學大師
黃侃，學習中國文史典籍。在此期間，徐復觀曾積極參加大革命，遭遇挫折後，
1928 年他東渡日本留學，不久考入陸軍士官學校，開始研讀政治、經濟、哲學等
方面的書籍，視野為之大開。「九‧一八」事變後，徐復觀因秘密從事抗日活動被
遣送回國。此後他在國民黨政府軍隊歷任團長、軍參謀長、師管區司令等職。1937
年「七‧七」事變後徐復觀在山西等地參加抗戰，曾參與指揮山西娘子關、湖北陽
新半壁山等戰鬥。1943 年徐復觀因得到蔣介石的器重，被任命為蔣介石侍從室機
要秘書，並被授予少將軍銜。他懷著「由救國民黨來救中國」的幻想，多次向蔣介
石提出關於治國和改造國民黨的主張。

1944 年徐復觀前往重慶勉仁書院拜謁熊十力，熊氏「亡國族者常先自亡其文
化」、「欲救中國，必須先救學術」的見解深深觸動了徐復觀，使他萌生了由政治
轉向學術的念頭。從熊十力那裏，徐復觀找到了自己「生命的方向」。熊十力的思
想和人格都對徐復觀的一生產生了非常重要的影響。他曾在〈我的讀書生活〉一文

中說：「我決心扣學問之門的勇氣，是啟發自熊十力先生。對中國文化，從二十年的厭棄心理中轉變過來，因而多有一點認識，也是得自熊先生的啟示。」

抗戰勝利後，徐復觀棄政從學，以陸軍少將退役，自此結束軍旅生涯而致力於學術活動。他潛心探究中國文化典籍，並在南京創辦《學原》月刊，進而結識了許多當時學界的著名人士。在此期間，他與牟宗三、唐君毅等人探討中國社會所面臨的問題，認為中國問題從根本上說是民族文化危機問題，要解救民族文化危機，就必須謀求儒家思想在現代社會的復興。

1949 年以後，徐復觀開始了在臺灣、香港的學術生涯。他在香港創辦綜合性學術理論刊物《民主評論》，和牟宗三、唐君毅等人一道致力於宣揚現代新儒家學說。徐復觀明確提出「要以中國文化的『道德人文精神』，作為民主政治的內涵，改變中西文化衝突的關係，成為相助相即的關係」。《民主評論》成為 20 世紀 50 年代至 60 年代港臺地區現代新儒家的主要輿論陣地。1958 年，徐復觀與牟宗三、張君勱、唐君毅在《民主評論》和臺灣《再生》雜誌元旦號同時發表由他們共同署名的〈為中國文化敬告世界人士宣言——我們對中國學術研究及中國文化與世界文化前途之共同認識〉，系統地闡述他們的中西文化觀。〈文化宣言〉的發表，標誌著現代新儒家在港臺地區的崛起。

1951 年，徐復觀赴臺中任省立農學院教授。不久，又應聘為東海大學教授兼中文系主任。1969 年，他被聘為香港中文大學客座教授、新亞研究所教授兼導師和中華文化研究所研究員。這期間他重理《民主評論》編務，並兼《華僑日報》主筆。

1982 年 4 月 1 日，徐復觀先生在臺北逝世，終年八十歲。他的主要著作有《中國人性論史·先秦篇》、《兩漢思想史》（三卷）、《中國藝術精神》、《中國思想史論集》、《中國經學史的基礎》、《中國文學論集》、《中國思想史論集續篇》、《儒家政治思想與民主自由人權》、《周官成立之時代及其思想性格》、《公孫龍子講疏》、《石濤研究》等。此外，他還有許多發表於香港《華僑日報》的政論性雜文收錄在《徐復觀文錄》、《徐復觀雜文》等系列文集中。

張君勱、唐君毅兩位先生的生平和著述，分別見本書第二章、第五章。

1957 年唐君毅訪問美國時，與旅居美國的張君勱在交談中，共同感到西方人

士研究中國文化的態度頗成問題。他們認為應該寫一篇文章，對治西方學者研究中國文化所持的錯誤態度，同時闡明中國文化的精神生命之所在，並提出對於世界文化發展之期望。於是由唐君毅執筆起草文稿，由張君勱致函當時在臺灣的牟宗三和徐復觀徵求意見。初稿完成後，再由張、牟、徐修改，並反覆函商，方才定稿。當文稿寫成時也曾徵求錢穆先生意見，據說錢因為在某些問題上與牟等人意見相左而謝絕簽名。此文的觀點雖說是牟、張、徐、唐四人的「共同認識」，但他們也並非在所有問題上的觀點都完全一致。例如徐復觀在〈當代思想的俯視：擎起這把香火〉一文中回憶說：「這篇宣言是由唐先生起稿，寄給張、牟兩先生，他們兩人並沒有表示其他意見，就簽署了。寄給我時，我作了兩點修正：⑴關於政治方面，我認為要將中國文化精神中可以與民主政治相通的疏導出來，推動中國的民主政治。這一點唐先生講得不夠，所以我就改了一部分。⑵由於唐先生的宗教意識很濃厚，所以在〈文化宣言〉中也就強調了中國文化的宗教意義。我則認為中國文化原亦有宗教性，也不反對宗教；然從春秋時代起就逐漸從宗教中脫出，在人的生命中實現，不必回頭走，便把唐先生這部分也改了。改了以後，寄還給唐先生，唐先生接納了我的第一項意見，第二項則未接受。」不過可以肯定的是，從總體上說文章所表達的基本思想是四位作者的共識。

〈文化宣言〉的「案語」稱，此文寫成後，初意先由英文發表，故內容與語氣多為針對西方人士對中國文化之意見而說。但中文定稿後，因循數月，未及迻譯，同時「諸先生又覺欲轉移西方人士觀念上之成見，亦非此一文之所能為功。最重要者仍為吾中國人之反求諸己，對其文化前途，先有一自信。」遂決定先將〈文化宣言〉以中文在香港《民主評論》和臺灣《再生》兩雜誌的 1958 年元旦號同時發表。英譯文本先節譯發表於香港道風山英文《中國宗教》雜誌，後全譯發表於臺灣中國文化書院出版的英文《中國文化》季刊。

一、西方人士研究中國文化的態度

在近代以來尤其是「五四」以後中西文化的激烈碰撞中，中國傳統文化處於「節節敗退」的境地，以科學和民主為旗幟的西方文化在中國人面前顯示了強大的

力量。在這種形勢下，不僅思想文化戰線上自由主義的西化派等激烈的反傳統派對中國文化給予徹底的否定，而且在大量的中國知識分子和普通民眾心目中，中國文化也被視為喪失了生命力的、沒有現代價值的歷史「陳跡」。而在二十世紀五十年代的海外，崇拜西方文化、蔑視中國文化的社會心理尤為突出和普遍。〈文化宣言〉的作者正是有感於此並且深憂於此，而批評「今日中國及世界人士」對待中國文化的錯誤態度。

㈠近代以來西方人士研究中國文化的三種錯誤態度

〈文化宣言〉認為，近代以來西方人士研究中國文化所持的基本態度，可以歸結為以下三種：

1.傳教士式的態度

〈文化宣言〉稱：

> 中國學術文化之介紹入西方，最初是三百年前耶穌會士的功績。耶穌會士之到中國，其動機是傳教。為傳教而輸入西方宗教教義，及若干科學技術知識到中國。再回歐洲即將中國之經籍，及當時之宋明理學一些思想，介紹至西方。當然他們這些使中西文化交流的功績，都是極大的。但是亦正因為其動機乃在向中國傳教，所以他們對中國學術思想之注目點，一方是在中國詩書中言及上帝，與中國古儒之尊天敬神之處，而一方則對宋明儒之重理重心之思想，極力加以反對。……故他們對宋明儒思想之介紹，不是順著中國文化自身之發展去加以了解，而只是立足於傳教的立場之上。❶

這種對待中國文化的傳教士式的態度，出於傳教的目的，注重和強調儒家典籍中「言及上帝」的內容和「尊天敬神」的觀念，而排斥、否定「重理重心」、體現

---

❶ 唐君毅：《中華人文與當今世界》（下），頁 868-869。唐先生此書（臺北：臺灣學生書局，1975 年版）以《中國文化與世界》為題收錄了〈文化宣言〉。本著引用〈文化宣言〉，均出自該書。

中國文化精神的宋明理學。持這種態度，無疑不能真正了解中國文化。

2.漢學家式的態度

〈文化宣言〉稱：

> 近百年來，世界對中國文化之研究，乃由鴉片戰爭，八國聯軍，中國門戶逐
> 漸洞開，而再引起。此時西方人士研究中國文化之動機，實來自對運入西方
> 及在中國發現之中國文物之好奇心。……由此動機而研究中國美術考古，研
> 究中國之西北地理，中國之邊疆史，西域史，蒙古史，中西交通史，以及遼
> 金元史，研究古代金石甲骨之文字，以及中國之方言，中國文化與語言之特
> 性等，皆由此一動機一串相連。對此諸方面之學問，數十年來中國及歐洲之
> 漢學家，各有其不朽之貢獻。但是我們同時亦不能否認，西方人從中國文物
> 所引起之好奇心，及到處去發現、收買、搬運中國文物，以作研究材料之興
> 趣，並不是直接注目於中國這個活的民族之文化生命、文化精神之來源與發
> 展之路向的。❷

這種基於對中國文物之好奇心的漢學家式的研究態度，視中國文化等同於已經
中斷、死亡的古代埃及文明、小亞細亞文明、波斯文明，自然不能發現中國民族活
的文化生命、文化精神。而這種研究態度與注重文物材料考據的中國清代學風相湊
泊，竟然蔚成近百年來世界人士研究中國文化之正宗。

3.近代史學者式的態度

〈文化宣言〉稱：

> 至最近一二十年之世界之對中國文化學術之研究，則又似發展出一新方向。
> 此即對於中國近代史之興趣。……此種對中國近代史研究之動機，其初乃由
> 西方人士，與中國政治社會之現實的接觸，及對中國政治與國際局勢之現實
> 的關係之注意而引起。此種現實的動機，與上述由對文物之好奇心，而作對

---

❷　唐君毅：《中華人文與當今世界》（下），頁 869-870。

文物之純學術的研究之動機，正成一對反，亦似較易引起人去注意活的中華民族之諸問題。但由現實政治之觀點去研究中國歷史者，……則其所擬定之問題，所注目之事實，所用以解釋事實之假設，所導向之結論，皆不免為其個人接觸某種現實政治時個人之感情，及其對某種現實政治之主觀的態度所決定。此皆易使其陷入個人及一時一地之偏見。❸

　　這種近代史學者式的態度，對於中國社會的現實政治十分關注，這表明了對於中國現實文化的重視。就此而論，這種態度與漢學家式的態度正好相反。但是，這種態度過於注重中國政治及其與國際局勢的現實關係，並由此出發追溯中國歷史文化，因而不能正確理解中國文化的精神實質和演變發展過程。而且，持這種態度的研究者由於受個人主觀的政治立場、觀點、情感的影響，很容易產生對於中國文化的偏見。

　　可見，上述三種態度都不是研究中國文化應有的正確態度。因此，〈文化宣言〉的作者「不能不提出另一種研究中國學術文化的動機與態度」。

(二)研究中國文化應持的正確態度

　　〈文化宣言〉提出了西方人士研究中國文化應持的正確態度，即：承認中國文化「活的生命之存在」，給予中國文化「同情、敬意」的理解。

　　對於西方人士研究中國文化的三種錯誤態度，〈文化宣言〉作者批評最多的是漢學家式的態度，因為這種態度將中國文化視為一種喪失了生命活力的、死亡了的文明。針對這種態度，〈文化宣言〉云：

　　我們首先要懇求：中國與世界人士研究中國學術文化者，須肯定承認中國文化之活的生命之存在。我們不能否認，在許多西方人與中國人之心目中，中國文化已經死了。如斯賓格勒，即以中國文化到漢代已死。而中國五四運動以來流行之整理國故之口號，亦是把中國以前之學術文化，統於一「國故」

------

❸　唐君毅：《中華人文與當今世界》（下），頁 870-871。

之名詞之下，而不免視之如字紙簍中之物，只待整理一番，以便歸檔存案
的。而百年來中國民主建國運動之著著失敗，更似客觀的證明，中國文化的
生命已經死亡。於是一切對中國學術文化之研究，皆如只是憑弔古跡。這一
種觀念，我們首先要懇求大家將其去掉。我們不否認，百年來中國民主建國
運動之著著失敗，曾屢使愛護中國的中國人士與世界人士，不斷失望。我們
亦不否認，中國文化正在生病，病至生出許多奇形怪狀之贅疣，以致失去原
形。但病人仍有活的生命。我們要治病，先要肯定病人生命之存在。不能先
假定病人已死，而只足供醫學家之解剖研究。❹

　　此處的筆調，是近乎沉痛的。近代以來中國文化百病叢生，特別是民主建國運
動屢屢受挫，使很多中國和西方人士認為中國文化已經死亡，中國以前的學術文化
已然成為「國故」和「古跡」。但這其實是一種誤解。中國文化雖然病得「失去原
形」，但它仍有活的生命存在，與「死人」有著根本區別。因此人們對中國文化的
研究不該是解剖屍體，而應是治病救人，其前提是承認中國文化仍有活的生命。
　　〈文化宣言〉提出，研究人類歷史文化，不同於研究客觀外在的自然物，因為
歷史文化是人類精神生命的表現。「歷史文化之本身，那是無數代的人，以其生命
心血，一頁一頁的寫成的；……這中間有血，有汗，有笑，有一貫的理想與精神在
貫注。因為忘了這些，便不能把此過去之歷史文化，當作是一客觀的人類之精神生
命之表現。遂在研究之時，沒有同情，沒有敬意。」❺人類文化不同於自然界的化
石，它是人的精神生命的表現，這就要求人們在對文化進行研究時，採用「同情、
敬意」的理解方式，對中國文化的研究正該如此。「敬意向前伸展增加一分，智慧
的運用，亦隨之增加一分，了解亦隨之增加一分。敬意之伸展在什麼地方停止，則
智慧之運用，亦即呆滯不前。……如果任何研究中國之歷史文化的人，不能真實肯
定中國之歷史文化，乃係無數代的中國人，以其生命心血寫成，而為一客觀的精神
生命之表現，因而多少寄以同情與敬意，則中國之歷史文化，在他們之前，必然只

---

❹　唐君毅：《中華人文與當今世界》（下），頁 872。
❺　唐君毅：《中華人文與當今世界》（下），頁 873。

等於一堆無生命精神之文物,如同死的化石。然而由此遂推斷中國文化為已死,卻係大錯。」❻倘若不能懷著「同情」和「敬意」去研究中國文化,那就不能肯定中國文化精神生命的客觀存在,就會導致中國文化「已死」的荒謬認識。〈文化宣言〉還說,用那種沒有「同情與敬意」的、看似「最冷靜客觀」的態度研究中國文化,所得出的見解實際上是「最主觀的自由任意的猜想與解釋」。因此,中外人士研究中國文化惟一的正確態度是:承認中國文化「活的生命」之存在,給予中國文化「同情、敬意」的理解。

不過,〈文化宣言〉過分地強調了中外人士對於中國文化應該持有的「同情」和「敬意」。所謂「敬意向前伸展增加一分,智慧的運用亦隨之增加一分,了解亦隨之增加一分,敬意之伸展在什麼地方停止,則智慧之運用亦即呆滯不前」等說法,表現出強烈的主觀感情色彩。此種情感出於作者對中國文化的摯愛和推崇,當然值得我們尊重,但執著於主觀的情感畢竟有違於學術文化研究應有的客觀、科學的態度。

二、儒家心性之學在中國文化中的價值

〈文化宣言〉一個十分突出的觀念,是強調儒家心性之學在中國文化中的價值。〈文化宣言〉云:

> 此心性之學,是中國古時所謂義理之學之又一方面,即論人之當然的義理之本原所在者。此心性之學,亦最為世之研究中國學術文化者,所忽略所誤解的。而實則此心性之學,正為中國學術思想之核心,亦是中國思想中之所以有天人合德之說之真正理由所在。❼

這表明,被中國文化研究者所忽略、誤解的儒家心性之學,實則正是中國文化

---

❻ 唐君毅:《中華人文與當今世界》(下),頁874-875。
❼ 唐君毅:《中華人文與當今世界》(下),頁884。

的核心。

(一)心性之學何以被世人忽略、誤解

〈文化宣言〉在闡釋「中國心性之學的意義」時，說現今研究中國文化的學者「不能了解此心性之學，為中國之學術文化之核心所在」，對心性之學多有忽略和誤解，主要是由下列原因造成：

1.清代三百年之學術，重書籍文物之考古訓詁，對宋明儒持反對態度，因而「最討厭」宋明儒的談心談性之學。

2.清末以來的西學東漸，中國人所羨慕於西方者，初為炮艦武器，進而為科學技術、政治法制。而「五四」時期的中國思想界提倡科學和民主，並且認為清代考證之學中有科學方法，於是推崇顏習齋、戴東原之學而反對宋明儒學。

3.後來共產主義者講存在決定意識，也不喜歡談心性。

4.中國傳統的心性之學以性善論為主流，西方傳來的宗教思想則認為人性中涵有原始罪惡，二者是相反的。同時，宋明儒學不似中國古代典籍「多言上帝」，而是「喜論理氣」，這也導致基督教徒不喜歡宋明儒家的心性之學。

5.清末以來的中國思想界，只有佛家學者重心性之學。但佛家心性之學不同於儒家心性之學，因為佛學是「由觀照冥會而來」，所以「佛學家亦多不了解中國儒家心性之學」。

6.傳教士將中國經籍及宋明儒學介紹到西方，他們將宋明理學的思想與西方一般的理性主義思想等量齊觀，無人能對宋明心性之學作切實的研究。而且宋明儒家的思想常見之於語錄，看上去較先秦諸子學說更為零碎，不易得其系統所在。這也與西方人治學之脾味不合。

〈文化宣言〉認為，正是基於上述原因，「於是中國心性之學，遂同為今日之中國人與西方人所忽略。」❽而除了「忽略」之外，中國心性之學還為世人所「誤解」。此種誤解，主要是人們將心性之學所講的人心人性理解為「人之自然的心、自然的性」，一講到心性，「通常總是想到人之自然心理、自然本能、自然欲望上

---

❽　唐君毅：《中華人文與當今世界》（下），頁886。

去，可以卑之無甚高論。人由此以看中國的心性之學，亦總從其平凡淺近處去解釋，而不願本西方較深入於人之精神生活內部之思想去解釋。」❾中國心性之學是一種深入於人的精神生活內部的思想，但往往被世人作了淺近的自然主義的解釋，這是一種很大的誤解。

(二)心性之學是中國文化之「神髓」

〈文化宣言〉提出，雖說心性之學至宋明而大盛，但是先秦的儒家、道家思想實際上已經以其對心性的認識為核心。古文《尚書》所謂堯、舜、禹相傳之十六字心法，固是後人所偽造，但後人之所以要偽造此說，宋明儒之所以深信此為中國學術道統之來源，正因為他們認為中國學術文化以心性之學為其本原。〈文化宣言〉無疑是贊同宋明儒家的這種認識的。

我們可以將〈文化宣言〉關於心性之學在中國文化中的重要性的闡述，概括為以下兩個主要觀點：

1.心性之學是道德實踐的基礎。

〈文化宣言〉云：「中國由孔孟至宋明儒之心性之學，則是人之道德實踐的基礎，同時是隨人之道德實踐生活之深度，而加深此學之深度的。……此心性之學中，自包含一形上學。然此形上學，乃近乎康德所謂的形上學，是為道德實踐的基礎，亦由道德實踐而證實的形上學。而非一般先假定一究竟實在存於客觀宇宙，而據一般的經驗理性去推證之形上學。」❿〈文化宣言〉的作者認為儒家心性之學作為形上學，與康德《實踐理性批判》所講的形上學同樣是道德的形上學。這種形上學向內追究人的道德行為在心性上的根據，而不是向外追究客觀宇宙的終極本體。在這種形上學看來，人的道德實踐不僅僅是在行為上遵從應有的倫理規範，而且是人的內在的本性的要求。認識到這一點，乃是人對於自己的道德行為的一種「覺悟」，心性之學則正是開啟、提升人們的此種「覺悟」，指導人們自覺地從事道德實踐的形上學。人們「依覺悟而生實踐，依實踐而更增覺悟。知行二者，相依而

---

❾ 唐君毅：《中華人文與當今世界》（下），頁886。
❿ 唐君毅：《中華人文與當今世界》（下），頁887。

進」。⑪正因為中國由孔孟至宋明儒的心性之學具有作為道德實踐之基礎的性質，一個人如果不從事道德實踐，或者雖從事道德實踐，卻把道德行為僅僅理解為服從社會道德規範或服從神的命令，那就無法理解中國心性之學的意義。

2.心性之學是「天人合德」思想的根據。

心性之學是人的道德實踐活動的基礎，因而也就是「中國思想中之所以有天人合德之說之真正理由所在」。在現代新儒家看來，道德實踐活動基於人內在的本性，而這種本性乃是「天性」、「天道」、「天德」的分殊體現，「此心此性，同時即通於天。於是人能盡心知性則知天，人之存心養性亦即所以事天。而人性即天性，人德即天德，人之盡性成德之事，皆所以贊天地之化育。所以宋明儒由此而有性理即天理，人之本心即天心，人之良知之靈明，即天地萬物之靈明，人之良知良能，即乾知坤能等之思想，亦即所謂天人合一思想。」⑫這表明中國文化之「天人合德」、「天人合一」思想的基本依據，即在於「人心」與「天心」、「人性」與「天性」、「人德」與「天德」、「人道」與「天道」的統一。

〈文化宣言〉說在西方文化中，言形上學、哲學、科學，則為外於道德實踐之客觀的求知對象，此為希臘之傳統；言宗教，則先設定一上帝之命令，此為希伯來之傳統；言法律、政治、禮制、倫理，則先設定其為自外規範人群者，此為羅馬法制倫理之傳統。中國心性之學與這三者皆不同。從先秦的孔孟到宋明儒家，都認為人的道德實踐行為「依於吾人之欲自盡內在之心性，即出於吾人心性，或出於吾人心性自身之所不容自己的要求；共認人能盡此內在心性，即所以達天德，天理，天心而與天地合德，或與天地參。此即中國心性之學之傳統。」⑬人的道德行為不僅是對外在的社會規範的服從，而且是自身心性的內在要求。這是人的一種對於自身的、不容許自己不去遵循的要求，按照這種要求去做，便是儒家所說的「盡心盡性而與天地參」，與天地合其德。自孔孟至宋明儒家的這種觀念表明，心性之學是中國文化「天人合德」思想的內在根據。

---

⑪　唐君毅：《中華人文與當今世界》（下），頁888。
⑫　唐君毅：《中華人文與當今世界》（下），頁888。
⑬　唐君毅：《中華人文與當今世界》（下），頁889。

　　此外，〈文化宣言〉還說明了中國文化與西方文化同樣具有超越性的宗教精神，中國文化超越性的宗教精神基於內在而超越的儒家心性之學。心性之學表明，人的心性與天道的合一是儒家的信仰，內在超越是儒家的精神追求。在這種信仰與精神追求中，體現了儒家思想和中國文化的超越性宗教情感。因此，如果「以為中國文化中莫有宗教性的超越感情，中國之倫理道德思想，都是一些外表的行為規範的條文，缺乏內心之精神生活上的根據。這種看法，卻犯了莫大的錯誤。」❶此處所謂「內心之精神生活上的根據」，指的就是儒家的心性之學。

　　通過如上的闡述，〈文化宣言〉作出了關於心性之學在中國文化中的價值的論斷：

　　　　此心性之學，乃中國文化之神髓所在，……不了解中國心性之學，即不了解中國之文化也。❺

　　這個論斷，表明了現代新儒家對於中國文化的根本精神的理解。在牟宗三、徐復觀、張君勱、唐君毅等現代新儒家看來，中國文化的根本精神就是一種內在超越的、以心性之學作為核心理念的天人合德（天人合一）精神。著者並不斷定這種理解就是準確的，但認為至少它所包含的如下見解是正確的：「天人合德」思想的根本意義，乃是「內在超越」。今日學術界論中國文化的「天人合德」、「天人合一」之說，多從中國文化追求人與自然的和諧、人與他人的和諧、人與社會的和諧的角度立論，這當然是正確的、言之成理的。然而著者認為，從本原上、從更深的層次上看問題，其實「天人合德」思想首先表明的是：中國文化追求人的心性對於天道的「內在超越」。此「內在超越」，方是「天人合德」之精義所在。

---

❶　唐君毅：《中華人文與當今世界》（下），頁 879。
❺　唐君毅：《中華人文與當今世界》（下），頁 889。

三、中國文化與科學、民主

〈文化宣言〉的一個十分重要的內容，是關於科學、民主與中國文化的闡述。「五四」新文化運動以來，這個問題一直是文化討論中的重要議題。〈文化宣言〉就這個議題作出了獨到的論述。

〈文化宣言〉堅決否認「中國文化歷來反對科學與民主」的觀點，認為中國文化不僅不反對科學和民主，而且本身就包含著科學和民主的「思想種子」。〈文化宣言〉稱：「我們承認中國文化歷史中，缺乏西方之近代民主制度之建立，與西方之近代的科學，及各種實用技術，致使中國未能真正的現代化工業化。但是我們不能承認中國之文化思想，沒有民主思想之種子，其政治發展之內在要求，不傾向於民主制度之建立。亦不能承認中國文化是反科學的，自來即輕視科學實用技術的。」[16]在「五四」以來的文化論爭中，「全盤西化」派和一些激烈的反傳統主義者認為以儒學為主體的中國傳統文化與科學、民主是水火不相容的，不否定傳統文化就不能實現中國的現代化。正是針對此種論調，〈文化宣言〉作出了關於中國文化並不反對科學與民主的論述。

(一)中國文化與科學技術

〈文化宣言〉指出中國文化不僅不反對科學技術，而且從來就包含著發展科學技術的內在要求：「關於科學與實用技術一層，我們須先承認中國古代之文化，分明是注重實用技術的。故傳說中之聖王，都是器物的發明者。而儒家亦素有形上之道，見於形下之器的思想，而重『正德』、『利用』、『厚生』。」[17]對此，人們不禁要問：既然如此，中國文化何以沒有發展出近代科學技術？

答案是：中國文化過於重視「正德」、「利用」、「厚生」，過於重視實用。

中國文化沒有發展出近代科學技術，當然是由於科學精神欠缺。而中國文化之所以欠缺科學精神，在〈文化宣言〉的作者看來，不是如同「五四」以來頗為流行

---

[16]　唐君毅：《中華人文與當今世界》（下），頁 897。
[17]　唐君毅：《中華人文與當今世界》（下），頁 897。

的說法——由於中國人長期輕視實用知識和技術而沉湎於八股文章、詩詞歌賦、考據訓詁等「無用之學」；恰恰相反，中國人自古以來就特別重視實用知識和技術。中國的天文學、數學和醫學發達甚早，而在十八世紀之前，關於製造器物和工農業生產方面的技術知識，中國也高於西方。中國文化之所以欠缺西方近代的科學精神，原因在於：

> 西方科學根本精神，乃超實用技術動機之上者。西方科學精神，實導源於希臘人之爲求知而求知。此種爲求知而求知之態度，乃是要先置定一客觀對象世界，而至少在暫時，收斂我們一切實用的活動，及道德實踐的活動，超越我們對於客觀事物之一切利害的判斷，與道德價值之判斷；而讓我們之認識的心靈主體，一方如其所知的觀察客觀對象，所呈現於此主體之前之一切現象；一方順其理性之運用，以從事純理論的推演；由此以使客觀對象世界之條理，及此理性的運用中所展現之思想範疇、邏輯規律，亦呈現於此認識的心靈主體之前，而爲其所清明的加以觀照涵攝者。此種科學之精神，畢竟爲中國先哲之所缺。因而其理論科學，不能繼續發展；而實用技術之知識，亦不能繼續擴充；遂使中國人之實用技術、利用厚生之活動，亦不能盡量伸展。❸

科學精神的形成和發展，基於「爲求知而求知」的超出實用價值的動機。出於這樣的動機，人們才能把外在的世界當作客觀的觀察和研究的對象，對於客觀對象所呈現出來的一切現象作理性的考察和邏輯的推演，從而形成科學的理論。此時人們需要暫時「收斂」一切實用的活動和道德實踐的活動，而投入一種「爲求知而求知」的認識活動，暫時脫開作爲實用活動主體和道德實踐主體的人，而凸顯作爲認識主體的人。中國文化則正是由於過分注重「正德」、「利用」、「厚生」的實用價值，而妨礙了科學精神的形成和發展。理論科學的不發達，又導致了實用技術不能充量發展。在這方面，中國文化與西方文化都表現了動機與效果的背反：西方文

---

❸ 唐君毅：《中華人文與當今世界》（下），頁 897-898。

化「為求知而求知」的動機，最終導致了實用科學技術的發達；中國文化過於注重
實用效果的動機，最終導致了實用科學技術的落後。

　　〈文化宣言〉進一步提出，中國文化過於注重實用，是因為過於注重道德實
踐。「其根本上之癥結所在，則中國思想之過重道德的實踐，恒使其不能暫保留對
於客觀世界之價值的判斷」。❶在「正德」與「利用厚生」之間，缺少了理論科學
知識作為媒介，「正德」之事就不能連通到「利用厚生」之事，而只能退為個人內
在的道德修養之事，閉塞了道德主體向外打通的門路，而趨於主體自身的寂寞與乾
枯。明末的王船山、顧亭林、黃梨洲等人已經感受到道德主體向內收斂的毛病，認
識到此主體有向外打通之必要。但是由於中國缺乏理論科學的精神傳統，到了清
代，學者的精神雖欲向外打通，然而對於外面世界所注意者，仍歸於文物書籍，而
以對之作考證訓詁之功為能事，使精神僵固於文物書籍之中。這就既失宋明儒家對
於道德主體之覺悟，亦不能正德以利用厚生，遂產生中國文化精神的更大閉塞。

　　因此，「中國人欲具備此西方理論科學精神，卻又須中國人之亦能隨時收斂其
實用的活動，暫忘其道德的目標，而此點則終未為明末以來思想家所認清。今認清
此點，則中國人不僅當只求自覺成為一道德的主體，以直下貫注於利用厚生，而為
實用活動之主體；更當兼求自覺成為純粹認識之主體。當其自覺求成為認識之主體
時，即須暫忘其為道德的主體，及實用活動之主體。」❷中國人要具備科學精神，
就需要「暫忘」其作為實用活動的主體和道德活動的主體，自覺地成為純粹的認識
活動的主體，成為「為求知而求知」活動的主體。此時道德的主體須退歸於認識的
主體背後，成為認識主體的支持者，直至認識主體完成其認識任務之後，再施其價
值判斷，從事道德實踐，並引發實用活動。在〈文化宣言〉的作者看來，道德主體
和認識主體都是可進可退的，而當道德主體能夠主宰其自身的進退和認識主體的進
退時，便成為「最高的道德主體」，這也就是所謂「人之最大之仁，乃兼涵仁與智
者」。當其用智時，任此智去客觀、冷靜地了解對象，仁乃暫時退隱於後；當其不
用智時，則一切智皆卷之以退藏於密，而「滿腔子是惻隱之心，處處是價值判

---

❶　唐君毅：《中華人文與當今世界》（下），頁898。
❷　唐君毅：《中華人文與當今世界》（下），頁899。

斷」。這就是〈文化宣言〉提出的關於道德主體與認識主體的「進退」說。

〈文化宣言〉強調，道德主體如果有進無退，中國人如果不能兼使其自身自覺成為認識之主體，則亦不能真正實現其為道德之主體和實用活動之主體。就中國文化而論，「則中國文化中，必當建立一純理論的科學知識之世界，或獨立之科學的文化領域；在中國傳統之道德理性的道統觀念之外，兼須建立一學統，即科學知識之傳承不斷之統。」❷儒家「道統」觀念所體現的是中國文化注重道德理性的傳統，今日不突破此傳統，不另外建立體現科學理性（自然理性）、科學精神的「學統」，便不能實現中國社會和中國文化的現代化。至於如何「由理論科學之應用，以發展實用技術，以使中國工業化」，〈文化宣言〉認為只要中國文化建立起科學知識的「學統」，開闢出獨立的科學文化領域，那麼理論科學的應用——即實用技術的發明和進步——乃是順理成章的事，因為在數千年的中國文化中，「重利用厚生之精神」是一以貫之的。

在〈文化宣言〉之前，第一代新儒家如梁漱溟、熊十力、馮友蘭等人雖說也論及中國文化重視實用、缺乏為求知而求知的精神，但他們在解釋中國文化何以未能像西方文化那樣發展科學技術時，主要是說明中國文化注重向內求善，西方文化注重向外求知，因此中國文化發展出「內證聖智」的人生修養功夫，西方文化則發展出「勘天役物」的現代科學技術。也就是說，按照中國文化以往的價值標準，它並不需要科學技術，因此也就沒有發展科學技術。這種解釋，其實是一定程度地承認了以往的中國文化在價值取向上是排斥科學技術的。「五四」新文化運動以後另一種更為流行的觀點是：中國文化之所以未能發展科學技術，是由於中國文化不重視實用，中國人長期沉湎於「無用之學」（如八股文章、考據訓詁、詩詞歌賦等），不像西方人治學注重實用。〈文化宣言〉則提出，近代以來的中國文化誠然欠缺科學技術，但這決不表明中國文化在「本性」上是排斥科學技術的。中國文化決非「自來即輕視科學實用技術」。中國文化之所以未能發展科學技術，恰恰是由於中國文化自始就太過重視實用，太過重視「正德、利用、厚生」，因而忽略了理論科學的研究，阻礙了應用技術的發展。

---

❷ 唐君毅：《中華人文與當今世界》（下），頁900。

中國文化未能發展出近代科學技術的原因（或者說原因之一），是否如〈文化宣言〉所說──由於太過注重實用的目的，這應該是一個至今仍然值得討論的問題。中國傳統學問被世人稱為「實學」，中國傳統文化也可以說是一種「實學」文化。所謂「實學」，一個基本的含義便是對於「實用」的高度重視。中國文化自其形成時期便高度重視「正德、利用、厚生」的實用目的，比較忽視探索客觀世界本質和運動規律的認知活動，由此導致比較欠缺科學理論和技術。應該說，這是有一定根據的見解。曾有論者提出如下的觀點：中國科學（當然不包括現代科學）的發展始終基本上停滯在經驗的層面，而沒有真正進展到理論的層面。這當然也是有待探討的觀點，而〈文化宣言〉關於中國文化由於太過注重實用而未能發展理論科學的見解，可以視為對這種觀點作出的一種值得人們思考的闡釋。

總之，按照〈文化宣言〉的見解，中國文化之所以未能發展出近代科學技術，完全是由於過分注重實用，而不是由於根本理念和文化精神層面的欠缺。這種見解，再次表明了〈文化宣言〉對於中國文化價值的維護。

㈡中國文化與民主

〈文化宣言〉明確地承認：「中國文化歷史中，缺乏西方近代之民主制度之建立。」[22]在中國歷史上，除早期的貴族封建政治之外，自秦以後就是君主制度，政治上的最高權力在君而不在民。這使得中國政治「發生許多不能解決之問題」，以致中國的政治歷史總是顯為一治一亂的迴圈之局。今日欲突破此種迴圈之局，只有繫於民主政治制度之建立，但問題在於雖有中華民國的成立，迄今為止中國民族卻尚未真正完成民主建國的事業。

「但是中國今雖尚未能完成其民主建國之事業，然我們卻不能說中國政治發展之內在要求，不傾向於民主制度之建立。更不能說中國文化中，無民主思想之種子。」[23]中國文化從來就有發展民主政治的內在要求，有民主思想的種子。為了論證這個觀點，〈文化宣言〉作出了諸多闡述。我們可以將這些闡述概括為以下三個

---

[22]　唐君毅：《中華人文與當今世界》（下），頁900。
[23]　唐君毅：《中華人文與當今世界》（下），頁901。

主要論點：

1.中國文化歷來以民意代表天命。

中國過去的政治實行的雖是君主制度，但是它與西方的君主制度不完全相同。中國最早的政治思想就是以民意代表天命，因此「奉天承命」的君主必須表現出對民意的尊重，必須接受民意的考驗。中國古代的許多政治制度，例如御史制度、宰相制度、徵辟制度、選舉制度、科舉制度等，其本意就在於使政府與社會民間經常有溝通的橋樑，使君主在政府內部的權力受到一些限制。問題在於，「這些制度之本身，是否為君主所尊重，仍只繫於君主個人之道德。」❷❹如果君主不尊重這些制度，並無一個為君主和人民共認的根本大法——憲法——對君主加以限制。因此，僅由政府內部的宰相、御史對君主權力進行的限制，必須轉變為由政府外部的人民對君主的權力進行限制；僅由君主加以采擇並作出最後決定的政治制度，必須轉變為由全體人民作出決定的政治制度，即憲法下的政治制度。這是「中國文化對於君主制度下的政治之反抗與要求」，中國文化已經表明了這種「反抗與要求」。這種重視民意、尊重民意的思想，表明中國文化包含著民主思想的種子。

2.儒家具有「天下為公」、「人格平等」的政治思想。

儒、道二家的政治思想，都提出君主不應該濫用權力，希望君主無為而治、為政以德。而且儒家所推崇的堯舜之禪讓、湯武之革命，表明了「天下非一人之天下，而是天下人之天下」和「君位可以更迭」的觀念。儒家還認為，政治之理想就在於實現人民之好惡。這種「天下為公」、「人格平等」的思想，可以說是從孔、孟到黃宗羲一貫相仍的。問題在於儒家不知如何以法制成就君主之更迭，實現人民之好惡。因此，儒家「天下為公」、「人格平等」的思想必須發展為今日之民主建國思想，君主制度才能轉化為民主制度。「但是從儒家之肯定：天下非一人之天下，並一貫相信在道德上，人皆可以為堯舜為聖賢，及民之所好好之，民之所惡惡之等來看，此中之天下為公，人格平等之思想，即為民主政治思想根源之所在，至少亦為民主政治思想之種子之所在。」❷❺

---

❷❹ 唐君毅：《中華人文與當今世界》（下），頁901。
❷❺ 唐君毅：《中華人文與當今世界》（下），頁903。

3.民主憲政是中國文化道德精神自身發展的要求。

〈文化宣言〉認為中國文化包含著民主思想的種子，還有一條「更深的理由」，即：中國文化重視人民的道德主體的建立，必然會發展為對於建立民主憲政的要求。在君主制度下，君主固然能夠以德治國，人民亦可沐浴於其德化之下，但人民只是被動地接受德化，人民之道德主體並未樹立。而僅有君主自樹立其道德主體，則君主縱為聖君，也只能是一人之「獨聖」。惟有肯定人人有平等的政治權力，肯定人人皆為平等的政治主體，人民之道德主體才能樹立，才能說人皆可以為聖賢。「由是而我們可說，從中國歷史文化之重道德主體之樹立，即必當發展為政治上之民主制度，乃能使人真樹立其道德的主體。……而民主憲政，亦即成為中國文化中之道德精神自身發展之所要求。」❷⑥

上述論點表明了〈文化宣言〉如下的觀念：儘管中國文化在其歷史發展中缺少民主制度之建立，但這決不意味著中國文化發展之內在要求不傾向於民主制度之建立，決不意味著中國文化不內在地包含著民主思想的種子。因此今日之中國文化要發展出近代民主制度，是有其內在的根據的。這樣，〈文化宣言〉的作者在繼續維護中國文化價值的同時，表示了他們對於在中國實現「民主建國之大業」的信念。

四、西方文化與東方文化

〈文化宣言〉認為，當今人類文化發展中的一個根本性的問題是西方文化與東方文化的關係問題，人類文化的前途如何在很大程度上取決於西方文化與東方文化的關係如何。

〈文化宣言〉提出，當今人類學術文化的方向應該是「求各民族文化有價值方面之保存與發展，由此以為各種文化互相並存，互相欣賞，而互相融合的天下一家之世界之準備。」❷⑦希臘文化重視智的精神和自由觀念，羅馬法中的平等觀念，近代西方文化的民主政治和科學精神，希伯來文化的宗教精神，東方文化的天人合一

---

❷⑥　唐君毅：《中華人文與當今世界》（下），頁 904。
❷⑦　唐君毅：《中華人文與當今世界》（下），頁 925-926。

精神、成聖成賢的心性之學、圓而神的智慧等等，都應該在人類學術文化的這個新方向中並存和融合。圍繞著這個基本觀念，〈文化宣言〉批評西方人士忽略其他民族文化的特殊性和價值，指出西方文化與東方文化應該互相學習，並且就「西方所應學習於東方之智慧者」作出了闡述。

(一)西方人士忽略其他民族文化的特殊性和價值

〈文化宣言〉稱：「西方文化是支配現代世界的文化，這是我們不能否認的事實。自十九世紀以來，世界各民族的文化，都受到西方文化的影響，都在努力學習西方之宗教、科學、哲學、文藝、法律、實用技術，亦是不能否認的事實。」❷❸融希臘文化的科學精神、希伯來文化的宗教精神和近代實用技術精神於一體的西方文化，經過宗教改革、啟蒙運動，憑藉關於自然的知識改造自然，憑藉關於社會的知識改造社會。政治上之自由與平等、經濟上之自由與公平、社會上之博愛等理想相緣而生。美國革命、法國革命、產業革命、解放黑奴運動、殖民地獨立運動、社會主義運動相繼而起，對於自然的改造與對於社會的改造相互為用，相得益彰。「於是一二百年之西方文化，遂突飛猛進，使世界一切古老之文化，皆望塵莫及。凡此等等，蓋皆有其普遍永恆之價值，而為一切其他民族所當共同推尊、讚歎、學習、仿效，以求其民族文化之平流競進者也。」❷❾這裏充分肯定了近代西方文化的價值，肯定了其他民族文化應該向西方文化學習。

然而西方文化在其突飛猛進的發展過程中，也明顯地表現出種種衝突和問題，例如由宗教改革而有宗教之戰爭，由民族國家分別建立而有民族國家之戰爭，由產業革命而有資本主義社會中之勞資對立，由向外奪取資源、開發殖民地而有壓迫弱小民族之帝國主義行動，以及為爭奪殖民地而產生帝國主義國家之間的戰爭……。這些也都是「近代西方文化之突飛猛進所帶來之結果」。這些問題中的一部分，可以由西方文化自身逐漸解決。例如宗教自由原則之確立，可以避免宗教戰爭；而對於勞資衝突，西方國家亦有各種政治上、經濟上、社會上之措施加以解決，等等。

---

❷❸　唐君毅：《中華人文與當今世界》（下），頁910。
❷❾　唐君毅：《中華人文與當今世界》（下），頁912。

「但是照我們的看法，這許多問題雖多已解決，但其問題之根原於西方文化本身之缺點者，則今日依然存在。」❸⓿

在〈文化宣言〉所說的「根源於西方文化本身之缺點」的問題中，一個重要的問題就是西方人士對於其他民族文化的特殊性和價值的忽略。〈文化宣言〉指出，一些西方人士對西方文化有所反省，羅素、斯賓格勒就認為西方人在膨脹其文化力量於世界時，懷有一種強烈的權力意志、征服意志。「但是照我們之意見，此權力意志還是表面的。真正的西方人之精神之缺點，乃在其膨脹擴張其文化勢力於世界的途程中，他只是運用一往的理性，而想把其思想中之觀念，直下普遍化於世界；而忽略其他民族文化的特殊性，因而對之不免缺乏敬意，與同情的了解，亦常不從其他民族文化自身之發展的要求中，去看西方文化對其他民族文化之價值。」❸❶這段議論，包含著以下幾層意思：

1.西方文化「膨脹擴張」其勢力於世界；

2.在西方文化勢力「膨脹擴張」的過程中，西方人士將自己的思想觀念「普遍化於世界」，忽略其他民族文化的特殊性；

3.因此西方人士不了解其他民族文化的價值，亦不能客觀、正確地認識西方文化對於其他民族文化的價值。

在〈文化宣言〉的作者看來，這是「根源於西方文化本身之缺點」的問題，因為近代以來的西方文化就其本性來說，就是一種不斷追求向前發展、向外擴張的文化。因此這樣的問題無法由西方文化自身通過向「內」的反省予以解決，而只能由西方文化在與其他民族文化的接觸、交流中，通過向「外」的學習予以解決。

(二)西方文化所應學習於東方智慧者

受現代西方文化支配的當今世界文化已經表現出嚴重弊病。簡言之，此種弊病在於：人類已經承載不起其自身所創造的知識世界和社會政治世界。〈文化宣言〉稱：

---

❸⓿　唐君毅：《中華人文與當今世界》（下），頁913。
❸❶　唐君毅：《中華人文與當今世界》（下），頁913-914。

人類之承載不起人類自身之所信仰及所造的東西，此根本毛病，正在人類之
只求客觀地了解世界，以形成知識，本知識以造理想，而再將此理想，不斷
客觀化於自然與社會，成為如存在於人生以外之文化物財。其不斷積累加
重，而自成一機械的外在桎梏，遂非人力之所能主宰。此處之旋乾轉坤的學
問，則在人之主體的存在之真正自作主宰性之樹立，而此主宰性之樹立，則
繫於人生存在自身之超化升進。此一種學問，亦即中國之所謂立人極之學
問。人極立而後人才能承載人之所信仰，並運用人之所創造之一切，而主宰
之。這是這個時代的人應當認識的一種大學問。㉜

　　現代西方文化只求客觀地了解世界，在這方面堪稱成效卓著，但它卻使人喪失
了對於人自身的「自作主宰性」，喪失了人生的目標和精神根基。而追求人生價值
之不斷超化、升進的中國儒家「立人極」之學，則可以使人樹立對於自身的「自作
主宰性」，確立人生的目標和精神根基，因此它對於當今世界的學術文化來說，是
一種「旋乾轉坤」的大學問。
　　「除東方人向西方文化學習之外，西方人是否亦有須向東方文化學習之處？」
〈文化宣言〉提出了這個問題，並且作出了肯定的回答：

　　西方人如真欲其對人之態度，與其自身之精神，再進一步。或真欲與東方
　　人，亞洲人及非洲人接觸以調整人類關係，謀取世界和平，以保西方文化本
　　身之永遠存在於人間世界；則我們認為西方人之精神理想，尚可再上升進一
　　步，除由承繼希臘精神、希伯來精神，而加以發展出之近代西方之精神以
　　外，尚可有學習於東方之人生智慧，以完成其自身精神思想之升進者。㉝

　　西方文化要想長存於世，要想在精神上得到進一步的提升，除了發揚希臘精
神、希伯來精神和近代西方精神，還需要學習東方文化的人生智慧。〈文化宣言〉

㉜　唐君毅：《中華人文與當今世界》（下），頁 927。
㉝　唐君毅：《中華人文與當今世界》（下），頁 916。

提出了「西方文化所應學習於東方智慧者」的五項內容：

1. 「西方人應向東方文化學習之第一點，我們認為是『當下即是』之精神，
與『一切放下』之襟抱。」❸❹

　　西方文化的長處是向前作無限之追求、無限之開闢，然而「其當下一念，實是
空虛而無可在地上立足。由此念念相續，亦皆實空虛而無可在地上立足」。❸❺中國
文化由於以心性為一切價值之根源，人對此心性有一念之自覺，「人之生命，即當
下安頓於此一念之中，此即所謂『無待他求，當下即是』之人生境界。……當下即
是之生活智慧可與西方人以隨時可有立足之地，此即可增加西方文化自身之安全感
與堅韌性。」❸❻視心性為一切價值的根源，就不會認為只有向前作無限的追求和開
闢才能體現生命的價值，就會立足於「當下即是」的觀念去理解生命的價值和人生
的意義。中國文化這種安身立命的人生智慧，值得西方人士學習。

　　繼承了古希臘「重智」精神的西方文化，具有很多概念性的東西。「此種概念
的東西，包括我們預定的計畫目標，用以聯繫人之抽象理想，用以衡量人之抽象標
準、成見、習見等。這些東西在我們求與人有真實接觸時，都應一切放下。」❸❼抽
象的概念、理想、標準往往作為一種「執著」而「成為人與人的真實接觸之阻
隔」。對於這種「執著」，人們理應「隨時超越之而放下之」。這種「放下」的智
慧，在印度思想中被稱為空之智慧、解脫之智慧，在中國道家那裏被稱為虛之智
慧、無之智慧，在中國儒家那裏被稱為「空空如也」、「毋意、毋必、毋固、毋
我」等等。東方文化有此智慧，「於是人雖可照常的有概念的知識、理想，但他可
以無執著，無執著則雖有而能超越此有，若無若有。這種智慧，……實值得西方人
之先放下其文化傳統中之觀念，去體會、欣賞、涵泳，然後知其意味之無窮。」❸❽
也就是說，西方人士應該學習東方文化「一切放下」的襟抱。

---

❸❹　唐君毅：《中華人文與當今世界》（下），頁916。
❸❺　唐君毅：《中華人文與當今世界》（下），頁916。
❸❻　唐君毅：《中華人文與當今世界》（下），頁916-917。
❸❼　唐君毅：《中華人文與當今世界》（下），頁918。
❸❽　唐君毅：《中華人文與當今世界》（下），頁918。

2.「西方人應向東方文化學習之第二點，是一種圓而神的智慧。」❸❾

所謂「圓而神」是《易經》中的概念，〈文化宣言〉將其與「方以智」相對照，說「西方之科學哲學中，一切用理智的理性所把握之普遍的概念原理，都是直的。其一個接一個，即成為方的」。❹❶西方科學、哲學中的概念和原理，體現的是「方以智」精神。普遍的概念、原理是抽象的，應用到具體事物上，必然不能「曲盡事物之特殊性與個性」，從而表現出一種對於「普遍者」的執著。「圓而神」的智慧則不執普遍者，它是一種「隨具體事物之特殊單獨的變化，而與之宛轉俱流之智慧」。對於「普遍者之執」，它能夠「才起即化」，即剛剛出現就將其化解，如同一條直線剛剛向某一方向伸展，隨即運轉而成圓，圍繞著具體事物之中心旋轉。這種智慧就是莊子所謂「神解」、「神遇」，孟子所謂「所過者化，所存者神，上下與天地同流」。〈文化宣言〉云：

> 此種圓而神之智慧，則可對一切普遍者之執，才起而不待其凸出，即已在心靈之內部超化。於是在人之意識之前者，唯是一與物宛轉，活潑周運之圓而神的智慧之流行。故略近於柏格森之所謂直覺，但柏格森之直覺，只是其個人之哲學觀念。而中國人則隨處以此圓而神之智慧，體會自然生命，觀天地化幾，欣賞讚美活的人格之風度，以至以此智慧觀時代之風會氣運之變，並本此智慧，以與人論學，而應答無方，隨機指點，如天籟之流行。❹❶

「圓而神」的智慧不是處處運用抽象的理智，而是處處通過具體的事物，體悟生命之意義與天地之化幾，因而它有似於西方生命哲學家柏格森所說的直覺。然而它不是個人的哲學觀念，而是中國文化所體現的民族哲學智慧。西方民族要想在其已經認識的理性世界、知識世界、上帝世界、技術工業世界、分門別類的歷史人文世界之外，再認識真正的生命世界、人格世界與歷史人文世界中之一切，則「亦必

---

❸❾　唐君毅：《中華人文與當今世界》（下），頁918。

❹❶　唐君毅：《中華人文與當今世界》（下），頁918。

❹❶　唐君毅：《中華人文與當今世界》（下），頁919。

須有此圓而神之智慧」。

3. 「西方人應向東方文化學習之第三點，是一種溫潤而惻怛或悲憫之情。」❷

〈文化宣言〉說西方人之忠於理想、社會服務之精神、對人之熱情與愛，是至可寶貴的，而且「為東方人所不及」。但是人的權力意志和佔有之念，可以透入人對人之熱情與愛中，近代以來的西方文化已經表明了這一點。「要使此問題有究竟之解決，只有人在開始對人之熱情與愛中，便絕去其權力意志與佔有之念之根。要去此根，則愛必須真正與敬同行。」❸對人不僅要有「愛」，而且要有真實的「敬」，即那種「直接的、絕對的、無條件的、真視『人之自身為一目的』的敬」。有了這種「敬」，人對人的愛就通過「禮」而表現出來，「於是愛中之熱情，皆向內收斂，而成溫恭溫潤之德。而人對人最深的愛，則化為一仁者惻怛之情。此可通於佛家之悲憫。」❹這就是東方文化的「惻怛悲憫」之情，其中所包含的「敬」（對人之敬）和「禮」（待人之禮）乃是中國文化的基本理念。

「惻怛悲憫」又被〈文化宣言〉解釋為「自己之真正存在之生命精神，與他人之生命精神間之一種忐忑的共感，或共同的內在振動」，❺這是頗為玄虛的說法。不過〈文化宣言〉同時也平實、簡明地指出，「惻怛悲憫」就是人對人「有真正的同情」，就是自己與他人生命精神之間「直接的感通關係」。西方文化所推崇的「愛」應該與中國文化所推崇的「敬」和「禮」同行，從而「化為惻怛與悲憫」，使人與人之間、民族與民族之間有「真正的同情」和「直接的感通」。

4. 「西方人之應向東方學習之第四點，是如何使文化悠久的智慧。」❻

科學技術和工業高度發達的近代西方世界「帶著整個人類奔跑」，但是人類能乘火箭到星球世界並不是西方文化、人類文化的「真正長久存在之道」，因為人縱然飛上了星球，最終還是沉入太空之虛無。同時，篤信宗教的西方人終有一日會感到只有上帝之永恆而無歷史文化之悠久，並不能安居樂業於此世界。現代西方文化

---

❷　唐君毅：《中華人文與當今世界》（下），頁 920。
❸　唐君毅：《中華人文與當今世界》（下），頁 920。
❹　唐君毅：《中華人文與當今世界》（下），頁 921。
❺　唐君毅：《中華人文與當今世界》（下），頁 921。
❻　唐君毅：《中華人文與當今世界》（下），頁 922。

雖然極為精彩燦爛，但如何能夠免於如同希臘文化、羅馬文化之衰亡的結局，已成為令西方人士憂慮的問題。而「中國文化是世界上唯一歷史久而又自覺其久，並原於中國人之自覺的求其久，而後久的文化」。**❹**因此，西方人應該學習中國人如何使文化悠久的智慧。

「文化是各民族精神生命之表現。」**❹**而一切「表現」，都是力量的消耗，以至最終導致事物的衰亡，人的精神生命力也是如此。欲其不衰，作為民族精神生命之表現的文化就不能一味地順著人的自然本性向外求表現，而應當養成一種由「上通古今，下通萬世之歷史意識」所成就的「心量」，並由此心量而接觸「天地萬物深處之宇宙生生之原」。這是一種能夠使民族文化悠久的智慧。中國人正是依據這種智慧，「在一切文化生活上，皆求處處有餘不盡，此即所以積蓄人之生命力量，使之不致耗竭過度，而逆反人之自然的求盡量表現一切之道路，以通接於宇宙生生之原者。而以此眼光，看西方近代文化之只求效率之快速，這中間正有一大問題存在。」**❹**中國人在文化生活中不追求生命精神的外在「表現」，而追求以內在的「心量」去會通宇宙的生生之原，以「寬閑從容」、「有餘不盡」的態度對待萬物和人生，因而使民族生命精神不致衰退、耗竭，使民族文化悠久而長存。這就是中國人對於民族文化的「求其久」之道。西方人應該改變對於文化發展只知「求其快」、不知「求其久」的態度，學習中國人這種使民族文化悠久的智慧。

5.「西方人應向東方人學習之第五點是天下一家之情懷。」**❺**

人類已經建立許多民族國家，還有一些國家正在走上民主建國的道路。「但是人類最後必然歸於天下一家。所以現代人，在其作為一國之公民之外，必須同時兼備一天下人之情懷，而後世界真有天下一家之一日。在這點上說，東方人實更富於天下一家之情懷。」**❺**中國人歷來喜言「天下一家」。墨家要人兼愛，道家要人與人相忘，佛家要人以慈悲心愛一切有情，儒家要人本其仁心而以「天下為一家，

---

❹ 唐君毅：《中華人文與當今世界》（下），頁922。
❹ 唐君毅：《中華人文與當今世界》（下），頁922。
❹ 唐君毅：《中華人文與當今世界》（下），頁922-923。
❺ 唐君毅：《中華人文與當今世界》（下），頁923。
❺ 唐君毅：《中華人文與當今世界》（下），頁923。

中國為一人」，本其仁心而相信「人皆可以為堯舜」等等，皆足以表明中國人「天下一家」之情懷。此外，東方印度的佛教和婆羅教關於一切人皆可成佛而與梵天合一的思想，也體現了「天下一家」情懷。

　　西方基督教所提出的愛，也是遍及於一切人的，「但在養成人之天下一家之情懷上，則我們以為與其只賴基督教思想，不如更多賴儒家思想。」❺❷基督教是一種「制度的宗教」，有許多宗派組織，相互不易融通。基督教有天堂觀念，亦有地獄觀念，異端是要入地獄的，因此各宗派間永不能立於平等地位。可見基督教對人之愛雖似一無條件，但其實仍然有一條件，即「信我的教」。儒家則沒有教會組織，也不要求人皆崇拜孔子。儒家有天地之觀念而無地獄之觀念，無地獄以容「異端」。因此儒家之教，不與任何人之宗教成為敵對。儒家認為只要是人，皆有能夠成聖而與天地合德之性。「『萬物並育而不相害，道並行而不相悖』，乃儒家之信仰。則人類真要有天下一家之情懷，儒家之精神實值得天下人之學習，以為未來世界之天下一家之準備。」❺❸

　　在對「西方人應向東方人學習者」的五項內容作出闡釋後，〈文化宣言〉強調西方文化如要實現「其今日欲領導世界的目標」，實現其自身的「繼續存在」和「更向上的發展」，就必須學習東方文化的這些智慧。當然這些智慧並不是在西方文化中完全沒有種子，「不過我們希望西方文化中這些種子，更能由對東方之學習，而開花結果而已。」❺❹在此需要指出的是，〈文化宣言〉所說的西方人應該學習的「東方文化」的智慧，實際上主要是指中國文化的智慧，我們從以上的闡述中可以明顯地看出這一點。

五、結語

　　由牟宗三、徐復觀、張君勱、唐君毅四人聯名發表的〈文化宣言〉，曾被牟宗

---

❺❷　唐君毅：《中華人文與當今世界》（下），頁924。

❺❸　唐君毅：《中華人文與當今世界》（下），頁924。

❺❹　唐君毅：《中華人文與當今世界》（下），頁925。

三稱為「十年間吾人努力之綜結」，視為他們在二十世紀五十年代反省中國文化之歷史與價值、探討中國文化與人類文化之未來所做的努力的綜合性結果。由此可見，四位海外新儒學重鎮的文化〈文化宣言〉在現代新儒家文化哲學發展史上具有里程碑的意義。誠如方克立先生在論及〈文化宣言〉時所言：「它標誌著第二代新儒家經過歷史的巨大轉折，撫今追昔，用心反思，重新貞定了自己的哲學和文化立場，而再度活躍於中國現代思想舞臺上；同時它也反映了現代新儒家力圖走向世界的努力和雄心。」❺

〈文化宣言〉對於現代新儒家文化哲學最主要的貢獻，借用〈文化宣言〉本身的語言來說，就是「中國歷史文化之精神生命之肯定」，即在特定的時代背景下論證了中國文化「活的精神生命」的存在，闡發了中國文化的永恆價值和現代意義。針對「中國文化已死」的觀念，〈文化宣言〉強調中國文化是「病人」而非「死人」；既然是「病人」，則中國文化仍有「活的精神生命」存在。中國文化過去、現在和未來都存在一種從不斷絕的「活的精神生命」；以儒家心性之學為核心的中國文化與西方文化同樣具有宗教性的超越精神；中國民族文化之所以綿延數千年而不中斷，是由於中國文化具有萬古常新的精神價值；今日之中國文化仍有其現代價值，因此固然中國文化為實現現代化應該向西方文化學習，而西方文化為克服自身弊端也應該向中國文化學習。通過這些論述，〈文化宣言〉不僅反駁了激烈的反傳統派否定中國文化的論調，而且深入地抉發、闡揚了中國文化一以貫之的精神生命及其現代價值。這對於消除一些西方人士對中國文化的誤解和曲解，對於破除近代以來國人文化心理中的民族文化虛無主義意識，從而激發、增強國人的民族文化自覺意識和文化自信心，無疑具有積極的作用。

〈文化宣言〉在肯定中國文化的價值和現代意義的同時，再次彰顯了現代新儒家的文化保守主義立場，這突出地反映在〈文化宣言〉關於人類文化「新方向」的見解中。〈文化宣言〉在提出以各種民族文化的「互相並存，互相欣賞，而互相融合」作為當今世界文化建設應該開出的新方向時，仍然認為這個新的學術文化方向

---

❺　方克立、李錦全主編：《現代新儒家學案》，上冊，頁24。

「即為立人極之學所嚮往的究極目標」，❺❻仍然將儒家的「立人極」之學所體現的
中國傳統文化精神，視為當今世界文化應該具有的主導精神。這裏表明的是幾代新
儒家學者的共同觀念，體現的是他們在文化的「古今中西」問題上所持的一以貫之
的基本立場。

---

❺❻　唐君毅：《中華人文與當今世界》（下），頁 928。

附錄一　儒學文明在當代
——海外新儒家的文化心態

現代新儒學在其演變、發展過程中，無疑會隨著時代的變遷而經常呈現出新的動向、表現出新的特點。筆者於 1997 年 9 月至 98 年 2 月應邀赴美國進行學術訪問期間，在哈佛大學燕京學社訪問了該社主持人、中國歷史和哲學教授杜維明先生。同時，訪美期間筆者還與國際中國哲學會榮譽會長、夏威夷大學哲學教授成中英先生有書信往來。通過與這兩位海外新儒學學者的交流以及對有關資料的研讀，筆者認為近年海外新儒家的思想動態以下三點是值得關注的。

一、以全球「文明對話」作為
儒學復興和發展的背景

宣揚儒學的復興和發展，是自本世紀 20 年代以來現代新儒家幾代人基本的學術使命。但幾代新儒家學者在這方面又表現得不盡相同。第一代新儒家是在中國文化遭受西方文化猛烈衝擊背景下，主要從捍衛儒家思想和民族傳統文化的角度來宣揚儒學的復興和發展。第二代新儒家更多地從中國文化如何適應時代要求、通過吸納西方文化而走向現代化的角度，來宣揚儒學的復興和發展。正活躍於海外的第三代新儒家學者，近年來在這方面所表現出的主要特點則是：在強調全球「文明對話」的重要意義的前提下，來談論儒學的復興和發展。

哈佛大學教授塞繆爾・亨廷頓（Samuel P. Huntington）於 1993 年發表了轟動一時的〈文明衝突論〉。他用不同文明之間的衝突，來說明國際政治的實質和人類社會的前景。1996 年，他又在美國《外交》季刊上發表了〈文明的衝突與世界秩序的

重建〉，繼續發揮其「文明衝突論」。他認為，人類歷史上最持久、最尖銳的衝突都起源於文明的歧異。在當代，西方文明與非西方文明之間的衝突必將取代政治、經濟衝突而成為今後國際衝突的中心，特別是儒教文化、伊斯蘭文化與西方文化之間的衝突將成為今後國際政治的主宰。幾年來，「文明衝突論」引起了強烈的反應。包括海外新儒家在內的很多學術界人士，都對它持批評態度。

杜維明對筆者說，亨廷頓所提出的「文明衝突」決不是世界文化發展的主流。其實，亨氏對文化的理解非常片面。他不過是站在一種狹隘的政治學立場上，體現了美國社會一些人在冷戰結束之後的一種不健康的心態。雖然自 1993 年以來，「文明衝突論」有一定的發展，但今後它的影響會越來越薄弱，因為它的論據就有問題。實際上，衝突不一定存在於不同的文明體系之間，在一個文明體系內部同樣會有衝突。

這種文明體系內部的衝突，在不同的文明體系中具有共同性。例如當今世界，很多民族都面臨著經濟的發展與環境的破壞之間的衝突、物質生活的提高與精神價值的淪落之間的衝突，等等。這種共同性，決定了不同的族群具有共同關心的有待解決的問題。因此不同的文明體系之間可以而且需要進行廣泛的對話。這種對話的廣度和深度，完全可以而且應該超過德國哲學家雅士柏爾斯（Karl Jaspers）所說的人類文明的第一次「軸心時代」。在那個時代（約相當於中國的先秦時期），以色列的猶太教、希臘的哲學、中國的儒家和道家思想、印度的興都教和佛教，成為當時世界文明的幾大精神支柱。這些不同的文明體系之間相互溝通，共同構成了輝煌的「軸心文化」。後來經過兩三千年的發展，上述幾大文明體系分別成為人類文明的幾個主要精神傳統。這種軸心文化，體現了「文明的多元化」和不同文明體系之間的對話的重要意義。

杜維明說，現在我們面向 21 世紀，各種不同的族群、不同的文明之間應該有更多的溝通、交流，形成一種全球性的「文明對話」，甚至是「第二次軸心時代的出現」。西方文化與包括中國文化在內的東方文化之間，完全可以通過對話來互相取長補短，求得共同發展。他強調，在西方文化與非西方文化之間即使存在著一定的文明衝突，但文明對話是全球文明發展的主要趨勢；或者說，正因為存在著文明衝突的可能性，更有必要進行文明對話。總之，「文明之間的對話是為人類文明創

造和諧條件的一個重要機制。」儒家文明在當代復興的根據，就在於它至今仍然具有作為全球軸心文明重要組成部分的精神價值。在當代世界的文明對話中，以儒家、道家和大乘佛學為代表的中華文明應該是十分重要的參與者。其中尤以儒家文明對於當代人類文明建設具有重要作用，因為儒學人文主義思想對於解脫人類文明發展所面臨的困境具有啟發意義。總之，儒學在當代的復興和發展，是在全球文明對話的大環境中進行的。

由此可見，近年來海外新儒家是在強調全球「文明對話」的必要性和重要意義的前提下，來宣揚儒學的復興和發展的。換言之，他們是以全球的「文明對話」，作為儒學現代發展的背景的。

二、認為「儒學文明不能單獨地成為當今世界文明發展的主導」

杜維明認為，儒學文明儘管有復興和發展的必要與可能，但當今人類文明日益明顯的多元化趨勢，決定了它不能單獨地成為世界文明發展的主導。

杜維明從他的「世界文化觀」出發，歷來注意把儒學的發展問題放在人類文明發展史中考察。他認為儒學的第一期發展（先秦儒學）成為世界「軸心文明」的重要組成部分，第二期發展（宋明儒學）成為「東亞文明的體現」。此番他在與筆者的談話中，多次談到「儒學在當代的發展（即第三期發展）以全球文明為背景」的問題。他說，這正是我們談論儒學復興和發展問題時的基本前提。在當代，任何一種文明——包括儒學文明——都不可能單獨地成為世界文明發展的主導。「歐洲中心論」已經破產。現代化已呈現多元化的格局而並不就等於西化。同樣的道理，當代人類文明的發展既不等於西化，也不等於「儒化」。我們認為儒學文明在當代仍然具有十分重要的價值，但決不是說只有儒學文明才有價值。其他的文明系統，作為全球多元文明的組成部分，作為文明對話的參與者，同樣有其價值。

杜維明還舉例說，哈佛大學燕京學社經常舉行關於現代新儒學的研討會，而被邀請參加會議的並不限於現代新儒家學者。他們十分注意邀請具有不同文化理念的東西方學者，尤其是對現代新儒學持批評、否定態度的學者參加研討會。世界文明

的多元化，儒學文明與其他文明的對話，在這些研討會上得到了生動的體現。

現代新儒家的第一代，把儒家文明看成人類文明發展的唯一「正道」。梁漱溟在《東西文化及其哲學》中就說過，全世界的文化發展終歸要走「中國的路、孔家的路」。第二代新儒家提倡東西文化的會通和互補，肯定了西方文化的長處和以儒家思想為核心的中國文化的不足，但仍然認為惟有儒家思想能解救人類文化的危機。牟宗三在《人文主義的完成》中說，傳統儒學只要「轉出民主與科學」，那就「豈徒創造自己而已哉？亦所以救西方之自毀也」，即不僅能夠「自救」，而且可以解救西方文化「自我毀滅」的危機。這還是以中國的儒家文明作為人類文明發展的主導與歸宿。正活躍於海外的現代新儒家第三代則比較客觀，特別是近年來，他們以更具現代眼光的見識，以更為開放、平等的心態看待東西方文化，看待儒學文明在當今人類文明建設中的作用。儘管他們一如既往地宣揚「儒家思想的現代意義」，認為儒學對於現代中國文化乃至當今人類文明仍然具有重要的、獨特的精神價值，但他們卻已經將儒學文明視為當代人類文明建設的有價值的重要資源之一。杜維明說，作為現代新儒家的第三代，所要做的工作就是「將儒學人文精神推向世界」，使之成為推動當今世界文明發展的一支重要的精神力量。

三、提出對傳統儒學必須
「深刻理解，重新創建」

成中英先生將自己的一篇近作寄贈筆者，他在其中寫道：「我雖被忝列為第三代的新儒家學者，我的基本看法卻是：我們對傳統儒學必須採取深刻理解的但卻是重新創建的態度。」在現代新儒家學者中，明確地提出「重新創建」傳統儒學的問題，這似乎是第一次。

他所說的深刻理解，是指正確認識和肯定傳統儒學所具有的內在價值。而「重新創建」，則是主張在承認傳統儒學有缺陷的前提下，對之進行改造。他指出，牟宗三提出「內聖開出新外王」，認為儒學的傳統可以充足地引生科學和民主，但實際上，即使在最寬廣的解釋之下，內聖也是不可能憑藉其自身的力量導引出科學與民主的。內聖之學本身必須發生「轉化」，然後才能實現「新外王」。傳統儒學具

有「傳統的局限性」，它只有經過重新創建，才能適應現代社會的需要。

當包括儒學在內的中國傳統文化受到西方文化的猛烈衝擊時，第一代新儒家所做的，主要是維護傳統儒學和中國文化的價值體系。他們拒斥「全盤西化」派對於儒學和中國文化價值體系的否定，極力論證這個價值體系的合理性和它對於中國社會的必要性。第二代新儒家則能夠隨著時代的前進，較多地從中國文化如何走向現代化的角度看待儒學和傳統文化。他們承認了儒學和中國文化在其發展中的欠缺，牟宗三謂之「從知識方面說，它缺少了『知性』這一環，……從客觀實踐方面說，它缺少了『政道』之建立這一環」，即缺少科學精神和民主制度。他們說為了中國文化的現代化，必須從傳統儒學的「德性主體」轉出「知性主體」，「從內聖開出新外王」，發展科學和民主。所謂「轉出」，應該說體現了對傳統儒學有所變通的主張。但是他們所認可的變通，只是在「外王」的層面，也就是在實踐中如何運用儒家思想的層面。至於「內聖」的層面，即儒學的根本義理方面，在他們看來既無需變革，也不能變革。傳統的內聖之學不存在如何適應現代化需要的問題。它成了超越時代、超越社會形態的「恒道」、「恒理」。「外王」必須有新內容，而「內聖」則完全可以依據舊傳統。在他們看來，傳統儒學所追求的人格境界（「希聖希賢」），所採取的修養手段（「盡心盡性」），皆無需站在新的時代高度予以重新認識和改造。

第三代新儒家則在傳統儒學的繼承與超越的問題上有所前進。他們提出了儒家思想自身的「轉化」問題，肯定了對傳統儒學進行現代改造的必要性。杜維明認為，要使傳統儒學在現代社會發揮積極作用，必須使之發生「創造性的轉化」、「現代轉化」。他對此作了不少論述。而成中英在其近作中，則更進一步地、明確地主張「重新創建」傳統儒學，並將這種「重新創建」與自己的「本體詮釋學」結合起來，認為重新創建應該是「在一個更根源的更廣闊的文化哲學的基礎上，建立一套結合過去、適應現在、開拓未來的理解與詮釋的方法，就整體的與個別的問題提出創建的系統思考」。他主張通過系統的思考、評判與詮釋，去克服傳統儒學的局限性。這表明，近年來海外新儒家把對傳統儒學的現代改造，放到了一個更加突出的位置上。他們在主張繼承和發揚儒家精神的同時，已經提出了對傳統儒學的超越問題。

　　上述表明，近年來海外新儒家在傳統的儒學文明與當代人類文明的關係以及如何對待傳統儒學等問題上，形成了遠比他們的前輩開放的文化心態。這種心態的形成，自然與特定的時代背景分不開。和平與發展這兩大主題，決定了隨著人類文明的不斷進步，東方與西方之間、不同的國家和區域之間，正在進行著日益廣泛的接觸和對話，有著愈來愈多的溝通和交流。當今社會發展中的這一客觀現實，在現代新儒家的文化心態中也得到了反映。

　　（原載《哲學動態》1998 年第 12 期，原題為〈近年海外新儒學的動向述介〉）

附錄二　以生命的精神價值為中心
——方東美論中國哲學的「通性與特點」

　　方東美提出，原始儒家哲學、原始道家哲學和大乘佛家哲學最能體現中國哲學的價值取向和內在精神。而這三家哲學儘管持論有別，在思想上卻有相互貫通之處。正是這些相互貫通之處，構成了中國哲學的「通性」。而「從本身看起來是通性，同其他的思想體系比較起來又構成了特點」，❶三家哲學的「通性」與其他哲學思想體系（例如西方哲學）相比較，則表現為中國哲學的「特點」。因此他將儒、道、佛三家哲學的相互貫通之處，稱之為「中國哲學的通性與特點」。他說：「原始儒家、原始道家與大乘佛學三家……其系統雖然歧異，然卻同具三大顯著特色：㈠旁通統貫論，㈡道論，㈢個人品格崇高論。」❷這三項「顯著特色」，就是方東美所說的中國哲學的「通性與特點」。

一、「旁通統貫論」

　　所謂「旁通統貫論」，是說中國哲學把宇宙萬物看成「縱之而通、橫之而通」的整體。方東美認為，這是中國哲學各家各派在理論上的第一個共同取向。至於如何把宇宙萬物看成統而貫之的整體，各家的做法有所不同。方東美論述了儒、道、釋三家「旁通統貫論」的不同表現形式。用他的話說就是，中國哲學各家雖然都講旁通統貫，但「怎麼樣子貫法」，卻各有講究。

---

❶　方東美：《方東美先生演講集》（臺北：黎明文化事業公司，1980 年版），頁 101。
❷　方東美：《中國哲學之精神及其發展》（臺北：成均出版社，1984 年版），頁 36。

儒家的「旁通統貫論」，就是孔子所說的「吾道一以貫之」。這個「道」，方東美說最根本的是「忠恕之道」，即《大學》中所講的「絜矩之道」。也就是「啟發廣大的同情心」去看待萬物，特別是看待人。人在宇宙中，各有自己所處的位置和角度。如果我們不能依據廣大的同情心去理解別人，那就會產生種種偏見。因此儒家的「旁通統貫論」所採取的形式是：「整個的家庭、社會、宇宙都成為廣大同情的領域，每個人都能設身處地以各種觀點體察各種人在不同境界中的問題，如此使天下之所有境界縱之而通、橫之而通，貫穿起來成為統一的系統。」❸方東美認為，儒家的「旁通統貫論」基本上是從「人事」的角度來講的。

道家的「旁通統貫論」，則「不像儒家在這一點上比較平易近人」，即道家不是從「人事」的角度去建立其「旁通統貫論」的。道家要「了解宇宙裏面最高的秘密與真相，乃至於最高的價值」，在此基礎上，把宇宙看成旁通統貫的整體。對於道家主要代表人物老子和莊子在宇宙論方面的不同，方東美還作了具體分析。他說，老子提出「道可道，非常道，名可名，非常名」，其目的是去追求不可言說、玄之又玄的「眾妙之門」，也就是宇宙的最高秘密、最高價值。老子的宇宙論「由無說到有，由有追到無」，「是要將一切表相幻相了解之後再撇開，向內在深處求其真相。」❹所以老子說「為學日益為道日損」，認為只有將表相、幻相一層層地剝去，才能發現宇宙的最高真理──「道」。可見老子是一心向上，追求宇宙的最後真相、最高價值。莊子同樣追求宇宙的最高價值，但是他「多多少少受了儒家的影響，把老子這一個超越的道，再回微到變化的世界裏面來」。❺這裏「變化的世界」，指的是現實的世俗世界，它與永恆的超越世界相對應。莊子將老子所提出的超越價值，拉回到現實世界來體驗。「所以莊子的這一種道家的思想是在儒家與道家之間想求一個折衷的一條路。」❻但不管怎麼說，老子和莊子都是在對宇宙最高價值的追求之中，把宇宙看成旁通統貫的整體。這種共同之處，體現了道家「旁通

---

❸ 方東美：《原始儒家道家哲學》（臺北：黎明文化事業公司，1985 年版），頁 27。
❹ 方東美：《原始儒家道家哲學》，頁 29。
❺ 方東美：《方東美先生演講集》，頁 47。
❻ 方東美：《方東美先生演講集》，頁 4。

統貫論」的基本形式。

　　佛家的「旁通統貫論」，是要消除自我的各種執著和偏見，修煉出「內在的精神之光」，然後「投射到宇宙上面，宇宙才變成光天化日，一切黑暗掃除了，一切迷惘、疑惑丟掉了，而在精神之光照耀之下，全盤的宇宙才赤裸裸地把它最後的真相和最高的真理揭示開來！」❼佛家通過修煉，擺脫各種世俗的尋常見解，使自己的精神和宇宙的「最高真相」化為一體，從而將「全盤的宇宙」看成旁通統貫的整體。方東美認為，在這一點上佛家和道家十分相似，那就是都要將精神提升到超越界，把握宇宙的最高價值、最後真相，從這樣的精神高度，視宇宙為旁通統貫的整體。方東美曾說，正因為道家的思想「先已在精神上面給它（引者按：指佛家思想）鋪路」，外來的佛家思想才能在中國生根，從而導致了中國大乘佛學的產生。在方東美看來，道家和佛家的「旁通統貫論」都是在對超越界的追求、對宇宙最高價值的追求之中形成的。

　　儒家、道家、大乘佛家，「這三類哲學都在不同的形式之下，沒有把宇宙當作一個孤立的系統，……要旁通統貫到宇宙各種真相，把宇宙的各種真相顯現出來，把人生各方面的意義與價值顯現出來！然後形成一個統一的理論，這就是第一種所謂『一以貫之』的精神」❽，也就是中國哲學的第一個「通性」。方東美認為，儒、道、佛諸家的「旁通統貫論」儘管具有不同的表現形式，而其實質則完全相同，即：「總是要把多元對立的系統化成完整的一體。」❾「總是要說明宇宙，乃至於說明人生，是一個旁通統貫的整體。」❿宇宙是天地萬物渾然一體的境界，人與自然、人與人、人與社會，都處於彼此相因的交感和諧之中。這就是中國哲學的「一貫之道」。

---

❼　方東美：《方東美先生演講集》，頁 48。

❽　方東美：《方東美先生演講集》，頁 49。

❾　方東美：《方東美先生演講集》，頁 26。

❿　方東美：《方東美先生演講集》，頁 45。

二、「道論」

中國哲學把宇宙理解為旁通統貫的整體,「在一以貫之的形式之下,再去追求它的內容。」⓫中國哲學對於宇宙的「根本之道」的追求和探索,叫做「道論」。而「『道』之一詞,雖為諸家通用,堪稱共名,然於各系統之中,意指不一」⓬,雖然「道」在中國哲學中是個普遍概念、基本範疇,但「道論」的理論內容,在不同的哲學派別那裏卻有所不同。

㈠儒家的「三極之道」:儒家「道論」的內容,是「講天道、地道、人道;用周易的名詞即所謂三極之道」。儒家將包羅宇宙萬象的「『一以貫之』之道」析而為三,即:

> 一曰天之道(又名天道或乾道),天道者、乾元也,即原始之創造力,資始萬物,復涵蓋萬物,一舉而統攝之,納於健動創化之宇宙歷程之中(易曰:「大哉乾元!萬物資始,乃統天」),俾人與天地生命皆能充其量、盡其類、致中和、育萬物、位天地,盡性發展,充分實現,臻於最高價值理想之極詣,以完成「繼善成性」,「止於至善」之使命。二曰地之道,地道者、坤元也,乃順承乾元天道之創造力,而成就之,厚載萬物,而持養之,使乾元之創造力得以綿延久大,賡續無窮,蘄向無限圓滿之境。(易曰:「坤厚載物,德合無疆,含宏光大,品物咸亨」)。三曰人之道,人道者、參元也。夫人居宇宙之中心位置,兼天地之創造性與順承性,自應深切體會此種精神,從而於整個宇宙生命創進不息生生不已之持續發展歷程中,厥盡參贊化育之天職,其特色也,端繫乎一種對個人道德價值之崇高感,對天地萬有一切內在價值之同與感,並藉性智睿明,洞見萬物同根、天地一體之同一感。⓭

⓫ 方東美:《方東美先生演講集》,頁 49。
⓬ 方東美:《中國哲學之精神及其發展》,頁 37。
⓭ 方東美:《中國哲學之精神及其發展》,頁 37-38。

　　天道，就是《周易》的乾元所象徵的宇宙「大生之德」，即原始的創造力。方東美說，《易‧繫辭》所謂「夫乾，其靜也專，其動也直，是以大生焉」，乃是表明：「乾元就是在宇宙裏面一個『宇宙的創造衝動』（Cosmic Creative impulse），一個有廣大性的宇宙的創造精神，有一切事物的根源，為一切生命的根底，而以創造的方式把它發洩出來，這用周易的專門名詞來說，這天道就是大生之德。」❹可見，「天道」的提出，體現了儒家對於宇宙的創造力的尊崇。

　　地道，就是《周易》的坤元所象徵的宇宙「廣生之德」，即孕育萬物的能力。《易‧繫辭》稱「夫坤，其靜也翕，其動也辟，是以廣生焉」，這表明，坤元「是維持生命持續的一個孕育力量，這是創造力量的一個輔助力量，所謂廣生之德！假使宇宙一創造了各種生物，沒有這一種資源可以維持它的生命繼續存在，這個生命還是要毀滅、死亡，至少是要枯萎」。❺宇宙不僅創造了萬物，而且還要讓萬物得以存在、延續，這就需要以廣袤的大地，為萬物提供不竭的生存資源。這就是《周易》所說的「廣生之德」，亦即儒家所謂「地道」。

　　人道，就是孟子所說的「君子所過者化，所存者神，上下與天地同流」。萬物承受了天的創造力和地的孕育力，而人類以外的其他生命雖然可以存在、可以延續，但是「對於生命不能提高它的意義與價值」。惟有人類，「他在意義同價值上面求真善美，把人類的精神價值向上面發展，向上面提升，……在立體的境界中，表現人生的意義同價值！」❻也就是說，人在精神上面可以而且應該「上下與天地同流」，成為「貫通天與地」的大「人」。這就是人之「道」。

　　可以看出，方東美所說的儒家「三極之道」，最終落實於「人道」。他說儒家所持的一個基本信念，是「人為萬物之靈，人為萬物之長」。人憑藉昊天之創造力、大地之孕育力，得以生存繁衍，並執著地追求自己的價值理想，實現人生的意義。因此「天道」和「地道」，最終落實於「人道」的實現。人承受天的「大生之德」和地的「廣生之德」（統稱之，即天地的「生生之德」），發揚創進不已的生命精

---

❹　方東美：《方東美先生演講集》，頁49。
❺　方東美：《中國哲學之精神及其發展》，頁50。
❻　方東美：《中國哲學之精神及其發展》，頁50。

神，追求崇高的價值理想，便是「立人極」。

（二）道家的「超脫解放之道」：談及道家哲學的「道論」，方東美首先指出它在價值理想方面與儒家的區別。他說儒家看重「六藝精神」，即「詩以道志，書以道事，禮以道行，樂以道和，易以道陰陽，春秋以道名分」。這表明，儒家在價值理想方面所關注的，乃是一種「社會、政治的、和歷史的世界；而在這個世界裏面所成就的主要價值，是就家庭、社會、國家的制度裏面所流行的人類創造出來的價值。」❶儒家把人看成宇宙的中心和主體，把人類社會的價值看成宇宙的最高價值。道家也承認人類社會的價值，但提出：「人法地，地法天，天法道，道法自然。」人類社會的價值固然重要，「但是在宇宙裏面，並不是最高的絕對價值」，而只是相對的價值。因為「人性的弱點」決定了在一定的社會中流行的價值理想必然有其缺陷，社會一旦變遷，「流行在一種社會制度裏面的價值標準，就表現缺陷出來！」因此，道家不滿足於儒家所追求的人類社會的價值系統，不滿足於這種相對的、並非最高的價值，而要在儒家所主張的人類社會價值標準之上，「再向上面追求」，不斷地「超脫解放向上面寥天一的高度發展」。因此「道家所講的道，是超脫解放之道」。鑒於這種區別，方東美說儒家哲學講「本體論（Ontology）」，道家哲學則不僅講本體論，而且還講「超本體論（Me-ontology）」。「透過超本體論看出其隱藏一切表相之後的最後真相，這就是道家之道。」❶

方東美在將儒、道兩家的「道論」進行比較時，說過這樣一段話：「道家所講的道的內容，不像儒家，儒家一方面也有高度，他是下學上達，上達之後，再下來踐形，那麼一切理想在人類的家庭、社會、國家、國際的秩序裏面，或者是在人類世界裏面去兌現。但是不管怎麼樣子兌現，假使從歷史這方面看起來，歷史的世界是一個多元的世界，在一個時代認為最好的精神成就，等到世界再以它的創造過程到達很高的第二種境界時，再回顧原來第一種境界裏面所流行的價值，我們不滿意，在那上面就要求再進一步向上面超升。所以，歷代，尤其從漢代以來，一直到宋代以後，我們認為中國最高的智慧只有儒家，這是很偏狹的一個見解，道家的精

---

❶　方東美：《中國哲學之精神及其發展》，頁51。
❶　方東美：《中國哲學之精神及其發展》，頁30。

神至少可以糾正儒家的弊端。所以講中國文化只講儒家而抹殺道家，不是智慧。」
❶在方東美看來，儒家所追求的價值最終要落實到人類社會，這種價值就必然要受
到時代的限制，而道家則追求不受時代限制的、永恆的「最高價值」，這體現了道
家的哲學智慧。正是在這個意義上，方東美說道家精神可以糾正儒家的弊端。

　　㈢佛家的「菩提道」：談到佛家的「道論」，方東美將它分為兩種：「束縛
道」和「解脫道」。他說就小乘佛學來看，人生無非是「痛苦愚昧的活動，最後是
毀滅、死亡這一套苦、惑、滅所構成的一套大輪迴」。小乘佛學認為人們今生今世
只能被束縛在這套輪迴之中，將脫離苦海的希望寄託於來生。這就是「束縛道」。
大乘佛學則認為，人在生活中之所以感受精神痛苦和困惑，最主要的原因「在於人
類的『愚鈍』，缺少知識，更沒有智慧」。因而大乘佛學教人如何「本著最高的智
慧」看待人生，從痛苦和困惑之中解放出來。這就由「束縛道」上升到了「超脫
道」，亦即「菩提道」。方東美以釋迦牟尼為例，說他未成道時，「只有詛咒世
界、罪惡、痛苦、人類、甚至自己。等到他在菩提樹下成道之後，將所經歷的煩
惱、痛苦、罪惡都體會深切，再以智慧提升，便知道這些都不屬於自己，所以不再
為其沾染，他的智慧使他出離煩惱、罪惡、痛苦，……所謂『菩提道』，是將一般
人認為真實的世界，用『緣生法』找出它構成的因緣條件。如果不能超出此種束
縛，生命必在煩惱圈中永遠不止地輪迴；如果能夠看穿現實世界生命構成的條件，
人類生命如何附著在世上的道理，就不再受這套思想（引者按：指小乘佛教把人生看成
『苦、惑、滅所構成的一套大輪迴』的思想）的束縛，……如僧肇的《般若無知論》看透
一切似是而非的知識系統而不再受其束縛，看清現實世界只是似是而非的表層世
界，這之後才不會再將生命陷入生死苦海，而得以進入自由的精神世界，得到『真
空論』，像老子所謂『為道日損』的辦法，以否定態度看透宇宙一切表相而得到精
神上的解放。」❷看透現實人生，但不像小乘佛學那樣對現實人生持消極、悲觀態
度，而是以高度的智慧，勘破「輪迴構成的原因及其解放之道」，悟出「人生的理
想和價值」，追求精神上的自由和解放。這就是方東美所說的大乘佛家的「解脫

---

❶　方東美：《中國哲學之精神及其發展》，頁 53。
❷　方東美：《原始儒家道家哲學》，頁 31。

道」，亦即「菩提道」。他認為，在對於最高理想境界的追求方面，中國大乘佛家的「道論」所顯示的哲學智慧，可以與道家的「道論」等量齊觀。「在佛學上面我們中國接受印度來的思想，不僅僅局限在小乘佛教裏面，而把小乘佛教提高到哲學上面極高的智慧，甚至可同道家的智慧平衡。如此，我們才能了解佛家所講的道，就是『菩提道』。」❷❶也就是說，理解了中國大乘佛家的「解脫道」，才能真正理解佛家「道論」中的哲學智慧。

對於「道」，儒、道、佛三家各有說法。唯其如此，方東美又將「道論」稱之為「殊異道論」，以表明三家「道論」內容的區別。但他認為，中國哲學諸家都追求宇宙人生的根本之「道」，諸家哲學理論的基本內容，都是關於「道」的探索和闡發，則是共同的。所以他提出，「道論」是中國哲學的第二個「通性與特點」。

三、「人格超升論」

方東美說，中國哲學諸家的「旁通統貫論」和「各種不同的道論」，最終「都是要把世界提升到理想的存在平面，人生要配合這個理想的世界，要從人類現實的知能才性培養出來美的人格、善的人格、真誠的人格，這樣產生『理想化與圓滿無缺的人格』（idealized personality, integrity of human personality）」❷❷。這是中國哲學的又一個「通性與特點」，即「人格超升論」，或曰「個人品格崇高論」。

在如何看待「個人」的問題上，中國哲學與西方哲學具有不同的著眼點。方東美說：「作為個人而言，人性本質及其功能在哲學中乃一爭議主題，聚訟紛紜，莫衷一是。」❷❸對此，西方哲學中存在著兩種極端的傾向。一種是貶低人性，例如基督教哲學認為「人性悉有原罪」，其結果是導致人的「自我貶抑，自我否定，甚至自我毀滅」。另一種是抬高人性，例如近代西方哲學認為「個人為自然演進之顛峰」，人是宇宙萬物至高無上的主宰，其結果是導致人的「自我崇高，自我讚

---

❷❶ 方東美：《方東美先生演講集》，頁 54。
❷❷ 方東美：《方東美先生演講集》，頁 72。
❷❸ 方東美：《中國哲學之精神及其發展》，頁 39-40。

美」，乃至流於狂妄自負。中國哲學與這兩種極端的傾向不同。「其論個人，恒兼顧其可觀察之現實性（實然）與理想化之可能性（應然）兩方面著眼。由現實至可能，其間原有一種極細密之自我實現歷程，一種極艱苦之自我修爲功夫，以及全幅自我實現之道。」❷中國哲學著眼於人性的「實然狀態」與「應然狀態」之間的差別，致力於將人的德性、品格從實然狀態提升到應然狀態。這方面的內容，構成了中國哲學的「人格超升論」。

這種人格的超升，在儒家那裏表現爲如下的途徑：常人——士——賢——聖——大聖。儒家追求聖賢理想，認爲人應該不斷地提升自己的人格境界，朝著「大聖」的目標攀登。儘管並非人人都可以達到這種境界，但人人都應該在精神上確定這個目標，並且在行動中爲此而努力。原始儒家的這種精神，後來被宋明新儒家所繼承和發揚。宋儒從周敦頤開始，就主張「士希賢，賢希聖，聖希天」，大講「聖者氣象」。這正是繼承了原始儒家「博厚配地，高明配天」的人格理想。道家所說的人格超升，則是指朝著「博大真人」的理想境界提升自己的人格。這種「博大真人」，就是《莊子·天下》篇所讚歎的：「古之人其備乎！配神明，醇天地，育萬物，和天下，澤及百姓，明於本數，繫於末度，六通四辟，小大精粗，其運無乎不在！」道家所謂「不離於宗」，就是指向著「天人、至人、神人、聖人」的境界提升自己的人格。至於佛家講的人格超升，則有一個預設，那就是認爲「現實的人是一個顛倒的人、愚昧的人」。因此佛家提出，人須得不斷地「自我解放」，脫去塵世的重重束縛，歷經《華嚴經·十地品》所說的種種境界，方能「超凡入聖」，成爲菩薩、阿羅漢、大菩薩，然後再成佛。「如此把人性發揮到一個最高的最光明的精神階段，變作佛性。」❷

這表明，儒家、道家、佛家都主張把人性從現實的境界提升到理想的境界。方東美說：「就儒家、道家、佛家乃至於新儒家來看，人生活於這個世界，這個世界是一個塔形的組織。」❷「個人」生命的價值，便在於不斷地提升自己的生命精

---

❷　方東美：《中國哲學之精神及其發展》，頁 40。
❷　方東美：《方東美先生演講集》，頁 72。
❷　方東美：《方東美先生演講集》，頁 65。

神，追求人格上更高的層次。中國哲學諸家都主張人在現有的知能才性的基礎上，努力培養真誠的人格、善的人格、美的人格，即「理想化與圓滿無缺的人格」。這種理想化的人格，就是儒家所謂「聖人」、道家所謂「至人」、佛家所謂「覺者」。在這三家看來，人的一生就是向著這種理想人格層層上躋、不斷超升的過程。在這方面，三家的致思趨向是一致的。

同時，方東美也指出儒、道、佛三家的「人格超升論」在價值取向上有所不同。他說這三家所共同追求的人格，可以說是一種「先知、詩人、聖賢」三重複合的人格，而「這三重複合的人格，有時有單向發展」。就儒家而論，從原始儒家直到宋明新儒家，「儒家真正的精神集中在聖人這一方面。」而且，儒家的聖賢理想要體現在現實人生。「他的聖者氣象要在身體力行中表現哲學的智慧。因此儒家的生命焦點集中現在世界的階段！他的聖者氣象屬於現在的世界這一個階段。」❷可見，儒家的人格精神側重於「聖賢」。就道家而論，「他是藝術的才情多過聖者氣象」。對於現實世界，道家有很多地方「看不慣」。按照道家的價值標準，對於看不慣的東西「可以掉頭不顧」，而憑藉詩人的「奔放的想像力」，在精神上陶醉於「過去夢囈的時代」和「未來可能的境界」。因此，道家是 "more a poet than a sage"。可見，道家的人格精神側重於「詩人」。就佛家而論，為了讓世人在精神上走出塵世煩惱、困惑的泥淖，佛家不僅講「緣生論」，講「輪回說」、「業障說」，而且還「從事反輪回，在精神上求解脫，找到精神出路」，憑藉其宗教家的先知，為世人指點出精神上的光明未來。因此，佛家是 "more a prophet than a mere poet or a sage"。可見，佛家的人格精神側重於「先知」。

但方東美強調，儘管諸家的人格精神各有側重，而追求人格超升則是共同目標。他說：「就儒家言，主張『立人極』，視個人應當卓然自立於天壤間，而不斷地、無止境地追求自我實現；就道家言，個人應當追求永恆之逍遙與超放；就佛家言，個人應當不斷地求淨化、求超越、求解脫，直至各派所企仰之人格理想在道德、懿美、宗教三方面之修養俱能到達圓滿無缺之境界為止。」❷三家的理想人格

---

❷　方東美：《方東美先生演講集》，頁77。
❷　方東美：《中國哲學之精神及其發展》，頁50。

精神雖然各有側重，但三家都追求圓滿的人格境界。方東美說，蘇格拉底曾稱讚伊索格拉底「其人有哲學」，就中國哲學而論，我們可以反過來說「其哲學體系中有人」。而中國哲學對於「人」的關注，歸根結底是關注人格精神的提高、超升。因此，「了解中國哲學一定要透視那一個哲學系統後面所隱藏的精神人格，把它呼之欲出！就一個人格的精神來看學說的內容，這是中國哲學思想上面的一個特點。」❷❾方東美視此為中國哲學的第三個「通性與特點」。

　　方東美提出中國哲學的這三條通性與特點，目的在於說明：「在中國哲學上面，隨便哪一派都是以價值為中心的哲學。」❸❶他所謂「旁通統貫論」，說的是以生命價值為中心的旁通統貫；所謂「道論」，說的是人類的價值理想實現之「道」；所謂「人格超升論」，說的是個人的人格如何不斷地提升到更高的價值境界。他所提出的每一條，都與「價值」觀念緊密相連。可見方東美關於中國哲學通性與特點的闡述，歸結起來反映了他的一個基本觀念：中國哲學從根本上說，是一種「以價值為中心的哲學」，更準確地說，是以生命的精神價值為中心的哲學。

　　在方東美看來，中國哲學的本體論，是「以生命為中心的本體論」。作為宇宙本體的「普遍生命」，以其生生不息的本性，創造、孕育著天地萬物。作為萬物之靈的人類，以其創進不已的生命精神，參贊著宇宙的創化。在這創化過程之中，世界不斷地「超化」而更臻美好，人類不斷地「超升」而更臻高尚。這種超升，是人的生命精神——亦即人格精神——無止境地向上提升的過程。生命精神不斷地超越各種相對價值而蘄向更高的價值理想，就是人格的超升。方東美認為，就中國哲學的主流——儒家、道家、大乘佛家——來說，這種對價值理想的追求，不以貶抑、否定現實人生為前提。中國哲學諸家，其學說雖有歧異，卻都是將宇宙視為生命大化流行的旁通統貫整體，而探求其中的真善美價值意涵，「把宇宙的各種真相顯現出來，把人生各方面的意義與價值顯現出來」。中國哲學總是致力於闡明：任何個人，均應當於現實生活之中不懈地追求更高的價值理想，實現生命精神的「內在超越」。由此可見，中國哲學是一種「價值學的理想主義」，是一種以人的生命的精

---

❷❾　方東美：《方東美先生演講集》，頁 77。
❸❶　方東美：《方東美先生演講集》，頁 104。

神價值為中心的哲學。對於中國哲學的此種價值取向，方東美持全盤肯定和熱烈讚揚的態度，而不去分析這種價值取向的偏頗之處，未能看到（或者說不願看到）並指出這種價值取向亦有其弊端。但方東美的論述作為對於中國哲學基本精神的一種闡釋，尤其是其中對於中國哲學基本價值取向的理解，應該說是比較準確的。

（原載《中國哲學史》2003 年第 2 期）

附錄三
從文化立場看現代新儒家的界定

　　2000 年，胡軍先生發表〈方東美哲學思想的道家精神〉一文後，蔣國保先生和我分別發表了商榷文章。雙方遵守學術規範，圍繞著方東美是否屬於現代新儒家學派的問題進行了討論。❶受這次討論的啟發，筆者進一步思考了現代新儒家的界定問題。近二十年來，我國學術界對現代新儒學的研究日益深入，但作為此項研究基本問題之一的現代新儒家的界定問題，看來仍然值得再探討。這正是筆者撰寫本文的動因。筆者曾撰文探討過方東美哲學思想的理論歸趣問題，因而無意就這個問題再次申述己見。筆者試圖在前人和時賢研究成果的基礎上，就現代新儒家的界定標準問題提出淺見。

一、文化立場體現現代新儒家的本質特徵

　　現代新儒家學派是在「五四」時期的文化論爭中產生的。進入上個世紀二十年代之後，中國人特別深切地感受到中國文化和社會面臨的嚴重危機。中華民族如何求得生存並且實現民族文化和社會的現代化？這個嚴峻問題，在思想文化領域集中

---

❶　參閱胡軍：〈方東美哲學思想的道家精神〉（《中國哲學史》2000 年第 1 期）、蔣國保：〈方東美哲學思想的儒家精神──兼與胡軍教授商榷〉（《中國哲學史》2001 年第 2 期）、余秉頤：〈方東美哲學思想的理論歸趣──與胡軍先生商榷〉（《學術月刊》2001 年第 12 期）、胡軍：〈也論方東美哲學思想的儒家精神──兼答蔣國保先生〉（《中國哲學史》2001 年第 4 期）、〈也論方東美哲學思想的理論歸趣──兼答余秉頤先生〉（《學術月刊》2004 年第 5 期）。

通過「古今中西」之爭表現出來。「古今之爭」即傳統文化與現代化的關係問題，「中西之爭」即中國文化與西方文化的關係問題，而無論「古今」問題抑或「中西」問題，都緊密地關聯著傳統儒學的現代價值問題。在文化論爭中，儒家思想作為中國封建社會的主流意識形態和傳統文化的精神核心受到空前激烈的批判。但仍然有一批學者反對全盤否定傳統儒學和中國傳統文化，強調文化的民族性和歷史繼承性，主張以儒家思想為本位和主體，有選擇地吸納、融會現代西方文化，重建儒家價值系統作為民族精神的支柱，以謀求中國文化和社會的現代化，並且促進人類文化的健康發展。他們在認同、維護以儒家思想為主幹的民族傳統文化的前提下，主張接納西方文化新潮以適應時代需要，從而尋求中國文化和社會的現實出路。正是在文化論爭中，以梁漱溟、張君勱等人為主要代表的一批學者創立了現代新儒家學派。方克立先生對此曾作出概括，說在「五四」時期的文化論爭中「有一批熱愛中國文化、執著地認為儒家思想包含著普遍的、永恆的價值、在現代必能有新開展並能有大貢獻於世界未來文化的學者，和全盤否定中國文化傳統的西化論者進行了激烈的持久的論戰，他們被稱為『現代新儒家』和『當代新儒家』，形成為『五四』以來中國現代化思想史上足以和馬克思主義派、自由主義的西化派鼎足而三的一個重要的學術思想派別。」❷現代新儒學的形成與發展，一直與這種「持久的」文化論爭緊密相關。

可見，現代新儒家陣營是在文化問題上樹立起自己的旗幟的。究其根源，乃是因為現代新儒家認為近代以來中華民族的危機本質上是民族文化的危機，而民族復興首先應該是民族文化的復興。賀麟在其堪稱前期新儒家思想綱領的〈儒家思想的新開展〉一文中提出：「中國近百年來的危機，根本上是一個文化的危機。文化上有失調整，就不能應付新的文化局勢。」❸他所謂「新的文化局勢」，指的是在西方文化的猛烈衝擊和「五四」新文化運動的激烈批判之下，中國文化在走向近代和現代的進程中所面臨的前所未有的變局。現代新儒家的第二代重要代表人物牟宗三

---

❷ 方克立：〈現代新儒學的發展歷程〉，見方克立、李錦全主編：《現代新儒家學案》（北京：中國社會科學出版社，1995年版），上冊，頁3。

❸ 賀麟：《文化與人生》（北京：商務印書館，2005年版），頁5。

也認為「今日中國的問題……最內在的本質是一個文化問題」。❹現代新儒家把自己對於民族興衰、祖國未來的關注和思考，歸結、落實為對於民族文化問題的關注和思考；把中國文化何去何從的問題，看成國人面臨的關乎民族存亡的根本問題。這種觀念，決定了現代新儒家首先是一個思想文化學派，文化立場是這個學派的根本立足點；現代新儒學首先是一種社會文化思潮，對於民族文化存亡、發展問題的憂慮和探索是這種思潮的緣起。可以說，現代新儒家對於所有學術問題的關注，都緊密地聯繫著他們對於民族文化問題的關注。這方面最典型的事例，莫過於現代新儒家對於哲學問題的高度關注。我們常說現代新儒學既是一種社會文化思潮，又是一種哲學思潮。而應該看到的是，現代新儒家之所以普遍地關注哲學問題，歸根結蒂是因為他們普遍地認為哲學是民族文化價值結構的核心。❺

進而言之，現代新儒家不僅認為民族危機本質上是民族文化的危機，而且還認為民族文化的危機本質上是作為民族精神核心的儒家思想的危機。賀麟說：「儒家思想之正式被中國青年們猛烈地反對，雖說是起於新文化運動，但儒家思想的消沉、僵化、無生氣，失掉孔孟的真精神和應付新文化需要的無能，卻早腐蝕在五四運動以前。儒家思想在中國文化生活上失掉了自主權，喪失了新生命，才是中華民族的最大危機。」❻民族文化危機的深層，是儒家思想丟失了「孔孟的真精神」，不能適應新文化局勢的需要，喪失了對於現代中國人生活的指導作用，喪失了對於中華民族精神生命的維繫作用。因此，「民族文化的復興，其主要的潮流、根本的成分，就是儒家思想的復興，儒家文化的復興。」❼要解救民族文化的危機、實現中國文化和社會的現代化，就必須解救儒家思想的危機，根據現代社會生活的需要重新建立儒家的價值系統，在堅持以儒家思想為本位和主體的前提下，吸納、融會西方文化為我所用。依據現代新儒家的這種基本理念，我們可以將他們的文化立場簡略地概括為：在現代條件下重建儒家價值系統，會通西學以謀求中國文化和社會的現代化。這種文化立場是現代新儒家區別於其他學派的基本標誌，是現代新儒家

---

❹　牟宗三：《道德的理想主義》（臺北：臺灣學生書局，1985 年版），頁 246。
❺　參閱拙文〈評現代新儒家的文化價值觀〉，《哲學研究》1996 年第 5 期。
❻　賀麟：《文化與人生》，頁 5。
❼　賀麟：《文化與人生》，頁 4-5。

之所以成為現代新儒家的本質特徵所在。

這種文化立場，在現代新儒學的發展過程中是一以貫之的。現代新儒家的代表人物（同時期的和不同時期的）在思想、學術方面不盡相同，但是他們的文化立場卻始終是一致的。賀麟在發表於 1941 年的〈儒家思想的新開展〉一文中（正是此文第一次提出了「新儒家思想」、「新儒學運動」概念），明確地提出「根據對於中國現代的文化動向和思想趨勢的觀察，我敢斷言，廣義的新儒家思想的發展或儒家思想的新開展，就是中國現代思潮的主潮」，❽同時又指出：「欲求儒家思想的新開展，在於融會吸收西洋文化的精華與長處」，❾這可以說是他對於現代新儒家的基本文化立場的表述。在現代新儒家學派產生三十餘年之後，牟宗三、徐復觀、張君勱、唐君毅聯名發表的題為〈為中國文化敬告世界人士宣言——我們對中國學術研究及中國文化與世界文化前途之共同認識〉的長文，❿被視為第二代新儒家的「思想綱領」，又被稱為他們的「文化宣言」。此文提出了一些值得注意的新觀念（例如該文明確地承認中國文化過於注重道德實踐，缺乏西方的民主制度和科學精神，主張建立「各種文化互相並存，互相欣賞，而互相融合的天下一家之世界」等等），同時堅持並且再次宣示了現代新儒家的文化立場。時至今日，現代新儒家的第三代代表人物如杜維明、劉述先、成中英等人，所堅持的仍然是這種文化立場。

在現代社會堅持以儒家思想為本位和主體的文化立場，無疑是保守的。現代新儒家因此而被稱為「『五四』以來立足於弘揚儒家思想的文化保守主義者」、「中國現代文化保守主義的主流派」，現代新儒學思潮因此而被視為「對於『五四』新文化運動的保守的回應」。即便從這些稱謂我們也可以看出，現代新儒家學派的本質特徵在於它的保守主義的文化立場。

---

❽　賀麟：《文化與人生》，頁 4。
❾　賀麟：《文化與人生》，頁 7。
❿　此文於 1958 年 1 月同時發表於香港《民主評論》和臺灣《再生》雜誌。

二、文化立場是界定現代新儒家的基本標準

我們可以從不同的視角揭示現代新儒家的多種屬性，從而對現代新儒家作出多種闡釋、界說。但是作為界定現代新儒家的基本標準的，應該是這個學派的文化立場。

現代新儒家學派在其長期發展中，產生了幾代傳人。他們的社會經歷、個人性情、治學路徑各有特色，在學術思想上互有差異。在信奉儒家思想這個共同的前提下，他們的學術旨趣有的基本限於儒家，有的則兼綜道、佛諸家。以哲學思想而論，即便對於現代新儒家普遍服膺的宋明新儒學（宋明理學），他們也是有的推崇程朱，有的更看重陸王，在學術理論上表現出多樣形態。而且，一些現代新儒家學者自身的思想就包含著矛盾，具有相當的複雜性。鑑於這些情況，我們只能以體現現代新儒家共同本質特徵的文化立場作為基本標準去界定現代新儒家——凡是主張、贊成在現代條件下重建儒家價值系統、會通西學以謀求中國文化和社會現代化的，就屬於現代新儒家學派。對於這種界定標準，也許會有論者認為失之寬泛。誠然，對於被界定的對象，我們只提出文化立場這個基本標準，而不要求他的思想符合一個更為嚴格、複雜的標準，這種界定方法所導致的是對於「現代新儒家」概念的廣義的理解，而不是狹義的（或曰嚴格意義上的）理解。誠如方克立先生所說：「我們是採取了廣義理解的『現代新儒學』和『現代新儒家』概念……把在現代條件下重新肯定儒家的價值系統，力圖恢復儒家傳統的本體和主導地位，並以此為基礎來吸納、融合、會通西學，以謀求中國文化和中國社會的現實出路的那些學者都看作是現代的新儒家。」❶他指出：「這是從現代新儒家的共同本質特徵立論，而不考慮其內部差異和門派之爭，可以說是屬於廣義理解的現代新儒家概念。」❷筆者認為，正是這種「廣義的」理解，把握了現代新儒家共同的本質特徵。

某個學者是否屬於現代新儒家學派，取決於他是否站在現代新儒家的文化立場，而不取決於其他因素——例如他是否在服膺儒家思想的同時也接受道家、佛家

---

❶　岳華編：《儒家傳統的現代轉化》（北京：中國廣播電視出版社，1992年版），頁3。
❷　方克立、李錦全主編：《現代新儒家學案》上冊，頁42。

思想等等。即以梁漱溟而論,他是現代新儒家學派的開山人物,但關於他究竟是不是現代新儒家的問題,也曾有論者提出不同看法。梁先生不僅青年時代曾信仰佛學達到「萬牛莫挽」的程度並試圖出家,而且一生在思想上都深契佛學,直至晚年(1985 年)仍然表示就其個人而言,「其實我一直是持佛家的思想,至今仍然如此……持佛家精神,過佛家的生活,是我的心願」。❸但從參加「五四」時期的文化論爭開始,梁漱溟著眼於解救民族危機──包括社會危機和文化危機──而提出的主張是:「批評的把中國原來態度(引者按:指儒家的態度)重新拿出來」,❹在文化上走以孔子為代表的、富於「陽剛乾動」精神的儒家路線,同時引進西方的科學和民主補我所短。而且他還認為,全世界的文化發展到現階段也必然要走「中國的路,孔家的路」。正是由於梁漱溟站在這樣的文化立場,儘管他在精神上畢生與佛家相通、相契,卻仍然被絕大多數論者公認為現代新儒家的一位主要代表人物。

還有論者認為現代新儒家必定具有「道統」意識,不具有「道統」意識就不是現代新儒家,於是把「道統」意識也列人界定現代新儒家的標準。筆者認為傳統意義上的儒家是具有「道統」意識的,而現代新儒家則未必皆是如此。在新的時代條件和思想背景之下,現代新儒家與傳統儒家相比,思想觀念必然會在一些方面有所變化,甚至是重大的變化。現代新儒家主張重建儒家價值系統,但這並不意味著他們主張全盤接受傳統儒家的思想觀念。對於傳統儒家的「道統」之說,現代新儒家學者表現出不同的態度:有人贊成之,甚至表現出強烈的「衛道統」、「續道統」意識;也有人否定之,甚至對之提出尖銳、激烈的批評。這是正常的現象,這並不妨礙他們都屬於現代新儒家學派。倘若說,對待「道統」觀念的態度不符合儒家傳統思想的人就不是現代新儒家,那末,現代新儒家主張會通西學、接納西方民主制度和科學技術,就更加不符合儒家傳統思想了。

譬如方東美,他反對儒家「偏狹武斷的『道統』觀念」,大力提倡民族文化的「學統」,主張對於儒家、道家、佛家的智慧「一體欣賞」。這的確使他的儒家色

---

❸　王宗昱:〈是儒家,還是佛家──訪梁漱溟先生〉,見深圳大學國學研究所主編:《中國文化與中國哲學》第 1 輯(北京:東方出版社,1986 年版),頁 561。

❹　梁漱溟:《東西文化及其哲學》(上海:商務印書館,2005 年版),頁 204。

彩不像有著強烈「道統」意識的張君勱、牟宗三、徐復觀、唐君毅等人那樣鮮明。但是，如果我們以現代新儒家的文化立場作為基本標準去衡量方東美的思想，我們就會更加注重如下的事實：方東美雖然批評儒家的「道統」觀念，卻服膺原始儒家的基本精神。他明確地指出：「中國思想中，主要是儒家指導中國人的生活」，❺並且明確地主張：「我們還是要真正培養儒家的優點成為中國民族精神的重鎮」。❻他提出，中國文化應該通過「自救」（克服自身的短處）和「他助」（吸取他國文化的長處）實現民族文化的復興，並進而為未來的人類建立理想的文化形態。這些思想，都體現了現代新儒家的文化立場。由此我們可以看出否定「道統」觀念的方東美其實屬於現代新儒家學派。按照方克立、劉述先等先生關於現代新儒家的「狹義」與「廣義」之分的見解，方東美對於儒家「道統」觀念的否定態度，使我們不會把他歸於狹義的現代新儒家之內；但他的明確的文化立場，又使我們不會把他排除在廣義的現代新儒家之外。

以文化立場作為基本標準去界定現代新儒家，這樣的要求是不是「低」了？我們認為並非如此。在「五四」以後的時代背景下，在儒家思想受到西方文化猛烈衝擊和新文化運動激烈批判的情形下，公然肯定儒家思想的現代價值並且主張重建儒家價值系統、會通西學以尋求中國現代化道路的人，無論此外他還具有什麼樣的學術思想，都是堪稱現代新儒家的。以文化立場作為基本的界定標準，只會使我們捨棄現代新儒家學者之間不具有本質意義的差別而把握他們的共同本質，真正將現代新儒家作為一個特定的學派、將現代新儒學作為一種特定的思潮來看待，從而立足於近現代中國社會和文化發展的歷史進程去深入認識現代新儒家和現代新儒學。

需要說明的是，目前學術界關於現代新儒家和現代新儒學的一些定義和界說，雖然沒有使用「文化立場」這個概念，卻已經自覺或不自覺地表述了文化立場是現代新儒家的重要特徵的觀念，已經包含著將文化立場作為界定現代新儒家的標準的意識。例如前文提到的關於「廣義的現代新儒家」的說法，就包含著這樣的觀念和意識。筆者由於參加關於方東美學派歸屬問題的討論而引發的思考，則是試圖在這

---

❺　方東美：《原始儒家道家哲學》，頁 41。
❻　方東美：《方東美先生演講集》，頁 268。

些定義和界說的基礎上進一步提出：文化立場是現代新儒家的本質特徵所在，因此我們應該自覺地以文化立場作為界定現代新儒家的基本標準。

三、餘論

在不同的時代，社會現實總是要給思想文化界提出具有時代特徵的問題。「五四」時期，我國思想文化界面臨的最基本的（同時也是最突出的）問題就是「古今中西」問題。這可以說是「五四」及其以後長期延續的時代性的問題。正是依據對這個問題的不同回答，我國思想文化界形成了不同的思潮，區分出了不同的學派，其中最主要的是馬克思主義派、自由主義的西化派和以現代新儒家為主要代表的文化保守主義派（文化保守主義派還有以梁啟超等人為代表的「東方文化派」、以吳宓、梅光迪等人為代表的「學衡派」等其他派別）。因此當我們界定某個學者屬於哪個學派時，就應該重視他對於上述問題的回答。我們之所以稱梁漱溟、張君勱、熊十力、馬一浮、馮友蘭、賀麟等人為現代新儒家，當然不僅僅因為他們是生活在現代社會的、儒家思想的信奉者，而主要是因為他們面對「五四」時代中國社會的突出問題，站在特定的文化立場作出了回答，形成了特定的社會思潮，即現代新儒學思潮。他們的文化立場與他們的學術追求──對於儒家思想的信奉、推崇──當然是一致的，但我們應該看到的是，他們首先是把儒家思想視為中國傳統文化的精神核心和主要代表而加以尊崇和維護的（這種維護包括順應時代要求對傳統儒家思想加以變通、重塑）。正如旅美學者張灝教授所言，現代新儒家的基本出發點乃是「從一傳統流派──儒家──來認同於中國文明」，❶來維護和弘揚中國傳統文化。

現代新儒家是一批關心祖國命運和民族文化的知識分子，他們從事學術活動，是為了在中國傳統文化受到西方文化猛烈衝擊和新文化運動激烈批判的形勢下，通過維護、改造傳統儒學和吸納西方文化，去拯救和發揚民族傳統文化，替中國文化和中國社會尋找現實出路，而不是純粹從自己的學術興趣和愛好出發，作遺世獨立

---

❶ 張灝：〈新儒家與當代中國的思想危機〉，見封祖盛編：《當代新儒家》（北京：三聯書店，1989 年版），頁 54。

之思辨。梁漱溟終身心儀佛學，卻基於對民族危機的憂患意識和解救危機的使命感而成為現代新儒家的開創人物，便足以說明這一點。筆者由此還聯想到，「五四」以來的中國也不乏推崇老莊思想、摯愛道家學說的學者，但思想文化界並沒有形成與現代新儒家學派具有同樣影響力的現代新道家學派（並不否認現代新道家的存在，請注意這裏說的「具有同樣影響力」），沒有形成堪稱現代中國社會主要文化思潮之一的現代新道學思潮。導致這種狀況的根本原因在於如下的差別：「五四」時期的中國社會現實和文化背景，使得儒家思想的現代價值問題成為文化論爭中最突出的問題，如何對待中國傳統文化的問題在很大程度上被歸結為如何對待傳統儒學的問題，這就必然地引發了在中國現代思想史、文化史、哲學史上具有重要影響的現代新儒學思潮，而道家思想則沒有處於這樣的境地。這種不同，也可以說明在「五四」時期的文化論爭中形成的現代新儒家學派是特定的社會現實和文化背景的產物，說明我們為什麼應該以文化立場作為界定現代新儒家的基本標準。

（原載《學術界》2007 年第 6 期）

主要參考文獻

梁漱溟：《東西文化及其哲學》，上海：商務印書館，2005 年版。

梁漱溟：《中國文化要義》，上海：上海人民出版社，2005 年版。

梁漱溟：《梁漱溟全集》（八卷），濟南：山東人民出版社，1989 年版。

梁漱溟：《人心與人生》，上海：學林出版社，1984 年版。

張君勱：《明日之中國文化》，濟南：山東人民出版社，1998 年版。

張君勱等：《科學與人生觀》（一、二冊），瀋陽：遼寧教育出版社，1998 年版。

呂希晨、陳瑩編：《精神自由與民族文化——張君勱新儒學論著輯要》，北京：中國廣播電視出版社，1995 年版。

賀麟：《文化與人生》，北京：商務印書館，2005 年版。

湯一介、杜維明主編：《百年中國哲學經典・三四十年代卷》，深圳：海天出版社，1998 年版。

方東美：《方東美先生演講集》，臺北：黎明文化事業公司，1980 年版。

方東美：《中國人的人生觀》，臺北：幼獅文化事業公司，1984 年版。

方東美：《生生之德》，臺北：黎明文化事業公司，1980 年版。

方東美：《原始儒家道家哲學》，臺北：黎明文化事業公司，1985 年版。

方東美：《科學哲學與人生》，臺北：黎明文化事業公司，1980 年版。

方東美：《新儒家哲學十八講》，臺北：黎明文化事業公司，1983 年版。

方東美：《哲學三慧》，臺北：三民書局，1970 年版。

唐君毅：《文化意識與道德理性》，北京：中國社會科學出版社，2005 年版。

唐君毅：《中國文化之精神價值》，桂林：廣西師範大學出版社，2005 年版。

唐君毅：《心物與人生》，臺北：臺灣學生書局，1975 年版。

唐君毅：《人文精神之重建》，臺北：臺灣學生書局，1974 年版。

唐君毅：《中國人文精神之發展》，桂林：廣西師範大學出版社，2005 年版。

唐君毅：《中華人文與當今世界》（上、下），臺北：臺灣學生書局，1975 年版。

唐君毅：《生命存在與心靈境界》（上、下冊），臺北：臺灣學生書局，2006 年版。

牟宗三：《道德的理想主義》，臺北：臺灣學生書局，1985 年版。

牟宗三：《歷史哲學》，臺北：臺灣學生書局，1984 年版。

牟宗三：《人文講習錄》，桂林：廣西師範大學出版社，2007 年版。

徐復觀：《徐復觀文錄選粹》，臺北：臺灣學生書局，1980 年版。

徐復觀：《徐復觀雜文──記所思》，臺北：時報文化出版公司，1980 年版。

徐復觀：《中國學術精神》，上海：華東師範大學出版社，2004 年版。

李維武編：《中國人文精神之闡揚：徐復觀新儒學論著輯要》，北京：中國廣播電視出版社，1996 年版。

胡適：《胡適語萃》，北京：華夏出版社，1993 年版。

熊十力：《新唯識論》，北京：中華書局，1985 年版。

熊十力：《十力語要》，上海：上海書店，2007 年版。

熊十力：《返本開新──熊十力文選》，上海：上海遠東出版社，1997 年版。

馮友蘭：《三松堂學術文集》，北京：北京大學出版社，1984 年版。

馮友蘭：《中國哲學之精神》，北京：中國青年出版社，2005 年版。

方克立、李錦全主編：《現代新儒家學案》（上、中、下冊），北京：中國社會科學出版社，1995 年版。

方克立：《現代新儒學與中國現代化》，長春：長春出版社，2008 年版。

阿爾貝特·施韋澤：《文化哲學》，陳澤環譯，上海：上海人民出版社，2008 年版。

米夏埃爾·蘭德曼：《哲學人類學》，張樂天譯，上海：上海譯文出版社，1988 年版。

杜維明：《人性與自我修養》，北京：中國和平出版社，1988 年版。

杜維明：《現代精神與儒家傳統》，北京：三聯書店，1997年版。

杜維明：《東亞價值與多元現代性》，北京：中國社會科學出版社，2001年版。

成中英：《中國文化的現代化與世界化》，北京：中國和平出版社，1988年版。

成中英：《中國哲學與中國文化》，臺北：三民書局，1979年版。

成中英：《本體與詮釋》，北京：三聯書店，2000年版。

余英時：《從價值系統看中國文化的現代意義》，臺北：時報文化出版公司，1984年版。

辛華、任菁編：《內在超越之路：余英時新儒學論著輯要》，北京：中國廣播電視出版社，1992年版。

余英時：《現代儒學的回顧與展望》，北京：三聯書店，2000年版。

劉述先：《文化哲學》，哈爾濱：黑龍江教育出版社，1988年版。

景海峰編：《儒家思想與現代化——劉述先新儒學論著輯要》，北京：中國廣播電視出版社，1992年版。

韋政通：《儒家與現代中國》，上海：上海人民出版社，1990年版。

殷海光：《中國文化的展望》（上、下冊），臺北：桂冠圖書公司，1988年版。

鄭家棟：《現代新儒學概論》，桂林：廣西人民出版社，1990年版。

宋志明：《現代新儒學研究》，北京：中國人民大學出版社，1991年版。

顏炳罡：《當代新儒學引論》，北京：北京圖書館出版社，1998年版。

郭齊勇：《熊十力思想研究》，天津：天津人民出版社，1993年版。

張祥浩：《唐君毅思想研究》，天津：天津人民出版社，1994年版。

曹躍明：《梁漱溟思想研究》，天津：天津人民出版社，1995年版。

宋志明：《賀麟新儒學思想研究》，天津：天津人民出版社，1998年版。

蔣國保、余秉頤：《方東美思想研究》，天津：天津人民出版社，2004年版。

陳少明：《儒學的現代轉折》，瀋陽：遼寧大學出版社，1992年版。

韓強：《現代新儒學心性理論評述》，瀋陽：遼寧大學出版社，1992年版。

武東生：《現代新儒家人生哲學研究》，瀋陽：遼寧大學出版社，1994年版。

柴文華：《現代新儒家文化觀研究》，北京：三聯書店，2004年版。

洪曉楠：《當代中國文化哲學研究》，大連：大連出版社，2001年版。

Cheng Chungying, *New Dimensions of Confucion and Neo-Confucion Philosophy*, State University of New York Press, 1991.

The Confucian world observed: A Contemporary Discussion of Confucian Humanism in East Asia, edited by Tu Weiming and others, Honolulu, Hawaii: Institute of Culture and Communication, The East-West Center, 1992.

國家圖書館出版品預行編目資料

認識新儒家——以價值觀爲核心的文化哲學

余秉頤著. – 初版. – 臺北市：臺灣學生，2011.09
面；公分

ISBN 978-957-15-1524-3 (平裝)

1. 新儒學

128   100009299

認識新儒家——以價值觀爲核心的文化哲學

著　作　者：余　　　秉　　　頤
出　版　者：臺 灣 學 生 書 局 有 限 公 司
發　行　人：楊　　　雲　　　龍
發　行　所：臺 灣 學 生 書 局 有 限 公 司
　　　　　　臺北市和平東路一段七十五巷十一號
　　　　　　郵 政 劃 撥 帳 號 ： 0 0 0 2 4 6 6 8
　　　　　　電　話　：（ 0 2 ） 2 3 9 2 8 1 8 5
　　　　　　傳　眞　：（ 0 2 ） 2 3 9 2 8 1 0 5
　　　　　　E-mail：student.book@msa.hinet.net
　　　　　　http://www.studentbook.com.tw

本 書 局 登
記 證 字 號：行政院新聞局局版北市業字第玖捌壹號
印　刷　所：長 欣 印 刷 企 業 社
　　　　　　新北市中和區永和路三六三巷四二號
　　　　　　電　話　：（ 0 2 ） 2 2 2 6 8 8 5 3

定價：精裝新臺幣四五〇元

西 元 二 〇 一 一 年 九 月 初 版